Oliver Auge

Schleswig-Holstein
Eine Regionalgeschichte **von** den **A**nfängen **bis** zur **Z**eitenwende

Wachholtz

Inhaltsverzeichnis

GELEITWORT

Liebe Leserinnen und Leser,

Schleswig-Holstein hat eine faszinierende und vielfältige Geschichte. Die geografische Lage zwischen Nord- und Ostsee sowie die Nähe zu Skandinavien machen unser Land seit jeher zu einem Treffpunkt verschiedener Kulturen. Von den Wikingern bis zu den heutigen deutsch-dänischen Beziehungen prägen diese Einflüsse unsere Architektur, Sprache, Traditionen und Bräuche.

Der versierte Regionalhistoriker Professor Oliver Auge beleuchtet in diesem Buch die Geschichte Schleswig-Holsteins von den Anfängen bis zur Gegenwart. In 100 Kapiteln präsentiert er die Landesgeschichte fachkundig, komprimiert und verständlich. Schleswig-Holsteins Geschichte wird kompakt und facettenreich vermittelt. Der Autor versteht es, Interesse an der Regionalgeschichte und den Wurzeln des „Echten Nordens" zu wecken.

Darüber freue ich mich, denn Landesgeschichte ist ein integraler Bestandteil unseres kulturellen Erbes. Sie erzählt von unserer Vergangenheit, prägt unsere Identität und hat Bedeutung für Bildung, Wirtschaft und Gesellschaft. Ein Blick in diese Vergangenheit zeigt: Schleswig-Holstein hat eine reiche und bewegte Geschichte. Bereits in der Steinzeit lebten hier Menschen, wie Großsteingräber und Moorfunde belegen. Die ersten Bewohner waren Jäger und Sammler. Im 9. Jahrhundert wurde Haithabu an der Schlei zu einem wichtigen Handelszentrum der Wikinger. Die mächtigen Wallanlagen zeugen noch heute von dieser Zeit.

Mit der Christianisierung und neu gegründeten Städten wie Lübeck, das später zu einer bedeutenden Hansestadt Europas aufstieg, entwickelte sich die Region zu einem florierenden Handelsplatz. Im 13. Jahrhundert formierte sich das Herzogtum Schleswig, das später mit Holstein vereinigt wurde. Diese Vereinigung unter den Schauenburger Grafen und später unter König Christian I. von Dänemark prägte die Identität nachhaltig. Der Ripener Freiheitsbrief von 1460, der die Unteilbarkeit des Landes betonte, ist bis heute ein bedeutendes Dokument. Die berühmte Passage „ewich tosamende ungedelt" ist vielen Schleswig-Holsteinerinnen und Schleswig-Holsteinern ein Begriff.

Naturgewalten und Seuchen prägten das Land zwischen den Meeren ebenfalls: Sturmfluten wie die von Rungholt 1362 und die Zweite Große Mandränke 1634 richteten verheerende Schäden an. Die Große Pest von 1348 bis 1352 forderte Tausende Opfer. Das Rantzausche Zeitalter und die anschließenden Landesteilungen brachten politische und territoriale Veränderungen. Im 16. Jahrhundert kam es zur Aufteilung der Herzogtümer unter verschiedenen Herrschern, darunter das Haus Schleswig-Holstein-Gottorf, das kulturell bedeutende Akzente setzte.

Die Geschichte Schleswig-Holsteins ist auch eine der deutsch-dänischen Beziehungen. Die Zeit des dänischen Gesamtstaats ab 1773 brachte tiefgreifende Veränderungen und wirtschaftlichen Aufschwung. Der Bau des Eiderkanals und die Agrarreformen, die unter anderem die Leibeigenschaft beendeten, sind Meilensteine dieser Periode. Die Schleswig-Holsteinische Erhebung von 1848 bis 1851 und der Deutsch-Dänische Krieg 1864 führten zu territorialen Konflikten, die 1867 die Eingliederung Schleswig-Holsteins als preußische Provinz zur Folge hatten.

Der Bau des Nord-Ostsee-Kanals und das maritime Wettrüsten trieben die Modernisierung und Industrialisierung voran, bevor der Erste Weltkrieg auch Schleswig-Holstein schwer traf. Der Kieler Arbeiter- und Matrosenaufstand 1918 markierte einen bedeutenden Moment für die Demokratie in Deutschland. Die friedliche Grenzabstimmung von 1920 führte zur Teilung Schleswigs und zum heutigen Grenzverlauf. Der Aufstieg des Nationalsozialismus und der Zweite Weltkrieg hinterließen tiefe Spuren in der Region. Die „Stunde Null" und die Landesgründung Schleswig-Holsteins im Jahr 1946 waren ein epochaler Einschnitt. Sie legten den Grundstein für einen humanen und demokratischen Neubeginn und führten zu dem lebenswerten Schleswig-Holstein unserer Gegenwart.

Heute ist der Echte Norden ein lebendiges Land mit vielfältiger Wirtschaft, Industrie und Tourismus. Die kulturellen Wurzeln sind allgegenwärtig, und das Land präsentiert stolz seine reiche Geschichte. Genauso hat das Land die Herausforderungen der Gegenwart im Blick und meistert sie. Das große Fluchtjahr 2015, die Coronapandemie ab 2020 und der Kampf gegen den Klimawandel stellen Schleswig-Holstein vor neue, ungeahnte Aufgaben. Im Februar 2022 änderten sich mit dem russischen Angriffskrieg auf die Ukraine Deutschlands Außen- und Sicherheitspolitik und die europäische Friedensordnung schlagartig. Seitdem ist Schleswig-Holsteins Rolle als Standort erneuerbarer Energien noch relevanter geworden, ebenso seine Rolle als zentraler Umschlagplatz in der NATO.

Eines ist klar: Tagtäglich schreiben wir Schleswig-Holsteinerinnen und Schleswig-Holsteiner unsere eigene Geschichte weiter. Das Bewusstsein für unsere gemeinsame Vergangenheit stärkt den gesellschaftlichen Zusammenhalt. Es fördert das Gemeinschaftsgefühl und die Verbundenheit der Menschen mit ihrer Region. Der interkulturelle Dialog und das Verständnis für die Vielfalt, die Schleswig-Holstein auszeichnet, werden über unsere Geschichte und unser Erbe vermittelt. Es gilt, dieses Erbe zu pflegen und zu bewahren, damit es auch für zukünftige Generationen eine Quelle des gemeinsamen Erinnerns und der Inspiration bleibt.

Das Buch von Professor Auge ist dafür ein wunderbares Nachschlagewerk und eine hervorragende Lektüre für alle regionalgeschichtlich Interessierten.

Ihr
Daniel Günther

Ministerpräsident des Landes Schleswig-Holstein

VORWORT

Das vorliegende Buch hat die Geschichte der Region und des Landes Schleswig-Holstein von den Anfängen in buchstäblich grauer Vorzeit bis heute zum Inhalt. Die wesentlichen Etappen derselben sollen darin auf der Grundlage des aktuellen Forschungsstands allgemeinverständlich auf den Punkt gebracht werden. Wenn von wesentlichen Etappen die Rede ist und mithin in der folgenden Darstellung längst nicht alle Aspekte dieser langen, facettenreichen Geschichte vorkommen, so liegt das einmal rein praktisch daran, dass der zwischen den beiden Buchdeckeln nur begrenzt zur Verfügung stehende Platz von vornherein eine gewisse Fokussierung auf die Kernthemen nahelegte. Pragmatisch wird so aber auch die Absicht verfolgt, die in Teilen durchaus komplizierte Geschichte in appetitgerechten Portionen aufzubereiten, um im Lesepublikum auf diese Weise ein nachhaltiges Interesse und tieferes Verständnis besser zu wecken.

Um den Lesefluss nicht zu beeinträchtigen und die Abschnitte prägnant überblickshaft zu halten, wurde auch absichtlich auf ausgiebige weiterführende Literaturangaben zu den einzelnen Aspekten verzichtet. Zu manchen Themenfeldern gibt es mittlerweile wahre Lawinen an Literatur, die den Leser oder die Leserin fast zu erschlagen drohen. Das Bemühen um eine möglichst vollständige Bibliographie würde eine um Kürze bemühte Gesamtdarstellung jedenfalls schnell unfreiwillig aufblähen. In diesem Buch wird daher jeweils eine relevante Publikation am Ende eines jeden Abschnitts „zum Weiterlesen“ zitiert, mit deren Hilfe sich dann bei gegebenem Interesse nach dem bekannten „Schneeballprinzip“ rasch weitere Literaturangaben, der rezente Forschungsstand sowie damit einhergehende Debatten und Gelehrtenkontroversen problemlos recherchieren lassen. Wo sich die Möglichkeit bot und es Sinn machte, eine eigene Publikation als einen solchen Literaturtipp „zum Weiterlesen" zu benennen, wurde davon Gebrauch gemacht, auch weil es sich hierbei stets um neuere und neueste Arbeiten handelt. Am Buchende wird zudem eine überschaubare Liste mit hilfreichen Gesamtdarstellungen und Überblickswerken geliefert, die zusätzlich die Option anbieten, sich von dort aus vertiefend weiter in die Thematiken einzulesen und einzuarbeiten.

Die hier vorgelegte Einteilung der schleswig-holsteinischen Geschichte in 100 Kapitel ist übrigens genauso willkürlich wie planvoll vorgenommen. Natürlich entzieht sich diese Geschichte, die letztlich doch nur menschengewollte Sinnschöpfung einer an sich „chaotischen" Aneinanderreihung von Ereignissen und Entwicklungen ohne den berühmten roten Faden ist, einer Gliederung gerade in 100 Sinnabschnitte. Die Zahl 100 ist aber gewollt, weil sich diese „Regionalgeschichte Schleswig-Holsteins von den Anfängen bis zur Zeitenwende" gleich zwei 100. Geburtstagen verdankt: Denn sowohl der Wachholtz-Verlag, in dessen Programm dieses Buch erscheint, als auch die Kieler landes- und regionalhistorische Professur, deren aktueller Inhaber Verfasser dieses Werkes ist, wurden im Jahr 1924 aus der Taufe gehoben. Da Lehrstuhl und Verlag seitdem in vielfältig fruchtbarer Art und Weise miteinander zusammenarbeiteten, entstand in Vorbereitung auf beider ehrwürdiges 100-jähriges Jubiläum 2024 die Idee dieses neuen Kooperationsprojekts und seines in genau 100 Kapitel gegliederten Aufbaus.

Am Ende der zwar immer wieder kräftezehrenden, aber stets auch beseelenden Schreibarbeit verbleibt dem Verfasser die angenehme Pflicht, all denjenigen zu danken, die das Zustandekommen des Buches auf ihre Art und Weise ermöglichten oder unterstützten. Da ist zuvorderst der eigenen Familie zu danken, die bereit war, auf gemeinsame Zeit zugunsten der Arbeit am Buch zu verzichten und in der der Familie verbleibenden Restzeit noch über Inhalte des neuen Werks zu diskutieren. Des Weiteren ist der Kreis der Mitarbeiterinnen und Mitarbeiter der Kieler Abteilung für Regionalgeschichte dankend hervorzuheben, die dem Verfasser während der „heißen" Schreibphase bewusst oder unbewusst in vielerlei Hinsicht den Rücken freihielten. Namentlich gilt dieser aufrichtige Dank dabei insbesondere Hannah Fischer, die bei der Korrektur und Registererstellung tatkräftig mithalf. Drittens ist der Verfasser dem Wachholtz-Verlag, konkret Sven Murmann und Olaf Irlenkäuser, zu Dank verpflichtet. Beide haben das Buchprojekt letztlich angeregt. Last, but not least sei aber allen Leserinnen und Lesern für ihr Interesse an dieser „Regionalgeschichte Schleswig-Holsteins von A bis Z" gedankt. Dieses Interesse gibt stets den entscheidenden Impuls zu weiteren Forschungen auf dem Gebiet der schleswig-holsteinischen Landes- und Regionalgeschichte.

Gewidmet ist das Buch dem Andenken an meinen Vater Heinz Auge (1934–2023), der 2024 nicht 100, aber 90 Jahre alt geworden wäre.

Oliver Auge, im August 2024

1

BRÜCKENLAND SCHLESWIG-HOLSTEIN

„Schleswig-Holstein, meerumschlungen …“ Als buchstäblich zwischen den Meeren gelegenes Land eignet sich Schleswig-Holstein seit jeher zur Transitregion. Es diente schon immer als unverzichtbare Landbrücke zwischen Nord und Süd und gestattete durch seine besondere Geomorphologie obendrein einen fast ungehinderten Seeverkehr zwischen West und Ost. Auf diese Geomorphologie mit den drei charakteristischen Landschaftsformen Marschland, Geest und Hügelland ist nämlich die Tatsache zurückzuführen, dass die Wasserscheide in Schleswig-Holstein in der Regel weit im Osten verläuft. Nur relativ kurze, wenig Wasser führende und damit eben auch nicht unbedingt schiffbare Auen und Bäche entwässern in die Ostsee, während größere Fließgewässer wie Treene, Eider und Stör auf dem Weg zur Nordsee eine Menge Wasser aufnehmen und ganzjährig bis weit ins Land hinein von Schiffen befahrbar waren. Ausnahmen im Osten sind lediglich die Schwentine und die Trave, die in die Ostsee entwässern und zumindest in Teilen schiffbar waren und sind. Dafür hinterließen die Gletscher der letzten Eiszeit, die aus östlicher Richtung tief ins Landesinnere vorstießen, einige Förden und Buchten bis fast an den Geestrand heran. Verkehrstechnisch eröffneten sie so günstige Zugänge für den Ost-West-Verkehr über Land und boten zugleich einen direkten Anschluss an den auf der Geest verlaufenden Nord-Süd-Verkehr.

Sowohl die schiffbaren Flüsse im Westen als auch die tief ins Land hineinreichenden Buchten und Förden im Osten bewirkten eine Verschiebung der Schnittstelle zwischen See- und Landtransport von den äußeren Küstenlinien weit ins Land hinein. Konkret betrug die Wegstrecke zwischen Nord- und Ostsee, die zu Land zurückzulegen war, an ihrer engsten Stelle zwischen Hollingstedt und der Schlei bei Haithabu-Schleswig gerade einmal 15 Kilometer. Wenn man bedenkt, wie aufwendig und kostenintensiv der Landtransport noch heute gegenüber dem zu Wasser ist – und in früheren Zeiten war dies nicht anders –, versteht man, wie günstig sich eine solche Konstellation auf den Verkehr und Warentransport auswirkte. Der Raum Schleswig-Holsteins eignete sich so als hervorragendes Drehkreuz von Handel und Transitverkehr. Und beides hatte von vornherein immer schon auch einen überregionalen Charakter.

Natürlich stellte die naturgegebene Funktion Schleswig-Holsteins als buchstäbliches Brückenland selbiges auch immer vor neue Herausforderungen bezüglich seiner Infrastruktur – bis heute. Wenn etwa eine der Schleusen des Nord-Ostsee-Kanals defekt ist, kommt die meistbefahrene Schifffahrtsstraße der Welt ins Stottern, mit teilweise globalen Folgen. Wenn die Rader Autobahnhochbrücke als die wichtigste Straßenquerung über selbigen Kanal marode und nur eingeschränkt oder gar nicht befahrbar ist, sorgt das für Probleme im Personen- und Warenverkehr, die weit über Schleswig-Holstein hinausreichen. Wenn eines der zahlreichen und immer größeren Frachtschiffe vor Schleswig-Holsteins Küste havariert, wie die Pallas 1998 unweit der Insel Amrum, bedeutet es umgekehrt eine Katastrophe für die hiesige Umwelt und den sonst florierenden Tourismus. Wie gefährlich die Seefahrt entlang den schleswig-holsteinischen Küsten, insbesondere in der Nordsee, war, verdeutlicht eine große Zahl historischer Schiffswracks, die mittlerweile durch den verstärkten Klimawandel in immer größerer Zahl freigelegt werden.

Mit seiner fortlaufenden Transitfunktion hängt die wichtige Rolle zusammen, die Schleswig-Holstein als Region von Berührung und Vermischung, als Raum eines fortlaufenden Kulturtransfers spielte. Menschen durchzogen immer wieder diesen Raum und richteten sich dabei auch heimisch ein. Sie brachten ihre Lebensweisen und ihre kulturellen Errungenschaften mit, die sich die hier schon lebenden Menschen teilweise oder ganz zum eigenen Vorteil und besseren Auskommen aneigneten. Das Spektrum reicht von Ackerbau und Viehzucht in der Ur- und Frühgeschichte bis zum Islam, der heute nicht nur durch zahlreiche Moscheebauten zu einem sichtbaren Teil Schleswig-Holsteins geworden ist.

Überhaupt stellte Schleswig-Holstein als Brückenland immer auch ein Land der – auch widerspruchsvollen – Vielfalt und der Gegensätze dar, was sich allein in den vielen Ethnien widerspiegelt, die in seiner langen Geschichte eine Rolle spielten und nach wie vor spielen: Deutsche, Dänen, Friesen, Slaven, Schweden, Holländer, Franken, Sachsen usw. Umso bunter sind die diversen Kulturen mit ihren Sprachen und Dialekten, Lebensweisen, Wohnformen, Arbeitstechniken, Denkarten, die innerhalb Schleswig-Holsteins vorkommen. Mit seiner Bedeutung als Brückenland hängt zudem zusammen, dass Schleswig-Holstein nie bloß eine eigene, selbstreferenzielle Entität war, sondern stets zwischen Nord und Süd verortet. Es gehörte nie bloß zum Hier oder Dort, es war stets das „Dazwischen“. Schon Alexander Scharff (1904–1985) schrieb ganz zu Recht: „Unsere Landesgeschichte ist mehr als Landesgeschichte; sie kann nur begriffen werden, wenn sie gesehen wird in ihrer Verknüpfung mit dem Geschehen im Süden und Norden des Landes, als Teilvorgang eines größeren Geschehens, insbesondere in ihrer Verflechtung mit der Geschichte des europäischen Nordens.“

Das bedeutet, dass Schleswig-Holstein immer mehr war und sein wird als Leuchttürme, Wattenmeer und Deichlämmer, wie es heute oft gesehen und dargestellt wird. Das macht die Betrachtung seiner langen Geschichte aber auch so ergiebig und spannend.

Zum Weiterlesen:

Alexander Scharff: Schleswig-Holstein in der europäischen und nordischen Geschichte, in: Ders.: Schleswig-Holstein in der deutschen und nordeuropäischen Geschichte. Gesammelte Aufsätze, hrsg. von Manfred Jessen-Klingenberg (Kieler Historische Studien, 6), Stuttgart 1969, S. 9–42.

2

VON UMHERZIEHENDEN JÄGERN UND SAMMLERN ZU SESSHAFTEN SIEDLERN

Die ersten im Raum Schleswig-Holstein nachweisbaren Menschen waren sprichwörtliche Jäger und Sammler. Sie wurden erst sesshaft, als sich das Klima in der mittleren Steinzeit ab dem 10. Jahrhundert v. Chr. zusehends erwärmte. Die durch archäologische Funde in der Region nachweisbaren Neandertaler sind vor 30.000 bis 27.000 Jahren ausgestorben. Ihnen folgten mit einigem zeitlichen Abstand Gruppen des *Homo sapiens* nach, die wie die Vorfahren des Neandertalers ursprünglich aus Afrika stammten. Mit den Rentierjägern der sog. Hamburger Kultur (13.700–12.200 v. Chr.) kamen die ersten Vertreter der *Homo sapiens* in den schleswig-holsteinischen Raum, der damals natürlich noch ein ganz anderes Aussehen aufwies.

Diese frühen Menschen waren überlokalen Kulturen zugehörig – die bekannteste ist die Ertebølle-Kultur von 5100 bis 4100 v. Chr. – und pflegten auch überregionale Kontakte. Ab ca. 4000 v. Chr. brachten Einwanderer aus dem Süden die Ackerbaukultur in den Norden, deren Techniken die hiesigen Menschen rasch übernahmen. Ihrer mit verschiedenen Bandmustern verzierten Keramik wegen werden sie als Bandkeramiker bezeichnet. Einem anderen Kulturkreis gehörten offenbar diejenigen Menschen an, die ihre sozial hervorgehobenen Sippen in Großsteingräbern bestatteten (ab ca. 3500 v. Chr.). Die ältere Forschung hielt sie noch für Einwanderer aus dem Mittelmeerraum und Westeuropa, wohingegen die jüngere Forschung betont, es habe sich um eine Aneignung durch Einheimische gehandelt. Letztlich schließen sich solche Akkulturationsprozesse und eine zeitlich lang gestreckte Immigration aber nicht aus. Die Angehörigen dieser Kultur nutzten für ihre Grabanlagen die zahlreichen Findlinge, die die schleswig-holsteinische Moränenlandschaft als Ergebnis der Eiszeit aufwies. Einst soll es hierzulande über 5000 dieser Großstein- bzw. Megalithgräber gegeben haben; heute sind davon nur noch ca. 300 vorhanden. Besonders eindrucksvolle Grabüberreste stehen auf Sylt. Unter manchen Megalithgräbern fanden sich Pflugspuren – deutliche Hinweise auf landwirtschaftliche Tätigkeit. Auf einem Gräberfeld bei Flintbek stieß man bei Ausgrabungen auch auf Räderspuren. Sie stammen von etwa 4000 v. Chr. und sind die ältesten Hinweise auf den Gebrauch eines zweirädrigen Wagens. Die bestimmende Keramik dieser Menschen waren Trichterbecher, weswegen man auch von Trichterbecherkultur spricht. Abgelöst wurde die Trichterbecherkultur ab ca. 2500 v. Chr. durch die sog. Schnurkeramiker. Sie bestatteten ihre Toten in Einzelgräbern unter der Erde; dabei lagen diese regelmäßig in Hockhaltung auf der Seite.

Typische Grabbeigaben waren geschweifte Keramikbecher mit Schnurmuster – daher der Name der Kultur – und eine Steinaxt.

Im zweiten vorchristlichen Jahrtausend lassen sich während der sog. Bronzezeit vermittelst kostbarer Bronzeschwerter und Dolche Kontakte in den Donauraum nachweisen. Bei Flintbek wurden 66 bronzezeitliche Gräber entdeckt, deren Grabbeigaben sich zum Teil auf die Zeit zwischen 1450 und 1250 v. Chr. datieren lassen. Die Toten waren in Baumsärgen unter Grabhügeln bestattet. Bestattungen, die mit reichen Grabbeigaben versehen waren, finden sich auch in Dithmarschen und an der Königsau in Nordschleswig. Auffallend ist die dichte Aneinanderreihung von Grabhügeln der Bronzezeit entlang einer Linie, die in ihrem Verlauf mit dem sich von Nord nach Süd erstreckenden Heerweg, später Ochsenweg, übereinstimmt. Ab dem 13. Jahrhundert v. Chr., also in der mittleren Nordischen Bronzezeit, kam es erneut zu kulturellen Veränderungen. Die Menschen gingen dazu über, ihre Toten nach einer Brandbestattung in Urnengräbern beizusetzen. Grabbeigaben waren nunmehr auf alltägliche Gebrauchsgegenstände beschränkt. Folgerichtig wird von dieser neuen Kultur als Urnenfelder-Kultur gesprochen. Ein wichtiges Zentrum lag ausweislich einer riesigen Nekropole am sog. Brautberg bei Bordesholm. Der Wandel dürfte mit damaligen soziokulturellen Umbrüchen im Mittelmeergebiet zusammenhängen, die sich bis hierher auswirkten.

Ein für Schleswig-Holstein einzigartiger, als „eine Art Schatz des Priamos in Bronze“ charakterisierter Depotfund von Kronshagen, der heute in Hamburg gezeigt wird, spricht für stellenweisen Wohlstand, aber auch für das damalige Bedürfnis nach Recycling, weil man nicht mehr so leicht an Bronzegegenstände kam wie zuvor. Aus diesen Kulturen entwickelte sich jedenfalls bis um die Zeitenwende eine Bevölkerungsgruppe, die man gemeinhin als germanische bezeichnet, auch wenn deren genaue Ethnogenese vielfach im Dunkeln verharrt. Die Forschung betont, dass letztlich Caesar (100–44 v. Chr.) die Germanen in seinem „Gallischen Krieg“ erfunden bzw. erstmalig genauer beschrieben hat. Damit handelt es sich um eine römische Kennzeichnung von nichtrömischen Ethnien, die die nachgehende Geschichtsschreibung übernommen hat und die eine größere kulturelle Einheit derselben suggeriert, als sie in der historischen Realität bestand.

Zum Weiterlesen:
Dirk Meier: Menschen in Bewegung. Schleswig-Holstein als Ein- und Auswanderungsland von der Prähistorie bis zur Gegenwart, Heide 2017, S. 20–57.

3

DIE ZEIT DER VÖLKERWANDERUNG

Menschen migrieren, seitdem es sie gibt. Umfassende historische Migrationsvorgänge verbinden sich mit der Vorstellung von einer umfassenden Völkerwanderung vor allem germanischer Gruppen im Herzen Europas.

Für den Raum Schleswig-Holsteins wird der Beginn dieser „germanischen“ Völkerwanderung besonders früh markiert: Von hier aus sollen die Kimbern ab etwa 120 v. Chr. durch halb Europa gezogen sein, was durch spätere schriftliche Quellen römischer und griechischer Autoren bezeugt ist. Selbstzeugnisse der Kimbern gibt es nicht. Die ursprünglichen Wohnsitze der Kimbern wurden von den Römern mit Jütland identifiziert, und die moderne Forschung schloss sich dem weitgehend an. Genauso gut könnte Jütland aber nur eine Zwischenstation auf der europaweiten Wanderung der Kimbern gewesen sein. Möglicherweise brachen diese von Skandinavien auf und zogen, nach kürzerem oder längerem Aufenthalt in Jütland, von dort weiter in Richtung Süden, in das Gebiet des heutigen Ungarns und Österreichs, dann weiter in das Rhein-Main-Gebiet und den Bereich der Schweiz und von dort nach Südfrankreich, auf die Iberische Halbinsel und wieder zurück bis nach Norditalien. Wie viele Menschen auf dem Zug der Kimbern dabei waren, kann nicht gesagt werden. Die antiken Quellen gehen mit Zahlen sehr großzügig um. Die wandernden Kimbern wünschten sich offensichtlich eine neue Heimat. Klimatische Bedingungen könnten dabei eine Rolle gespielt haben, womöglich auch eine starke Bevölkerungszunahme bis hin zur Überbevölkerung. Zur Zeit der sog. Jastorf-Kultur (600 v. Chr.–0) nahmen die Gräberfelder im Bereich Schleswig-Holsteins und Jütlands stetig zu, was für einen Bevölkerungszuwachs spricht. Seit etwa 100 v. Chr. endete aber die Belegung auf den Gräberfeldern fast komplett: Die Menschen sind also fortgezogen. Übrigens wird neuerdings sogar die ethnische Verortung der Kimbern als Germanen infrage gestellt und gemutmaßt, dass die betreffenden Menschen erst auf ihrer Wanderung zu Kimbern geworden sind. Der Name der Kimbern weist jedenfalls auf einen keltischen Ursprung hin. Sie stießen 101 v. Chr. bei Vercellae (Vercelli) auf das Heer des römischen Feldherrn Marius (157–86 v. Chr.). Ihre Niederlage war vollständig. Dem antiken Schriftsteller Plutarch (ca. 45–ca. 125) zufolge verloren sie 120.000 Tote und 60.000 Gefangene. Das wären gewaltige Dimensionen. Zersprengte Reste sollen nach Jütland zurückgekehrt sein.

Die Kimbern waren aber nicht die einzigen germanischen „Wanderer" hierzulande. Vielmehr brachen im 4. und 5. Jahrhundert die Angeln aus ihrem Siedlungsbereich zwischen der Haderslebener Förde und der Eckernförder Bucht auf, um in einem Jahrzehnte, wenn nicht Jahrhunderte dauernden Prozess in Britannien sesshaft zu werden, das nach ihnen Angelland (England) genannt werden sollte. Die Tatsache, dass Karl der Große (747/48–814) um 800 das Stammesrecht der Angeln und Thüringer aufzeichnen ließ, die *Lex Angliorum et Werinorum hoc est Thuringorum*, spricht im Übrigen dafür, dass die Angeln nicht nur nach Westen abwanderten, sondern – und dies wohl zeitlich früher – im 2. und 3. Jahrhundert nach Süden in den Mittelelbe-Saale-Raum. Vor allem der große angelsächsische Kirchenhistoriker Beda Venerabilis (um 672–735) schrieb aus geraumer zeitlicher Entfernung über diese Wanderbewegung, sodass seine Darstellung nicht über alle Zweifel erhaben ist. Wo aber die Schriftquellen rar sind oder fehlen, kann die Archäologie weiterhelfen. So wurden im ursprünglichen Siedlungsraum entlang der Ostseeküste große Urnenfriedhöfe entdeckt, deren zeitweilig dichte Belegung im 5. und 6. Jahrhundert abbrach, da die Friedhöfe nicht länger genutzt wurden. Komplementär weisen die Erkenntnisse aus der archäobotanischen Analyse von Bodenablagerungen in Seen, sog. Sedimenten, darauf hin, dass hierzulande just damals der Getreideanbau zurückging und eine Wald-Wiesen-Vegetation vorherrschend wurde: Ungenutztes Ackerland wurde also wieder zu Wald.

Dieser Befund weist sicher nicht auf ein vollständiges Verschwinden, wohl aber auf einen starken Rückgang der Bevölkerung hierzulande hin, die tatsächlich nach England abgewandert sein wird. Die Funde zweier nahezu baugleicher Langschiffe in Nydam, nördlich der heutigen Landschaft Angeln, und von

Sutton Hoo in East Anglia nördlich von Harwich belegen auf ihre Weise die Kultur- und Bevölkerungskontakte beiderseits der Nordsee um 400. Das Nydam-Boot ist heute noch eine der Hauptattraktionen des Archäologischen Museums auf Schloss Gottorf.

Zum Weiterlesen:
Oliver Auge: Schleswig-Holstein und die Welt. Globale Bezüge einer Regionalgeschichte, Kiel/Hamburg 2021, S. 37–44.

4

SACHSEN, JÜTEN UND FRIESEN IN SCHLESWIG-HOLSTEIN

Warum die Angeln gemeinsam mit den Sachsen und Jüten nach Britannien auswanderten, ist erneut nur mittelbar zu erschließen, weil Selbstzeugnisse, die darüber Auskunft geben könnten, auch für sie fehlen. Die Annahmen reichen von klimatischen und kriegerischen Ereignissen als sog. Push- bis zu ökonomischen Interessen als Pull-Faktoren. Die Angeln brachten jedenfalls nicht bloß ihre Schiffe und, wie man aus anderen Bodenfunden weiß, ihre Keramik und bronzenen Schmuckstücke mit nach England, sondern auch ihre Stammessagen. Von daher erklärt sich, dass ausgerechnet in England eine alte Stammessage wiederbelebt wurde, die davon handelt, dass der stumme Offa sich erfolgreich an der Eider gegen Invasoren aus dem Süden zur Wehr setzte. So berichten sowohl das altenglische, auf das 6. bis 9. Jahrhundert datierte Widsith-Lied als auch um 1200 der englische Mönch Matthäus Paris (um 1200–1259) von Offas heldenhaftem Kampf. Und nicht von ungefähr ließ der König von Mercien namens Offa II. († 796) in seinem Kampf gegen keltische Waliser den sog. Offa-Wall errichten.

1845 fasste der Professor für deutsche Literatur Karl Müllenhoff (1818–1884) die verschiedenen überlieferten Erzählstränge für seine bekannte Märchensammlung zusammen: „Lange Zeit hatte Wermund, mit dem Beinamen der Weise, über die Angeln geherrscht und war schon hoch bejahrt, als ihm erst sein Sohn Offa geboren ward. Aber der Knabe schien keine Stütze seines Reiches werden zu sollen: er blieb blind bis zu seinem siebenten Jahre, und stumm bis zum dreizehnten und war gelähmt und gekrümmt an allen Gliedern. Darum verachtete man ihn und hielt ihn nicht wie andre Königssöhne. ... Da nun ein Fürst, der über die Holsteiner herrschte, hörte, daß das Land der Angeln wehrlos sei, sandte er Boten über die Eider und ließ Wermund sagen, entweder solle er Zins geben und sich ihm unterwerfen, oder wenn er einen Sohn habe, diesen zum Kampfe stellen. ... Da aber erhub sich Offa, der zufällig im Saale war ...; aus dem Lahmen ward ein kräftiger Mann, und der bisher stumm gewesen war, der fing plötzlich an zu reden und gab den Boten zur Antwort, daß er den Kampf bestehen wolle und sein Land werde zu wehren wissen. ... Alle, die das Wunder der Verwandlung des Königssohnes sahen, folgten ihm willig und getrost und bald stand Offa mit seinem Heere an der Landesgrenze; an der andern Seite der Eider aber standen die Holsteiner; eine Insel in der Mitte des Flusses war zum Kampfplatz ausersehen. ... Beide Söhne des holsteinischen Königs traten Offa auf der Insel entgegen; von beiden zugleich angegriffen, hielt er erst sich ruhig, den günstigen Augenblick erwartend, und fing ihre Schläge mit dem Schilde auf. ... Offa aber reizte den ältern Bruder mit höhnischen Worten; und als dieser nun hitziger vordrang, erhub er sein Schwert und spaltete mit einem Hiebe Helm und Haupt des Mannes bis auf den Rumpf. ... Offa trat darauf zu dem jüngern und forderte ihn auf, seines Bruders Tod zu rächen. Der lief ihn mutig an; aber Offa wandte sein Schwert und tat ihm mit der andern Schneide einen Schlag, wie er seinem Bruder einen gegeben hatte. ... So schützte Offa sein Land gegen die Holsteiner und hat es später ebenso getan gegen einen König der Dänen, der Alewig hieß und damals für den trefflichsten aller Männer galt."

Der Hinweis auf Müllenhoffs Märchensammlung geschieht nicht ohne Grund, denn im 19. Jahrhundert wurde Offa als Uffe hin Spage zu einem dänischen Nationalhelden stilisiert, wiewohl die Überlieferung ihn als König(ssohn) der Angeln bezeichnet und nicht als Dänen. Er habe sein Land gegen die übermächtigen Feinde aus dem Süden verteidigt – als vermeintliche historische Vorwegnahme der dänischen Abwehr der von Deutschland ausgehenden Gefahr. Unabhängig von dieser nationalpolitischen Vereinnahmung spiegelt sich im Offa-Mythos die Verfestigung der Siedlungsräume im Zeitraum nach der großen Völkerwanderung wider. Reste der Angeln waren noch nördlich der Eider sesshaft, ihre Nachbarn wurden im Süden Sachsen (die Müllenhoff kurzerhand zu Holsteinern erklärte) und Dänen im Norden. Letztere hatten sich von Schonen zunächst nach Seeland und auf die übrigen dänischen Inseln, dann von dort bis zur Mitte des 6. Jahrhunderts auch nach Jütland ausgebreitet. In Jütland verschmolzen sie mit den dort siedelnden Jüten und Angeln.

Die nordelbischen Sachsen waren in die drei Gaue Dithmarschen, Holstein und Stormarn aufgegliedert, wie erstmals Adam von Bremen (vor 1050–1081/85) berichtet. Von Friesland aus erreichten zudem ab etwa 700 in einer ersten Welle auch Friesen die Kimbrische Halbinsel, genauer: den Bereich des an der Nordsee gelegenen heutigen Nordfrieslands, wo sie sich, beginnend mit Eiderstedt und den Nordfriesischen Inseln, dauerhaft niederließen. Ab dem 12. Jahrhundert kam es dann nochmals zu einer zweiten friesischen Einwanderungswelle, die nun die Festlandsbereiche des heutigen Nordfrieslands betraf. Die einzelnen Siedlungsbereiche sollen durch Regionen mit Ödland noch mehr oder minder voneinander getrennt gewesen sein.

Zum Weiterlesen:
Reimer Hansen: Die Nordgrenze Deutschlands im Lauf der Geschichte, in: Grenzfriedenshefte 1 (1990), S. 3–48.

5

DIE EIDER ALS GRENZE 811

Die fränkischen Reichsannalen berichten zum Jahr 811: „Der zwischen dem Kaiser Karl dem Großen und dem Dänenkönig Hemming ausgemachte Friede war wegen des äußerst kalten Winters, der das Hin- und Herreisen unmöglich machte, nur auf die Waffen beschworen, bis bei der Wiederkehr des Frühlings, als sich die durch den harten Frost geschlossenen Wege öffneten, nun von Seiten beider Völker, der Franken und der Dänen, zwölf vornehme Männer in ... an der Eider zusammentraten, nach Recht und Brauch sich gegenseitig den Eid abnahmen und so den Frieden fest abschlossen."

Nach seinem bis etwa 804 erreichten Sieg über die Sachsen hatte Karl der Große die Grenze seines Reiches offenbar zunächst an der Elbe gezogen und die drei Sachsengaue jenseits der Elbe – Dithmarschen, Holstein und Stormarn – den mit ihm verbündeten slavischen Abodriten als Einflusssphäre überlassen wollen. Alle jenseits der Elbe wohnhaften Sachsen waren laut chronikalischer Überlieferung zuvor mit ihren Frauen und Kindern ins Frankenland überführt worden. Zur selben Zeit, so die Reichsannalen weiter, kam aber der dänische König Godfred (reg. 804–810) mit seiner Flotte und der ganzen Mannschaft seines Reichs nach Haithabu an der Schlei. Von hier aus wollte er Verhandlungen mit dem Kaiser führen, der sich zu Hollenstedt an der Elbe aufhielt. In engem Konnex zu der Angabe, dass damals der Grenzverlauf der von Godfred beanspruchten Einflusssphäre im Bereich Haithabus verlief, ist das sich hauptsächlich im Westen und Süden daran anschließende Danewerk zu sehen. Von dessen Errichtung auf dem Nordufer der Eider mit nur einem Tor als Zu- und Ausgang durch besagten Godfred berichten die Reichsannalen eigens zum Jahr 808. Archäologisch-dendrochronologischen Untersuchungen zufolge ist das Danewerk aber deutlich älter; es lässt sich in seinen baulichen Ursprüngen bis um 500 zurückverfolgen, womit man wieder in der Zeit angekommen ist, in der Offa sein Land und Volk gegen Feinde aus dem Süden verteidigt haben soll.

Dem Bau, oder korrekter dem Ausbau, des Danewerks, das gemäß den Annalen explizit Godfreds Reich nach Süden hin abschirmen sollte, ging dessen Versuch voraus, das sächsische Gebiet nördlich der Elbe anzugreifen, wie wiederum die Reichsannalen vermelden. Nachdem dieser Versuch des ausdrücklich als wahnwitzig bezeichneten Godfred durch den Kaisersohn Karl (772/73–811) zurückgeschlagen worden war, verlangte dieser im Jahr darauf, sich zu Verhandlungen jenseits der Elbe an den Grenzen seines Reichs einzufinden, worin Karl der Große einwilligte. Diese Verhandlungen in Beidenfleth an der Stör verliefen jedoch ergebnislos, schenken wir den Reichsannalen Glauben. Daher beschloss Kaiser Karl, „da ihm so viel von den Anmaßungen und dem Übermut des Dänenkönigs gemeldet wurde, jenseits der Elbe eine Stadt zu gründen und eine fränkische Besatzung hineinzulegen".

Mit dieser Erwähnung der Errichtung eines fränkischen Kastells zu Esesfeld auf dem Nordufer der Stör fasst man den so insgesamt als Präventivmaßnahme gegen Godfreds Aggression zu charakterisierten fränkischen Ausgriff auf die nordelbischen Sachsengaue. Offenbar sollte zunächst die Stör einen möglichen Grenzverlauf markieren. Zu der offenen Feldschlacht, die sich der „von eitelster Siegeshoffnung trunkene" Godfred herbeiwünschte, kam es nicht mehr, da er vorher ermordet wurde und sein Neffe Hemming mit den Franken den Frieden schloss, der zu dem für 811 bezeugten Gesandtentreffen wohl in Fockbek an der Eider führte. An Stelle der Stör bildete nun die Eider den Grenzfluss.

So weit die Rekonstruktion der Ereignisse nach den Reichsannalen als einziger schriftlicher Quelle. Diese fungierten generell als Propagandainstrument, um das politische und militärische Vorgehen der karolingischen Herrscher gegen innere und äußere Feinde und damit einhergehende Expansionsbestrebungen zu rechtfertigen. Das karolingische Ausgreifen bis zur Eider erscheint demzufolge als Reaktion auf die aggressive Politik eines unkalkulierbaren dänischen Herrschers. Spätestens seit Horst Zettels Untersuchung zur karolingischen Nordpolitik im 8. und 9. Jahrhundert von 1985 weiß man aber: „Die Bedrohung ging nicht von den Dänenkönigen aus, sondern von Karl dem Großen." Dieser wollte die Sphäre seiner Macht letztlich bis zur Eider ausweiten.

Die Eider blieb indes nicht die seit 811 unverrückbare Grenze zwischen der dänischen Machtsphäre und der fränkisch-deutschen, auch wenn dies die sog. Eiderdänen mit ihrem Vordenker Orla Lehmann (1810–1870) im 19. Jahrhundert lautstark postulierten. Vielmehr sind Grenz-„Vibrationen" im breiten Saum zwischen Eider und Schlei erkennbar, die sich bis 1227 allmählich, auf den Flusslauf der Eider hin einpendelten. Faktisch war ein Jahrhundert später diese Grenzziehung dann schon wieder obsolet. Die in den Quellen genannte Einrichtung einer „regelrechten" ottonischen Markgrafschaft zwischen Eider und Schlei mit einem Markgrafen an ihrer Spitze während der Phase zwischen 934 und 983 wird freilich angezweifelt. Vielmehr bezeichnete die sog. „marca Danorum" – Däne(n)mark – zunächst eben das dänische Grenzgebiet, das zeitweilig unter den ottonischen Herrschern zum Schutz der Nordgrenze ihres Reiches besetzt und mit einer Wehranlage gesichert war.

Die Vorstellung von einem breiten und nicht unbedingt linearen Grenzsaum macht allein schon deswegen Sinn, weil etwa der Mündungsbereich der Eider mit seinen ausgedehnten sumpfartigen Uferniederungen gar keine lineare Grenzziehung erlaubte. Migrationsbewegungen, speziell die im 11. und 12. Jahrhundert erfolgende Besiedlung des beiderseitigen Grenzgebiets durch eine sächsisch-deutsche Bevölkerung, machten ohnehin nicht vor irgendwelchen Grenzvorstellungen halt.

Zum Weiterlesen:

Martin Krieger, Frank Lubowitz u. Steen Bo Frandsen (Hrsg.): 1200 Jahre Deutsch-Dänische Grenze. Aspekte einer Nachbarschaft (Zeit + Geschichte, 28), Neumünster 2013.

6

DER HL. ANSGAR UND DIE MISSION DES NORDENS VON HAMBURG AUS

Dänemark, dessen unmittelbarer Einfluss seinerzeit phasenweise also immer wieder bis zur Eider reichte, und Skandinavien wurden erst im 10. und 11. Jahrhundert durchgreifend missioniert und damit Teil des mittelalterlich-christlichen Europas.

Als erster päpstlicher Missionar kam 823 Ebo von Reims (ca. 778–851) nach Dänemark. Aber die Dänen hielten weiter an ihrem überkommenen nordgermanischen Glauben fest. Mäßiger Erfolg war gleichfalls dem hl. Ansgar (801–865) beschieden, auch wenn er den Ehrentitel „Apostel des Nordens“ erhielt. Von Ansgars Leben weiß man im Wesentlichen aus der Heiligenvita, die sein Nachfolger Rimbert (ca. 830–888) verfasst hat. Ansgar war bereits als kleines Kind dem Kloster Corbie im Bistum Amiens (Frankreich) übergeben worden. Von dort wechselte er 822 als Leiter der Klosterschule in die als „Nova Corbeia“ gegründete Benediktinerniederlassung Corvey. Hier wurde er dazu auserkoren, den dänischen König Harald Klak (785–852), der 826 unter der Patenschaft Kaiser Ludwigs des Frommen (778–840) auf einer Synode zu Ingelheim getauft worden war, zur Mission nach Dänemark zu begleiten. Vom Kaiser ausgestattet mit Kirchengerät, Truhen und Zelten sowie Reiseproviant, bestieg Ansgar also Haralds Schiff und fuhr mit ihm rheinabwärts bis Köln, wo er sich Hilfe suchend an den dortigen Erzbischof wandte, weil es offenbar große interkulturelle Missverständnisse an Bord gegeben hatte. Der Erzbischof lieh Ansgar seine Prunkbarke aus, die König Harald aber so gefiel, dass er nun auch auf dieser in den Norden fahren wollte. Allerdings gelangte die weiterreisende Gesellschaft dann nur bis ins friesische Rüstringen, der Zugang nach Dänemark blieb ihr verwehrt. So drohten die großen Missionspläne schon im Ansatz zu scheitern.

Immerhin bat in dieser Situation im Sommer 829 der schwedische König Björn (um 830) Kaiser Ludwig um die Entsendung von Missionaren nach seinem Herrschaftszentrum Birka. Erneut wurde Ansgar ausgeschickt. 831 kehrte er aus Birka zurück. Angeblich soll ihn Kaiser Ludwig jetzt mit der Leitung des frisch von ihm eingerichteten Bistums Hamburg betraut haben. Zugleich habe er die Vollmacht erhalten, im Norden weitere Bischöfe einzusetzen. 832 soll der Papst dieses neue Bistum gleich zum Erzbistum erhoben haben, was der Kaiser 834 bestätigt habe. Ansgar sei zum päpstlichen Legaten für Skandinavien, Dänemark und das Slavengebiet gemacht worden. Die aktuelle Forschung bezweifelt freilich diesen Bericht Rimberts und geht vielmehr davon aus, dass Hamburg erst 864 zum Erzbistum wurde und dass man Ansgar 834 „nur“ zum Missionsbischof für den Norden erkor. Rimbert könnte sich seine Geschichte von den Anfängen des Erzbistums ausgedacht haben, um den Erz(bischöflichen)rivalen Köln rangmäßig auszustechen und die besondere Stellung Hamburgs zu betonen.

So oder so erlitt die Mission von Hamburg aus einen schweren Rückschlag, als dieses 845 von Wikingern überfallen und geplündert wurde. Der bibliophile Ansgar soll dabei all seine wertvollen Bücher und Schriften verloren haben. In der Folge machte König Ludwig der Deutsche (806–876) ihn zum Bremer Bischof, was den Anfang jener jahrhundertelangen Verbindung der Bremer und Hamburger (Erz-)Bischofswürde markiert. Als solcher unterstand er damals noch dem Kölner Metropoliten, und der Streit um die Loslösung von diesem sollte sich noch bis zu seinem Lebensende hinziehen.

Als königlicher Gesandter machte er sich nun aber wieder in den Norden zu König Horik oder Erik I. († 854) auf, der ihm christliches Predigen und die Errichtung einer Kirche in Haithabu erlaubte. Es handelte sich damit um die erste christliche Kirche nördlich der Eider! Doch anscheinend nur die Wikinger in Haithabu nahmen im Zeitraum von der Mitte des 9. bis zur Mitte des 10. Jahrhunderts den neuen Glauben an. Erst der Hamburg-Bremer Erzbischof Unni (amt. 916 – 936) und der Missionar Poppo (vor 960 – vor 1029) agierten erfolgreicher: So wurden für Haithabu-Schleswig, Ripen und Aarhus im Jahr 948 Dänemarks erste dauerhafte Bistümer aus der Taufe gehoben, wobei schon wieder diskutiert wird, ob sie anfangs nicht doch bloß auf dem Papier bzw. Pergament existierten. König Harald Blauzahn (ca. 910 – 985/87) ließ sich zwischen 960 und 968 von Poppo taufen.

Die von Haralds Sohn Sven Gabelbart (963 – 1014) erstrebte Rückkehr zu den alten Glaubensverhältnissen scheiterte. Sein Sohn Knut der Große (994–1035) holte zu Beginn des 11. Jahrhunderts englische Missionare nach Dänemark. In der Folge wurden die Dänen nachhaltig christianisiert. Knuts Neffe Sven Estridsson (1019–1079) konnte schließlich die englischen Kleriker in der zweiten Hälfte des 11. Jahrhunderts durch dänische ersetzen. Im Zuge der Gründung eines nordischen Erzbistums in Lund, dessen Sufragan unter anderem das im Süden bis zur Eider reichende Bistum Schleswig wurde, löste sich die dänische Kirche 1104 von Hamburg und Bremen. Die dänischen Könige begannen nun ihrerseits Kriegszüge zur Bekehrung der Slaven an der südwestlichen Ostseeküste. Diese fand 1168 mit der Eroberung Rügens durch König Waldemar I. (1131–1182) einen gewissen Abschluss.

Zum Weiterlesen:
Matthias Hardt: Von Corvey nach Birka. Ansgars Mission im europäischen Norden, in: Christoph Stiegemann u. Christiane Ruhmann (Hrsg.): Credo. Christianisierung Europas im Mittelalter, Bd. 3, Petersberg 2017, S. 96–108.

7

WAGRIER UND POLABEN – SLAVEN ZWISCHEN OSTSEE UND ELBE

Seit der Mitte des 6. Jahrhunderts ließen sich ursprünglich aus dem Osten über die Oder bzw. aus dem Südosten die Elbe entlangkommende westslavische Gruppen in mehreren Einwanderungswellen im Gebiet des heutigen Nordostdeutschlands („Germania Slavica") nieder. Aus den Einwanderern bildeten sich mehrere Stammesverbände heraus, darunter die Wagrier im östlichen Holstein und die Polaben im heutigen Lauenburgischen bzw. im westlichen Mecklenburg. Diese slavischen Verbände werden unter dem Begriff der „Wenden" zusammengefasst. Man setzt deren weitestes Ausgreifen nach Westen bis nach Ostholstein gemeinhin für die zweite Hälfte des 7. Jahrhunderts an. Allerdings verweisen neuere archäologische Untersuchungen eher auf das 8. Jahrhundert.

Bis zum 9. Jahrhundert rückten die Wagrier und Polaben bis zu einer Linie von der Schwentine an der Kieler Förde bis an die Elbe bei Lauenburg vor. Sie erschlossen das Land über Ringwallanlagen, die offenbar als Mittelpunkte von Burgbezirken mit zugehörigen Siedlungen fungierten. Noch heute sind viele dieser Ringwälle, von denen es hierzulande eine wirklich große Zahl gab, mit geübtem Auge als archäologische Denkmäler auf Feld und Flur zu entdecken. Zuweilen hatten diese Anlagen beeindruckende räumliche und fortifikatorische Dimensionen, wie die Reste des Oldenburger Walls heute noch anschaulich vermitteln. Die Wallanlagen bildeten Siedlungskammern, die meist an Flussläufen gelegen und von großen, mehr oder minder unbesiedelten Wald- und Sumpfgebieten umschlossen waren. Zentrale Orte waren im östlichen Holstein „Aldinburg" oder „Starigrad" (Oldenburg), „Olsborg/Plune" (Plön), Ratzeburg und „Liubice" (Alt-Lübeck). Von diesen lagen zumindest Oldenburg und Alt-Lübeck an wichtigen Handelswegen und unterhielten enge, archäologisch nachweisbare Handelsbeziehungen zu anderen Wirtschaftszentren des Ostseeraums.

Als sich in spätslavischer Zeit, d. h. im 10. und 11. Jahrhundert, die Herrschaft über die Wagrier in der Hand königsähnlicher Fürsten, namentlich Gottschalk (um 1000–1066), Kruto († um 1090), Heinrich (vor 1066–1127), konzentrierte, legten diese ihren Sitz nach Alt-Lübeck, wo sich nun ein aufstrebender frühstädtischer Komplex entwickelte, der aus einer Burg, einem Hafen, zwei Vorburgsiedlungen und einer Siedlung christlicher Kaufleute – sogar mit eigener Kirche – bestand. Nach Westen grenzte, dem Bericht des Chronisten Adam von Bremen in seiner Geschichte der Hamburgischen Kirche folgend, seit den Tagen Karls des Großen ein „Limes Saxoniae" den Siedlungsbereich der Wagrier und Polaben von dem ihrer sächsischen Nachbarn ab. Im Unterschied zum Danewerk oder gar zum römerzeitlichen „Limes" soll es sich beim „Limes Saxoniae" indes nicht um einen befestigten Wall gehandelt haben, sondern um einen breiten, weitgehend unbesiedelten Grenzsaum, dessen Verlauf sich an Wasserläufen und einzelnen Geländepunkten orientierte und in dessen weiterer Umgebung sich auf beiden Grenzseiten Burganlagen konzentrierten, von denen aus dieser Teil des Landes kontrolliert wurde. Die Einrichtung dieser Ödlandgrenze im Jahr 809 soll eine Folge der herrschaftlichen Einbeziehung der nordelbischen Sachsen in das Karolingerreich im ersten Jahrzehnt des 9. Jahrhunderts gewesen sein.

Nach neueren Thesen existierte dieser „Limes Saxonie" allerdings zu jener Zeit überhaupt nicht. Er scheint vielmehr das fiktive Produkt einer Geschichtsfälschung Erzbischof Adalberts (um 1000–1072) und seines schon genannten Scholasters Adam von Bremen gewesen zu sein, um den eigenen Einfluss gegenüber den Bischöfen von Ratzeburg und Oldenburg (nachmalig Lübeck) zu sichern. Die sog. Ratzeburg-Urkunde König Heinrichs IV. (1050–1106) von 1062 widerspricht den Zweifeln an Adams „Limes Saxoniae" nicht, wenn es darin heißt: „... dabei bleibt in jeder Beziehung ausgenommen und unangetastet der ‚Limes Saxoniae'." Denn hier ist wohl nur allgemein die Grenze Sachsens gemeint, nicht aber eine karolingische Grenzziehung. Der König verlieh mit der Urkunde dem sächsischen Herzog Ordulf († 1072) die slavische Burg und das zugehörige Land Ratzeburg „aus dem Recht des Herrschers am eroberten Land", wie Karl Jordan meinte.

Die Wagrier und Polaben betrieben Landwirtschaft, waren aber auch erfolgreiche Händler zu Land und zur See sowie gefürchtete Seeräuber. Dadurch standen sie zu Wikingern und Dänen in scharfer Konkurrenz. Nicht von ungefähr soll der dänische König Godfred den konkurrierenden slavischen Handelsort Reric in der Nähe des heutigen Wismar zerstört und seine Kaufleute zwangsweise nach Haithabu umgesiedelt haben.

Zum Weiterlesen:
Oliver Auge u. Jens Boye Volquartz (Hrsg.): Der Limes Saxoniae. Fiktion oder Realität? Beiträge des interdisziplinären Symposiums in Oldenburg/Holstein am 21. Oktober 2017 (Kieler Werkstücke Reihe A: Beiträge zur schleswig-holsteinischen und skandinavischen Geschichte, 53), Berlin 2019.

8

HAITHABU: WELTHANDEL IN SCHLESWIG-HOLSTEIN UM 1000

Wahrscheinlich im 8. Jahrhundert unweit des ersten Danewerks von friesischen Händlern gegründet, entwickelte sich Haithabu, auch Hedeby, Sliesthorp oder Schleswig genannt, an der geographisch günstigsten Schnittstelle zwischen Nord- und Ostsee zu einem Fernhandelsort von großer Reichweite und Strahlkraft. Bald stand Haithabu mit anderen Fernhandelsplätzen seiner Zeit in sehr enger Verbindung, wie z. B. mit Dorestad an der Rhein- oder Wollin-Vineta an der Odermündung. Funde, die man bei Ausgrabungen machte, verweisen darüber hinaus auf Handelskontakte von Südspanien und Irland in Westeuropa bis nach Konstantinopel und Bagdad im Vorderen Orient. Münzen, die man hier entdeckte, wurden sogar in Samarkand, im heutigen Usbekistan, geprägt. Verschiedenste Handwerker produzierten in Haithabu sowohl für den Export als auch für den heimischen Markt.

Immer wieder wird Haithabu heutzutage als Siedlung der Wikinger dargestellt, weil die Geschichte der seefahrenden Wikinger Interesse weckt. Tatsächlich hatten hier eine Zeit lang aus Schweden stammende Wikinger das Sagen. Doch stimmt die Charakterisierung als Wikingerstadt nicht ganz. Wenn es damals hierzulande einen Ort gab, an dem Multikulturalismus gelebt und gepflegt wurde, dann war dies Haithabu. Haithabus Einwohner setzten sich aus einer quasi einheimischen Bevölkerung, den sog. „permanentes", und einer mehr oder minder großen Zahl saisonaler Bewohner, den „frequentantes", zusammen. Neben den ursprünglich aus Schweden stammenden Wikingern (Warägern) hatten hier auch Dänen, Slaven und Sachsen ihr Zuhause. Letztere Gruppe scheint sogar die zahlenmäßig stärkste oder wichtigste Gruppe gebildet zu haben. Denn Adam von Bremen und in seiner Folge der Annalista Saxo (um die Mitte des 12. Jahrhunderts) bezeichnen Haithabu für das Jahr 1066, und damit rund 50 Jahre nach einem Friedensvertrag des ostfränkischen Königs Konrad II. (um 990–1039) mit dem dänischen König Knut dem Großen, bei dem es um die Abtretung Haithabu-Schleswigs samt „der Mark jenseits der Eider" an Letzteren ging, als eine Stadt der transelbischen Sachsen, die an der Grenze zum Königreich Dänemark lag.

Zuvor war Haithabu 934 an den siegreichen ostfränkischen König Heinrich I. (876–936) gefallen, 945 vom dänischen König Gorm (vor 900–ca. 958/64) erobert worden und in den 970er und 980er Jahren zwischen der Herrschaft Kaiser Ottos II. (955–983) und Harald Blauzahns hin- und hergewechselt. Das beharrliche Ringen der Herrscher um Haithabu unterstreicht auf seine Weise dessen wirtschaftliche Bedeutung und zeitweiligen Wohlstand.

Und es gab seinerzeit dort ganz exotische Gäste: So suchte bereits in der zweiten Hälfte des 10. Jahrhunderts der arabische Kaufmann und Chronist Ibrahim ibn Ahmed At Tartûschi den Fernhandelsort Haithabu auf, den er in seinem Reisebericht als sehr große Stadt am äußersten Ende des Weltmeeres betitelte. Der arabische Weltreisende stammte aus dem heute spanischen Tortosa. Im Auftrag des Kalifen Hakam II. (915–976) reiste er 965 durch das Frankenreich, wobei ihm besonders die trübe Luft und Finsternis sowie die bittere Kälte mit Schnee zusetzten. Schließlich gelangte er eben auch nach Haithabu. Seine „Bewohner sind Siriusanbeter, außer einer kleinen Anzahl, die Christen sind, die dort eine Kirche besitzen“, wusste er über den Ort zu berichten. Und weiter: „Die Hauptnahrung der Bewohner besteht aus Fischen, denn sie sind dort zahlreich.“ Besonders wunderte sich der Berichterstatter über den Gesang der Einwohner: „Nie hörte ich hässlicheren Gesang als den Gesang der Schleswiger, und das ist ein Gebrumm, das aus ihren Kehlen herauskommt, gleich dem Gebell der Hunde, und noch viehischer als dies.“

Wegen seiner günstigen Lage und ökonomischen Rolle wurde Haithabu früh auch schon ein politisches, administratives und kirchliches Zentrum. Hier soll durch den hl. Ansgar die erste christliche Kirche Skandinaviens errichtet worden sein. Immer wieder hielten sich dänische Könige in Haithabu auf und regelten die Belange ihres Reiches von dort aus. Die schriftlichen Quellen des 11. Jahrhunderts behandeln die Ortsnamen Haithabu und Schleswig dabei synonym. In diese Zeit fällt auch die Ablösung Haithabus durch das benachbarte Schleswig. Ob es zeitweise ein Nebeneinander beider Siedlungen gab oder ob Schleswig erst entstand, als Haithabu zerstört war, weiß man nicht. Man vermutet, dass Königshof und Bischofssitz schon vor den beiden Zerstörungen Haithabus 1050 durch den norwegischen König Harald III. den Harten (1015–1066) und 1066 durch ein slawisches Heer auf dem Nordufer der Schlei existierten.

Es folgte jedenfalls die Übernahme der Rolle Haithabus im Fernhandel durch Schleswig. Man weiß aus dem Schleswiger

Stadtrecht, dass Kaufleute aus Sachsen und Friesland, von Island, Bornholm und aus dem weiteren Ostseeraum sowie von Gotland in der Stadt verkehrten. Andere Quellen nennen noch Soest und Köln, Schweden, Russland, das Samland, die östliche und südliche Ostseeküste und sogar das Rhonedelta als Herkunftsorte und -regionen. Vom späten 11. bis zum Anfang des 13. Jahrhunderts entwickelte sich Schleswig weiter zu einem administrativen, ökonomischen und sakralen Zentrum von überregionaler Bedeutung. Im Spätmittelalter machte ihm freilich die Konkurrenz Lübecks im Süden und Flensburgs im Norden immer mehr zu schaffen, und die Kaufleute verließen die Stadt, wobei diejenigen aus dem Niederrheingebiet und von der südlichen Nordseeküste Schleswig noch am längsten die Treue hielten.

Zum Weiterlesen:
Birgit Maixner: Haithabu. Fernhandelszentrum zwischen den Welten, 2. Aufl., Schleswig 2012.

9

SCHLESWIG WIRD ZUM HERZOGTUM

Die Eider als Grenze zwischen dem Frankenreich und dem dänischen Einflussbereich war 811 vertraglich festgelegt worden. Schon vorher waren Wallanlagen von den nördlich von Eider und Schlei lebenden Dänen bzw. Jüten gebaut worden, um ihr Gebiet gegen Süden abzusichern. Das wichtigste und ausgeklügeltste Verteidigungswerk war das 20 Kilometer nördlich der

Eider gelegene Danewerk, das spätestens im 5. Jahrhundert entstand und dann in mehreren Schritten bis 1168 ausgebaut wurde. Noch 1864 versuchte die dänische Armee – vergeblich –, eine Verteidigungslinie gegen die anrückenden preußischen und österreichischen Verbände am Danewerk einzurichten.

In Verbindung zum Danewerk stand der überregional bedeutsame Handelsort Haithabu, was auf Dänisch Hedeby für Heideort meint. Teilweise wurde es synonym als Schleswig betitelt, was Schleibucht bedeutet. Daraus entwickelte sich nachgehend, wie schon erwähnt, am gegenüberliegenden Schleiufer die Stadt Schleswig. Von der Stadt ist das Territorium zu unterscheiden, das seinen Namen vom Hauptort gleichen Namens übernahm. Im Kern umfasste es die Mark Schleswig oder auch die Mark der Dänen, die in der kurzen Phase einer ostfränkischen Dominanz im 10. Jahrhundert zur Sicherung der Reichsgrenze ins Leben gerufen worden sein soll. 1025 erkannte König Konrad II. Knut den Großen als Herrn dieser Mark an, wofür dieser seine sechs Jahre alte Tochter Gunhild (um 1019–1038) Konrads Sohn Heinrich (1016–1056) als Frau versprach. Die Hochzeit fand Pfingsten 1036 in Nimwegen statt. Die Eidergrenze wurde damit wieder zur Grenze zwischen dem Heiligen Römischen Reich und dem dänischen Machtbereich, zumal auch das Bistum Schleswig, das 1003/1004 dem neuen nordischen Erzstift in Lund als Suffraganbistum zugeschlagen worden war, ebenfalls die Eider als Südgrenze seiner Diözese hatte.

Ende des 11. Jahrhunderts setzten die Könige von Dänemark in den drei südlichen, Sysseln genannten Verwaltungseinheiten Jütlands – im Barvidsyssel, Ellumsyssel und Istedsyssel – Statthalter ein, die zunächst den Titel eines Jarls führten und die Aufgaben eines quasi markgräflichen Herrschaftsvertreters übernahmen. Das Amt wurde vorzugsweise an Mitglieder der Königsfamilie zu deren Versorgung vergeben: Erstmals soll Olaf I. Hunger (1050–1095), ein Sohn Sven Estridssons, seit 1080 den Titel getragen haben; ihm folgte vermutlich um 1100 sein Bruder Björn, der als Gründer von Rendsburg gilt, weil er hier eine Festung errichtet haben soll. Um 1115 erhielt dann der Sohn König Erik I. Ejegods (1056–1103) namens Knud Laward (1096–1131) die süderjütische Jarlschaft. Für diese legte er sich, vermutlich als vom römisch-deutschen König Lothar von Süpplingenburg (vor 1075–1137) Begünstigter, nach deutschem Vorbild den Titel eines Herzogs von Dänemark zu; die herzogliche Amtswürde blieb seither etabliert.

So fungierte der jüngere Bruder König Knuts VI. (1162/63–1202), Waldemar (II. der Sieger, 1170–1241), bis zu seiner Thronbesteigung ebenfalls als Herzog von Schleswig. Auch dessen Sohn Abel (1218–1252) war bis zu seiner Zeit als König Dänemarks Herzog Jütlands bzw. Süderjütlands. Unter Abels Söhnen Waldemar III. (1238–1257) und Erich I. (1242–1272) spaltete sich fortan eine eigene herzogliche Dynastie vom dänischen Königshaus ab, das sog. Abel-Geschlecht. Dieses erstrebte eine machtpolitische Loslösung vom dänischen Königtum, was einen langwierigen Konflikt heraufbeschwor.

Mit dem Tod Herzog Heinrichs (um 1342–1375) starb das Abel-Geschlecht im Mannesstamm aus. Im Zuge des folgenden Herrschaftswechsels kam es zum endgültigen Wechsel der Titulatur zum Herzog Schleswigs. Das jetzt in sog. Harden als Verwaltungseinheiten aufgegliederte Herzogtum, das in seiner Maximalausdehnung von der Königsau im Norden bis zur Eider im Süden reichte, bot einem bunten Bevölkerungsgemisch ein Zuhause. Im Westen lebten – mehr oder minder unabhängig vom König bzw. Jarl oder Herzog – Friesen, im Norden und mittleren Teil bis zur Schlei mit den verbliebenen Resten der Angeln und

Jüten vermischte Dänen, südlich davon nach und nach immer mehr Sachsen, aus denen einmal Deutsche werden sollten. Diese Bevölkerung entwickelte im Laufe der Geschichte eine eigene Schleswiger Mentalität und ein ebensolches Bewusstsein. Erst in der Zeit des Nationalkonflikts und letztlich konkret mit der Volksabstimmung von 1920 musste sie sich entscheiden, ob sie sich als deutsch oder dänisch verstand.

Zum Weiterlesen:
Henrik Becker-Christensen u. Ulrich Lange (Red.): Geschichte Schleswigs. Vom frühen Mittelalter bis 1920. Deutsch-dänische Historikerkonferenz des Instituts für Grenzregionsforschung in Zusammenarbeit mit der Akademie Sankelmark vom 28. bis 30. September 1997 in Sankelmark, Apenrade 1998.

10

ADEL ENTSTEHT – IN HOLSTEIN UND SCHLESWIG UNTERSCHIEDLICH

Nach wie vor wird diskutiert, wie man sich die Anfänge des wichtigen Sozialphänomens „Adel" im Raum nördlich der Elbe vorzustellen hat. Dies liegt an einer umfassenden Armut an Quellen bis zum 13. Jahrhundert. Damit zusammenhängend stellt sich das Problem der Adelsdefinition als solcher, die vielfach (national)politisch und kulturell aufgeladen ist. Zu früheren Thesen gehört, dass Nordelbingen eine „Germania germanicissima", der germanischste Teil Germaniens, gewesen sei weil hier die altgermanischen und altsächsischen Strukturen unversehrt erhalten blieben. Die Führungsschicht habe sich demnach als germanischer „Volksadel" aus freien Bauern entwickelt.

Solche Ideen wirken teils bis heute nach. Erst seit Kurzem regt sich Kritik an den genannten Kontinuitätsvorstellungen, ohne dass regionsspezifische Eigenmerkmale der Adelsgenese komplett negiert werden. Denn schon zeitgenössische Quellen wie der „Godeschalcus" (um 1190) oder der Sachsenspiegel (zwischen 1220 und 1235) sprechen die für ihre Zeit eigentümliche Charakteristik des Adels nördlich der Elbe an. Neuere Arbeiten verweisen indes zu Recht darauf, dass die Elbe nie eine abschottende Grenze war, sondern eine vielfältige Kontaktzone, in der z. B. adelige Geschlechter Besitz auf beiden Uferseiten hatten und flussübergreifend Ehen eingingen.

In Nordelbingen entstand jedenfalls im Hochmittelalter eine in Quantität und Qualität nach wie vor mehr als heterogene adelige Führungsgruppe, die sich aus uneinheitlichen Wurzeln zusammensetzte und in der Chronistik des 12. Jahrhunderts schlicht als die Großen des Landes klassifiziert wird. Für diese wird ein größerer Besitz, als ihn die Masse der freien Bauern hatte, vermutet. Diesen Großen, die offenbar seit der Zeit der sächsischen Billungerherzöge (936–1106) mit Herrschaftsaufgaben betraut waren, sich aber dann mehr und mehr von der herzoglichen Macht emanzipierten, rechnet man die in Mittelholstein um Faldera begüterte sog. „virtus Holzatorum" zu, was man mit Streitkraft der Holsten wiedergeben kann. Dahinter könnten sich Reiterkrieger zum Kampf gegen die benachbarten Slaven verborgen haben.

An der Spitze der Großen stand sowohl in Stormarn als auch in Holstein, ursprünglich vielleicht auch in Dithmarschen ein sog. Overbode, der in den lateinischen Quellen als „prefectus", „iudex", „signifer provincie" oder „senior terrae" begegnet und militärische und richterliche Aufgaben hatte. Im 12. Jahrhundert war der Overbode dann der zweite Mann nach dem Grafen, wie Helmold von Bosau (um 1120–nach 1177) ausführt. Als Overboden für Stormarn wurde die Familie der „Stormarii" namhaft gemacht. Für Holstein lassen sich im 12. Jahrhundert Marcrad I. und II. aus dem Geschlecht der Ammoniden benennen, die im Raum von Neumünster begütert waren. Letzterer wurde im Kampf Heinrichs des Löwen (um 1129/30 bzw. 1133/35–1195) um die Herrschaft im Herzogtum Sachsen Gegner des Holsteiner Grafen.

Überhaupt scheint er an der Spitze einer Adelsopposition gegen die Grafengewalt gestanden zu haben. Nach 1180 großenteils ins Exil an den Schleswiger Herzogs- bzw. an den dänischen Königshof gedrängt, machte sich diese adelige Opposition für ein Eingreifen der Dänen in Holstein stark. Im Zuge von Knuts VI. Ausgriff durchgesetzt, kehrte ein Teil der Exilierten, darunter der Familienkreis der Ammoniden, nach Holstein zurück, um in den Diensten des dänischen Satelliten Albrecht von Orlamünde (nach 1182–1245) Karriere zu machen. Als freilich die Unzufriedenheit mit dessen Herrschaft immer mehr um sich griff, riefen die Großen das überkommene Grafengeschlecht 1224 wieder zurück ins Land. Im 13. Jahrhundert folgte, sicher als Reaktion auf die oppositionelle Vorgeschichte, die Entmachtung der Overboden, deren Funktion auf die Leitung des Gaugerichts beschränkt wurde. Ein Overbode kommt letztmalig 1419 vor.

Erst ab dem 13. Jahrhundert, als die Macht der Grafen aus dem Haus Schauenburg in Holstein nachhaltig gefestigt war und die Ostsiedlung den Raum Ostholsteins – zugunsten besonders des Adels, der sich hier auf Dauer festzusetzen wusste – grundlegend umstrukturiert hatte, lässt sich ein holsteinischer Adel dann genauer konturieren. Ähnliches gilt für Lauenburg. Auch hier wies der Adel ein vielfältiges räumliches und soziales Herkunftsspektrum auf: Seine Angehörigen entstammten den alteingesessenen Großen, hatten der ehemals gentilen slavischen Führungselite angehört oder waren hinzugezogene Adelige, die ein neues Leben anfangen, oder ehemals Unfreie, Ministerialen, die in der Region aufsteigen wollten.

Dieses „Adelsgemisch“ nahm oft in räumlicher Nähe zu vormaligen slavischen Herrschaftsmittelpunkten auf den in der Region prinzipiell neuen da erst jetzt stark vorkommenden, Turmhügelburgen seinen Wohnsitz und begann, sich feste Familiennamen zu geben, die sich teilweise von Grundherrschaftsmittelpunkten herleiteten. Erstaunlicherweise begegnen viele Adelsnamen allerdings erstmals in städtischen Zusammenhängen und Überlieferungen.

Für den Bereich Schleswigs soll sich indes spätestens im 12. Jahrhundert aus der königlichen Gefolgschaft ein eigener Adel, die sog. Heermannen bzw. „herremænd“, mit Aufgaben in der Lokalverwaltung und militärischen Funktionen bei gleichzeitiger Steuerbefreiung herausgebildet haben, während zuvor die Kriegerhäuptlinge der Wikingerzeit eine Art Aristokratie ausmachten. Zu Beginn soll der Status der Heermannen ein persönlicher gewesen sein, an dessen Stelle im 13. Jahrhundert die Erblichkeit trat. Es gab also im Mittelalter in Schleswig einen anderen Adel als in Holstein.

Zum Weiterlesen:

Oliver Auge u. Joachim Schneider: Der Niederadel: Schleswig-Holstein/Franken, in: Werner Freitag, Michael Kißener, Christine Reinle u. Sabine Ullmann (Hrsg.): Handbuch Landesgeschichte, Berlin/Boston 2018, S. 303–334.

11

DIE GRAFSCHAFT HOLSTEIN KOMMT AN DIE SCHAUENBURGER

Die sächsischen Gaue nördlich der Elbe waren Teile des fränkischen und dann ostfränkischen Reiches, aus dem das Heilige Römische Reich Deutscher Nation werden sollte. Während Dithmarschen eigene Wege ging, verschmolzen Holstein und Stormarn mehr und mehr zu einer Einheit, aus der eine Grafschaft werden sollte. Unterhalb der sächsischen Herzogsgewalt, die seit 936 in der Hand des Geschlechts der Billunger lag und der der Raum nördlich der Elbe mehr oder minder stark herrschaftlich zugeordnet war, gab es im 11. Jahrhundert Grafen, die ihren Amts- und Herrschaftssitz offenbar in Hamburg hatten. Sie werden daher als Grafen nicht von Holstein, sondern von Hamburg bezeichnet. Die schon ältere Annahme, sie seien Verwandte der Billunger gewesen, bleibt spekulativ. Ihr letzter chronikalisch bezeugter Vertreter war Gottfried, der 1110 bei der Verfolgung feindlicher Slaven in einen Hinterhalt geraten und getötet worden sein soll, ohne einen unmittelbaren Erben zu hinterlassen.

Helmold von Bosau, von dem auch die Angaben zum Tod Gottfrieds stammen, berichtet, dass Lothar von Süpplingenburg, der dem letzten Billunger Magnus (um 1045–1106) in der Würde eines sächsischen Herzogs gefolgt war, die somit frei gewordene Grafschaft einem adeligen Mann namens Adolf (vor 1106–1131) übergeben habe. Dieser entstammte dem Geschlecht der an der mittleren Weser beheimateten und begüterten Schauenburger. Südlich der Elbe, in Niedersachsen und Westfalen, werden sie Schaumburger genannt, wiewohl der Name Schauenburger der quellenmäßig bezeugte ist. Der Akt der Grafschaftsübergabe an Adolf wird auf 1110/11 datiert und markiert den Beginn der Schauenburger Geschichte nördlich der Elbe, die bis 1459 bzw. sogar 1640, also mehr als 500 Jahre lang, dauern sollte. Doch ist Helmolds Bericht nicht über alle Zweifel erhaben, ja, es wird sogar angezweifelt, dass diese Übergabe so überhaupt stattfand. Denn Graf Adolf I. lässt sich außerhalb von Helmolds Slavenchronik in Nordelbingen gar nicht nachweisen. Und selbst in der Chronik wird er genau genommen nicht als Graf von Holstein oder von Hamburg bezeichnet.

Tatsächlich verfasste der Kleriker Helmold sein Geschichtswerk rund ein halbes Jahrhundert nach der angeblichen Aussage, er war also sicher kein Augenzeuge der Ereignisse von 1110/11. Und er schrieb erkennbar als schauenburgischer Parteigänger, wobei das Hauptaugenmerk seines Textes ohnehin auf der Darstellung der damaligen Herrschaftsbildung, Siedlung und Mission in Ostholstein, Mecklenburg und Pommern, aber auch in Brandenburg und Skandinavien lag, also andere Schwerpunkte kannte. Aus christlich-geistlicher Sicht beschreibt er dabei recht genau die Religion, Kultur und Gesellschaft der gentilen Slavenstämme östlich der Elbe. Der überwiegende Teil der Forscher möchte den Widerspruch zwischen der ausdrücklich berichteten Übergabe der Grafschaft und den dann fehlenden anderweitigen Herrschaftsbelegen aber dahingehend deuten, dass Adolf als landfremder Graf eben eine denkbar schwache Position gegenüber dem starken Landesadel, den „Maiores terrae", hatte.

Auch Helmold liefert in seinem Text Episoden, die diese mangelnde Machtbasis des Grafen veranschaulichen können. Die geringen Handlungsspielräume, die der Graf nördlich der Elbe besaß, könnten durchaus im Herrschaftskalkül des Herzogs, der sie zu verantworten hatte, gelegen haben – dem bekannten

Motto „Divide et impera" / „Teile die Macht und herrsche selbst" folgend. Erst dem ab 1131 als Graf regierenden gleichnamigen Sohn Adolf II. (1128–1164) sollte es gelingen, sich machtpolitisch stärker im Norden zu verankern. Vielleicht nahm die Grafschaft Holstein auch jetzt erst oder sogar noch später im 12. Jahrhundert allmählich eine konkrete Gestalt an.

Adolf II. profitierte von der gewaltsamen Einverleibung Wagriens (= Ostholsteins) ab 1139, was seiner Grafenherrschaft eine ganz neue Machtbasis bot. Allerdings zeigten der stotternde Beginn auch seiner Herrschaft, deren Realisierung überhaupt erst Herzog Heinrich der Löwe durchsetzte, wie auch die zweimalige Entmachtung seines Sohnes, der erneut Adolf hieß, dass das Fundament der Schauenburger Herrschaft in Holstein, Stormarn und Wagrien tönern blieb. Adolf II. fiel 1164 im Kampf gegen die slavischen Abodriten bei Verchen. Ihm folgte Adolf III. (1160–1225) als Graf, wobei zunächst eine Vormundschaft, bestehend u. a. aus seiner Mutter und dem Overboden Marcrad I., die eigentlichen Regierungsgeschäfte übernahm. Als selbstständig herrschender Graf war Adolf III. zunächst eine feste Stütze der Herrschaft Heinrichs des Löwen, in dessen Dunstkreis und Schatten er seine eigene Einflusssphäre stets auszuweiten wusste. Als jedoch der Kaiser den sächsischen Herzog absetzte, wechselte Adolf III. 1180/81 die Seite und wurde nun zum erbitterten Gegner des Löwen. Infolgedessen musste er nach seiner Rückkehr vom Dritten Kreuzzug seine Grafschaft, die während seiner Abwesenheit Heinrich der Löwe besetzt hatte, erst wieder für sich zurückerobern.

Um die Jahrhundertwende befand sich Adolf III. schließlich an der Spitze seiner Macht. Seine Versuche, seinen Einfluss auch auf Dithmarschen, über die Eider und entlang der Ostsee bis Pommern auszuweiten, riefen freilich den dänischen König Knut VI. auf den Plan, der sich durch Adolfs Ehrgeiz provoziert bzw. sogar in seiner eigenen Machtstellung gefährdet sah. Auch die holsteinischen Adeligen, die auf Druck Adolfs III. in Knuts Umfeld im Exil lebten, drängten diesen zum Handeln. Schließlich überschritten die Truppen des Königs unter Führung seines Bruders Waldemar die Eider und errangen bei Stellau 1201 einen fulminanten Sieg über Adolfs Heer. Seither führte Waldemar, der 1202 den dänischen Thron bestieg, den schillernden Beinamen „der Sieger". Adolfs gräfliche Position war so aber unhaltbar geworden, obwohl er noch versuchte, sich von Hamburg aus weiter zu verteidigen. Er wurde schließlich gefangen genommen und kam nur unter der Bedingung wieder frei, dass er fortan auf die Herrschaft über Holstein verzichtete. So zog er sich 1203 in das Stammland seines Hauses an der Weser zurück. Den Norden sollte er nicht mehr wiedersehen.

Zum Weiterlesen:

Oliver Auge u. Detlev Kraack (Hrsg.): 900 Jahre Schauenburger im Norden. Eine Bestandsaufnahme (Quellen und Forschungen zur Geschichte Schleswig-Holsteins, 121; Zeit + Geschichte, 30), Kiel/Hamburg 2015.

12

MISSION UND LANDESAUSBAU IN WAGRIEN UND POLABIEN

Mit der Etablierung der Karolingerherrschaft im Norden setzte von Hamburg aus nicht nur die Missionierung der nordelbischen Sachsen und Dänen ein, sondern es erfolgte auch ein missionarischer Ausgriff auf das von gentilen Slavenvölkern besiedelte

Wagrien und Polabien. Doch war das 968 und 973 in Oldenburg/Holstein eingerichtete Missionsbistum durch einen Slavenaufstand 983 wieder eingegangen. Ein zweiter Versuch der Etablierung zwischen 1062 und 1066 war ebenfalls gescheitert. Auch die damals in Ratzeburg und Alt-Lübeck vorhandenen Kirchen wurden zerstört. Das Verhältnis zwischen den Slaven und ihren christlichen Nachbarn in Holstein und Stormarn blieb angespannt und entlud sich immer wieder in gegenseitigen Überfällen und Plünderungen, auch wenn neuerdings zu Recht betont wird, dass es durchaus auch Phasen fruchtbaren wirtschaftlich-kulturellen Austauschs und friedlichen Zusammenlebens gab.

Um den christlichen Glauben der Holsten im Grenzgebiet war es aber anscheinend ohnehin nicht zum Besten bestellt. Die Bewohner übten nach Helmolds Bericht ihren Kult ähnlich wie die Slaven in heiligen Hainen oder an Quellen aus. Der Bremer Erzbischof Adalbero († 1148) betraute daher auf Ersuchen des Overboden Marcrad den Missionar Vizelin (um 1090–1154) mit der Seelsorge im Grenzgebiet. Dieser nahm das Missionswerk auf und scharte gleichgesinnte Kleriker um sich, mit denen er 1127 das Augustiner-Chorherrenstift Neumünster gründete. 1134 errichtete Kaiser Lothar III. laut Helmold auf Vizelins Rat die Siegesburg zusammen mit einem weiteren Stift der Augustiner-Chorherren in Segeberg, von wo aus drei Jahre lang im Gebiet der Wagrier missioniert wurde. Als nach dem Tod des Kaisers 1137 in Sachsen Machtkämpfe ausbrachen, versuchte der Slavenfürst Pribislaw († nach 1156) die Oberhoheit über Wagrien zu erlangen, scheiterte aber an der Einnahme der Siegesburg.

Der statt des Schauenburgers Adolf II. neu eingesetzte Graf von Holstein und Stormarn, Heinrich von Badewide († 1164), griff darauf im Winter 1138/39 die Dörfer der slavischen Wagrier an. Im folgenden Sommer 1139 verwüsteten die Holsten dann anscheinend ohne Zutun des Grafen die Felder der Wagrier und eroberten deren Burg Plön. Pribislaw musste aufgeben. Der Hauptteil Wagriens wurde nun zu Holstein gelegt. Nachdem sich jedoch Heinrich der Löwe als sächsischer Herzog durchgesetzt hatte, gab er Wagrien als Lehen an Graf Adolf II.; Heinrich von Badewide erhielt zur Kompensation das südlich daran angrenzende Polabien und wurde Graf von Ratzeburg.

Adolf holte ab 1143 Friesen, Westfalen und Niederländer ins Land, wie Helmold berichtet, und siedelte diese im Westen und Süden Wagriens an, um die durch die Vertreibung der Wagrier entstandene Lücke in der abgabenpflichtigen Bevölkerung zu schließen. Gleichzeitig ermunterte er die Holsten und Stormaren, vom gerade eroberten Slavenland Besitz zu ergreifen. Das zu Äckern und Weiden auszubauende Land wurde ausgemessen, in einheitliche Hufen von etwa 25 bis 40 Hektar aufgeteilt und an die Kolonisten vergeben. Die nördlichen Gebiete um Oldenburg und Lütjenburg blieben erst einmal in der Hand der Wagrier. Deren Nachkommen gingen später in der zugewanderten deutschen Bevölkerung auf und übernahmen ihre Sprache.

Um wie viele Neusiedler es sich zunächst handelte, lässt sich nicht sagen. Mit der konkreten Durchführung der Landnahme wurden Siedlungsunternehmer, die sog. Lokatoren, beauftragt. Bei den Lokatoren handelte es sich meist selbst um Siedler, die zum Lohn für ihre Arbeit eine privilegierte Stellung im Neusiedelland erhielten. Aus ihrem Kreis bildete sich im Kern ein neuer Landesadel heraus. Auch klösterliche Gemeinschaften wie die Zisterzienser und Prämonstratenser, die umfangreichen Landbesitz im Slavenland zur Urbarmachung erhalten hatten, bemühten sich um dessen planmäßige Besiedlung. Die von den neuen Siedlern eingeführte, genossenschaftlich betriebene Mehrfelderwirtschaft und ihre fortschrittlichere Technik, etwa in Form des

Scharpflugs mit Rädern oder von Wasser- und Windmühlen, war der überkommenen Wirtschaftsweise der indigenen Slaven überlegen und sorgte für eine beträchtliche Steigerung der Ernteerträge. Der Raum wurde so zur Getreidekammer Holsteins.

Die Dörfer und Siedlungen auf Rodungsland bekamen in der Regel einen neuen, deutschen Namen, der auf „-hagen" oder „-dorf" endete. Daneben konnten der Herkunftsort der Siedler oder der Name des verantwortlichen Lokators zum Ortsnamen werden oder manchmal eine slavische Flurbezeichnung – heute noch an Endungen wie „-ow", „-vitz" oder auch „-in" erkennbar. Teilweise zog man in die Dörfer, aus denen die Slaven ausgezogen waren. Verbliebene Slaven bauten sich in der Nähe ein neues Dorf gleichen Namens. Zur Unterscheidung konnte ein Präfix wie „Klein-" oder „Wendisch-" dem Dorfnamen vorangestellt werden, während das jetzt deutsche Dorf den Zusatz „Groß-" oder „Kirch-" erhielt.

1149 wurde Vizelin zum Bischof des Wagrierbistums Oldenburg geweiht. Nachdem sich der bereits von einem Schlaganfall schwer beeinträchtigte Missionar von der desolaten Situation an seinem Bischofssitz und in seinem gesamten Sprengel überzeugt hatte, unterwarf er sich Ende 1150 gegen den Willen seines Erzbischofs der vom Herzog geforderten Investitur. Damit gewann er den notwendigen politischen Rückhalt für sein Missionswerk. Heinrich der Löwe veranlasste im Gegenzug sofort eine angemessene materielle Ausstattung des Bistums. 1152 traf Vizelin bei einem Aufenthalt in Neumünster ein zweiter schwerer Schlaganfall. Zwei Jahre später ist er gestorben.

Zum Weiterlesen:

Oliver Auge: Ostseeraum, in: Michael Borgolte (Hrsg.): Migrationen im Mittelalter. Ein Handbuch, Berlin 2014, S. 193–207, hier S. 197–200.

13

WALDEMAR-ZEIT UND ALBRECHT VON ORLAMÜNDE

Nach seinem eindeutigen Sieg ordnete der dänische König Waldemar II. 1203/04 die Herrschaftsverhältnisse in Nordelbingen ganz neu. Adolf III. musste auf seine Herrschaftsrechte verzichten. Stattdessen übergab der König Holstein, Stormarn, Wagrien und den größten Teil der Grafschaft Ratzeburg als Lehen an Albrecht II., einen Sohn seiner Schwester Sophie (1159–1208) und des Grafen Siegfried III. von Orlamünde (um 1155–1207). Die Grafen von Weimar-Orlamünde zählten herkunftsmäßig zur adeligen Spitzengruppe in Mitteldeutschland. Albrechts Vater war ein treuer Parteigänger der Staufer. So hatte er sich auch in deren „Nordpolitik“ engagiert und im Zuge dessen 1181 die dänische Prinzessin zur Frau gewonnen.

Für sich selbst beanspruchte Waldemar II. ab 1203/04 das Investiturrecht für die Bistümer Lübeck, Ratzeburg und Mecklenburg, wie es Heinrich der Löwe ausgeübt hatte. Und er behielt sich die unmittelbare Herrschaft über Rendsburg, wegen dessen strategischer Lage an der Eiderfurt, und über Lübeck, aufgrund von dessen wirtschaftlicher Bedeutung und Handelsbeziehungen, die beiden bedeutsamsten Punkte in der Region, vor. Für Lübeck war die damalige Stellung einer königlichen Stadt ein Glücksfall. Es entwickelte sich unter der Förderung des Königs, die Privilegien für den wichtigen Schonenmarkt betraf und dazu führen sollte, dass die skandinavischen Kaufleute gegenüber den Lübeckern rasch ins Hintertreffen gerieten, zur „Boomtown“ im wahrsten Sinne des Wortes. Nach Berechnungen der Lübecker

Archäologie wurden damals zur Erweiterung des Baugrunds auf dem Stadthügel im Umfang von rund 40 Hektar 200.000 Kubikmeter Holz verarbeitet und zwei Millionen Kubikmeter Erdreich bewegt. Waldemar II. hielt die Zügel also durchaus weiterhin in der Hand und nannte sich folglich selbstbewusst Herr Nordelbingens.

Sein „Satellit" Albrecht, der wohl hauptsächlich in der Lübecker Stadtburg residierte, führte fortan auf seinem Siegel eine Fahne zum Zeichen seiner Belehnung durch den König und als Wappen – als erster dänischer Lehnsmann überhaupt – zwei übereinander schreitende Löwen, die seine Lehnsabhängigkeit – sein königlicher Lehnsherr hatte drei Löwen im Wappen – und zugleich seine nahe Verwandtschaft zu selbigem symbolisierten. Albrechts Titel lautete seit 1220: „Albrecht von Gottes Gnaden Graf von Orlamünde und Holstein". In seiner Grafenfunktion betrieb er die Etablierung des in Holstein bis dahin offenbar nur rudimentär realisierten Lehnrechts sowie, damit verbunden, den Ausbau höfischer Strukturen, um seine Herrschaft möglichst abzusichern. Gelungen ist ihm dies deswegen nicht, weil sein Gefolge augenscheinlich überschaubar blieb und weil dieses vom lauenburgischen und ratzeburgischen Adel dominiert war, wohingegen der Adel Stormarns und Holsteins weitgehend fernblieb. Im Raum Lauenburg und Ratzeburg hatte er wohl auch seine eigentliche Machtbasis.

Daneben sind Albrechts Bemühungen um den Landesausbau zur Absicherung seiner Herrschaft evident, wobei er sich vor allem auf die Elbmarschen oberhalb Hamburgs und auf Wagrien konzentrierte. Anders als bei anderen groß angelegten Siedlungsunternehmen schaltete er dazu aber keine Lokatoren ein, sondern gab das Land selbst an Kolonisten aus. Der Umfang der Kolonisationsmaßnahmen inklusive des Deichbaus sowie die geostrategisch neuralgische Lage des Kolonisationsgebiets mögen der Grund dafür gewesen sein. In Wagrien ging Albrecht nachweislich den Weg der Belehnung, damit die adelige Lehnsmannschaft für die Besiedlung des Landes sorgte. Interessanterweise erfährt man aus der betreffenden Überlieferung, dass Slaven an der Rodungsarbeit teilhatten und für ihren früheren Besitz zu entschädigen waren.

Im Übrigen setzte Albrecht nicht nur auf den Adel beim Siedlungsausbau, sondern auch auf kirchliche Einrichtungen wie beispielhaft das Lübecker Johanniskloster. Albrechts Anstrengungen zur Festigung seiner Herrschaft zeigen sich auch in seiner Privilegienpolitik zugunsten Hamburgs. Zwischen 1211 und 1214 bestätigte er der Neustadt zwei Jahrmärkte und das Lübische Recht. Unter offensichtlicher Missachtung der Ansprüche des Bremer Erzbischofs privilegierte er sodann 1216 die Gesamtstadt Hamburg, zu der sich damals gerade die erzbischöfliche Altstadt und die gräfliche Neustadt vereinigten. Bei aller frommen Motivation verfolgten zahlreiche Schenkungen und Stiftungen zugunsten kirchlicher Einrichtungen denselben Zweck. Bevorzugt behandelte er dabei das Benediktinerinnenkloster in Preetz, das er 1211/12 gestiftet hat, und das Augustinerchorherrenstift in Neumünster.

In den frühen 1220er Jahren geriet Albrechts Herrschaft allerdings in den Abwärtssog des dänischen Königtums, ausgelöst durch die Gefangennahme und Entführung Waldemars II. und seines gleichnamigen Sohns und Thronfolgers durch Graf Heinrich I. von Schwerin (um 1155–1228) im Mai 1223. Zunächst übernahm Albrecht die Rolle eines königlichen Statthalters und führte die Verhandlungen um die Freilassung des Königs. Als diese sich mehr und mehr hinzogen, ergriff der Schauenburger Adolf IV. (vor 1205–1261) mit dem Bremer Erzbischof Gerhard II.

(um 1190–1258) und dem Schweriner Grafen die Initiative und überquerte im Dezember 1224 mit einem Heer die Elbe, um nun unabhängig von den Verhandlungen Nordelbingen wieder für sein Haus zu gewinnen. Unterstützt wurde diese Koalition von den holsteinischen Großen, die mit Albrechts Herrschaft mittlerweile sehr unzufrieden waren. Im Januar 1225 kam es bei Mölln zur Entscheidungsschlacht: Albrecht wurde gefangen genommen, seine Herrschaft über Nordelbingen endete damit faktisch.

Zum Weiterlesen:
Oliver Auge: Dynastiegeschichte als Perspektive vergleichender Regionalgeschichte. Das Beispiel Albrechts II. von Orlamünde (nach 1182; † 1245), in: Zeitschrift für Thüringische Geschichte 72 (2018), S. 9–40.*

14

BORNHÖVED 1227 – EIN EREIGNIS VON WELTPOLITISCHER TRAGWEITE

Der Raum um Bornhöved war gleich dreimal Schauplatz schwerer Kämpfe. 798 sollen hier die slavischen Abodriten mit der Unterstützung Karls des Großen die nordalbingischen Sachsen besiegt haben. Und im Dezember 1813 lieferten sich auf dem Rückzug befindliche dänische Einheiten mit schwedischen Husaren hier einen blutigen Kampf. Weltgeschichtliche Bedeutung erlangte indes die Schlacht, die am 22. Juli 1227 bei Bornhöved ausgefochten wurde.

Der Hintergrund: Der Staufer Friedrich II. (1194–1250) hatte 1214 in Metz seine Zustimmung zu den Eroberungen von

Reichsgebiet durch die Dänenkönige bis zu einer Linie entlang der Flüsse Elbe und Elde erteilt, und spätestens mit seinem Sieg in Estland 1219 war Waldemar unbestritten der mächtigste Herrscher im ganzen Ostseeraum. Doch war seine enorme Machtstellung mit einem Paukenschlag ins Trudeln geraten, als sein Vasall Graf Heinrich I. von Schwerin ihn und seinen gleichnamigen Sohn am 7. Mai 1223 bei einem Jagdausflug auf der Insel Lyø gefangen genommen und nach Dannenberg an die Elbe verschleppt hatte. Als dann auch noch Waldemars „Statthalter" Albrecht von Orlamünde im Januar 1225 bei Mölln in Gefangenschaft geraten war, musste der König, um endlich freizukommen, in die schweren Bedingungen zu seiner Freilassung einwilligen, was vor allem ein enormes Lösegeld und die Rückgabe aller eroberten Gebiete beinhaltete. So kam er kurz vor Weihnachten 1225 und sein Sohn zu Ostern 1226 wieder frei. Doch Waldemar wollte sich mit der neuen Situation nicht abfinden und sann auf eine Revision der neuen Verhältnisse, wozu er sich sogar der Zustimmung des Papstes in Rom versicherte. Noch im Herbst 1226 startete er daher einen Feldzug zur Rückeroberung Nordelbingens. Im darauffolgenden Frühjahr vereinigte er seine Truppen mit einem Kontingent seines Neffen, des Welfen Otto „des Kindes" von Braunschweig (1204–1252), der schon bei Mölln mitgekämpft hatte. Zwischenzeitlich hatte sich aber eine starke Koalition unter der Führung Herzog Albrechts I. von Sachsen (um 1175–1260/61) gebildet, die sich in Lübeck zum Schlag gegen den Dänenkönig rüstete. Der König zog also mit seinem Heer in den Raum von Bornhöved, um dort seine Feinde zu erwarten. Und tatsächlich stießen die gegnerischen Heere am 22. Juli 1227 hier zur Entscheidungsschlacht aufeinander.

Unsere Kenntnisse zum Schlachtverlauf sind schütter, weil die zeitgenössischen Quellen wenig Konkretes liefern. Sicher ist nur, dass Waldemar den gewaltigen Kampf verloren hat. Alle weiteren Details entstammen späteren Berichten und sind alles andere als gesichert. Hermann Korner (um 1365–1438), ein Chronist aus Lübeck, berichtet von einem Seitenwechsel der Dithmarscher im Heer des Königs zugunsten der Lübecker. Außerdem erwähnt er ein göttliches Wunder: Eine Frauengestalt habe sich zwischen die Sonne und die durch sie geblendeten Lübecker gestellt und die Sonnenstrahlen gegen die Dänen gekehrt, was den Ausgang der Schlacht mitentschieden habe.

Und warum erlangte diese Schlacht nun eine so große Bedeutung? Jetzt wurde auch der Welfe Otto „das Kind" gefangen genommen. Er zog seine Lehren daraus und schloss mit dem bisher verfeindeten Stauferkaiser seinen Frieden, was dazu führte, dass er 1235 zum Herzog von Braunschweig erhoben wurde – ein Meilenstein in der Geschichte des Welfenhauses und in der Verfassungsgeschichte des Reiches. Die siegreichen Lübecker Bürger sollen nach der Schlacht zurück in ihre Stadt gezogen sein und die Burg als Ort der dänischen Besatzung geschleift haben, wo sie stattdessen das Burgkloster zu Ehren der heiligen Maria Magdalena stifteten, der sie den Sieg zu verdanken glaubten. Darin zogen Dominikaner ein, die fast zeitgleich mit den Franziskanern als Vertreter der damals ganz jungen Bettelorden nach Lübeck gelangten. Der Sohn des von Waldemar 1203 aus Holstein vertriebenen Adolf III., Adolf IV., konnte nunmehr gesichert nach Nordelbingen in die Position eines Grafen von Holstein zurückkehren. Sein Haus bestimmte fortan bis zu dessen Aussterben im Mannesstamm 1459/1640 die Geschicke Holsteins wesentlich mit.

Mit der Schlacht bei Bornhöved endete zudem die bisherige Expansionspolitik Waldemars II. Dies brachte sinnbildlich die Ehe seines Sohnes Abel mit Mechthild von Holstein (1220/25–

1288), der Tochter seines ehemals erbitterten Feindes Adolf IV., zum Ausdruck. Der Deutsche Orden wiederum vermochte vom Zusammenbruch der dänischen Machtstellung zu profitieren und sich nun ohne lästige Konkurrenz im Baltikum festzusetzen. Mit seinem Aufstieg zur Vormacht im östlichen Ostseeraum hing derjenige Lübecks zum „Haupt der Hanse" eng zusammen: Schon 1226, ein Jahr vor Bornhöved, hatte der Kaiser im fernen Italien Lübeck die Reichsfreiheit verliehen und nahezu zeitgleich in der Goldbulle von Rimini dem Deutschen Orden die Landeshoheit über das im Baltikum zu erobernde Land gewährt. Lübeck hatte jetzt den fernen Kaiser als Stadtherrn, war damit quasi autonom. Überhaupt fehlte es fortan an einer starken Hegemonialmacht im Norden des Reiches. Dieses Fehlen machte den Holsteiner Grafen einen fürstengleichen Auf- und Ausbau ihrer Territorialmacht möglich. Ihr Machtbereich stand nicht länger unter einer permanent übermächtigen Bedrohung aus dem Norden oder aus Sachsen.

Anders als früher behauptet, war die Schlacht von Bornhöved eines aber nicht: eine Auseinandersetzung zwischen Deutschen und Dänen. Eine solche nationale Konfrontation wäre anachronistisch für eine Zeit, die noch gar keine Nationen kannte.

Zum Weiterlesen:

Erich Hoffmann: Die Bedeutung der Schlacht von Bornhöved für die deutsche und skandinavische Geschichte, in: Zeitschrift für Lübeckische Geschichte 57 (1977), S. 9–37.

15

AUS EINS MACH FÜNF: LANDESTEILUNGEN UNTER DEN SCHAUENBURGERN

In Kiel befindet sich im Rest des ehemaligen Franziskanerklosters eine schlichte mittelalterliche Grabplatte. Auf ihr ist ein barfüßiger Bettelmönch dargestellt. Über dem Mönch befinden sich auf der linken Seite ein Helm samt Zier als Ausweis adeliger Abkunft und auf der rechten Seite als Familienwappen ein Nesselblatt. Der Dargestellte ist der Schauenburger Adolf IV., Sohn des 1203 aus Holstein vertriebenen Grafen Adolf III., dem 1224 die Rückkehr und nach 1227 die dauerhafte Etablierung in Holstein gelang. Denn er nahm den Landesausbau vehement in Angriff, wobei er sich besonders als Städte- und Klostergründer hervortat. So hatte er bei der Stadtrechtsverleihung an Oldenburg (1233), Plön (1236), Itzehoe (1238), Rendsburg (um 1239), Segeberg (1230er Jahre), Kiel (1242) und Oldesloe (vor 1249) aktiv oder planend seine Hand im Spiel. Durch seine Mitwirkung wurde Holstein nun urbanisiert!

Angeblich hatte er vor der Schlacht von Bornhöved gegenüber der Tagesheiligen Maria Magdalena geschworen, im Falle eines Sieges ihr zu Ehren ein Kloster zu stiften und diesem beizutreten. Tatsächlich wurde das von Adolf vor 1239 gegründete Hamburger Franziskanerkloster Maria Magdalena geweiht. Adolf stiftete aber nicht nur dieses Kloster, sondern auch die Franziskanerniederlassung in Kiel 1242 und das Zisterzienserinnenkloster in Harvestehude 1246; außerdem war er an der Verlegung bzw. Gründung des Zisterzienserinnenklosters in Reinbek 1229/33 und in Itzehoe in den 1230er Jahren, des Dominikanerklosters in Hamburg 1236 sowie womöglich des Franziskanerklosters in Lübeck 1225 beteiligt. Auch hatte er 1226 das Kloster in Preetz „neu gegründet", obwohl dieses eigentlich schon von seinem Amtsvorgänger Albrecht von Orlamünde 1211/12 gestiftet worden war.

Daneben machte er viele weitere Schenkungen an geistliche Einrichtungen, ganz zeittypisch aus Sorge um sein und seiner Vorfahren Seelenheil. Zusammen mit seiner Frau Heilwig zur Lippe (1200–1248/50) unternahm er 1238 eine Reise nach Livland, wo er Zeuge einer derart schrecklichen Gewalt im Heidenkampf geworden sein soll, dass er sein bisheriges Leben radikal änderte. So trat er nach seiner Rückkehr als Mönch in das Hamburger Franziskanerkloster ein; seine Frau wurde Nonne und ging nach Harvestehude ins Kloster. Die Söhne aus dieser Ehe waren noch unmündig. Adolf setzte also zwei Verwandte zu ihren Vormündern und Ratgebern ein: seinen Schwiegersohn, Herzog Abel von Schleswig, und seinen Bruder Bruno (um 1205–1281), der eine geistliche Karriere eingeschlagen hatte und 1245 zum Bischof von Olmütz erhoben wurde. 1245 wechselte Adolf ins Kieler Franziskanerkloster, wo auch sein Sohn Ludolf Franziskanermönch wurde. Als Insasse des Kieler Franziskanerklosters ist Bruder Adolf dann 1261 gestorben und fand sein Grab vermutlich vor dem Hochaltar der Klosterkirche. Hier befand sich die erwähnte Grabplatte bis zum Einsturz des Kirchenchores im Jahr 1598. Danach in das östliche Joch des Langhauses verlegt, wurde sie Ende des 19. Jahrhunderts, als man die Kirche renovierte, hinter dem Altar aufgerichtet. Von dort wanderte sie nach ihrer Verschüttung im Zweiten Weltkrieg und ihrer Wiederentdeckung 1950 an ihren jetzigen Standort. Die erhaltene Grabplatte wurde allerdings erst nach 1350 angefertigt. Fast zeitgleich entstanden drei Texte, die Adolfs Weg zum Heiligen aufzeigen sollten, als den der Franziskanerorden ihn mittlerweile verehrte.

Hatten Adolfs Söhne Johann I. (um 1229–1263) und Gerhard I. (um 1232–1290), als sie mündig geworden waren, Holstein zunächst gemeinsam regiert, teilte Letzterer die Herrschaft mit Johanns Söhnen, seinen Neffen, vermutlich 1273. Wie bei allen mittelalterlichen Landesteilungen ging es dabei nicht um eine Aufteilung des Territoriums nach gleich großen oder möglichst geschlossenen Landstücken, sondern um möglichst gleich große Einkünfte aus den diversen Landesteilen. Aus dieser Teilung ging eine Itzehoer Linie mit Gerhard I. an der Spitze und dem ganzen westlichen Holstein, der Wilstermarsch, einigen Kirchspielen westlich von Hamburg, Teilen Wagriens (Oldenburg, Heiligenhafen, Lütjenburg und Plön) und der Stammgrafschaft an der Weser als Besitz hervor, wohingegen Johanns I. Söhne eine Segeberger und eine Kieler Linie schufen. Sie erhielten das südwestliche Stormarn und fast ganz Wagrien bzw. die westliche Probstei, das Kieler Umland sowie das Gebiet um Krempe, Neustadt und Grömitz.

Nach Gerhards Tod 1290 kam es unter seinen drei Söhnen zwischen 1294 und 1297 zur weiteren Teilung, sodass sich die Itzehoer Linie in eine Plöner, Pinneberger und Rendsburger Linie aufspaltete. Hatte es bis zur Zeit Adolfs IV. jeweils nur einen Grafen von Holstein gegeben, waren es also nun fünf gleichzeitig!

Solche Teilungen waren zeittypisch und kamen praktisch überall im Reich vor. Sie waren eine dynastisch sinnvolle Strategie zur möglichst gleichmäßigen Versorgung der männlichen Nachkommen eines Herrschers, und sie schufen dynastische Reserven im Falle des Aussterbens einer der Linien. Doch die Landesteilungen mussten auf Dauer die Ressourcen eines Adelshauses überfordern und seine Handlungsspielräume einengen, insbesondere wenn die verwandten Linien kein gutes Verhältnis zueinander hatten und eifersüchtig eigene Rechte und Vorteile zu wahren suchten. Genau dies war bei den Holsteiner Grafen der Fall. So waren die Vertreter der Rendsburger und der Plöner Linie 1313/15 an der gewaltsamen Beseitigung der Kieler und der Segeberger Linie maßgeblich beteiligt, um diese im Anschluss beerben zu können.

Zum Weiterlesen:
Oliver Auge: Vom Grafen und Landesherrn zum Mönch und Heiligen: Adolf IV. von Schauenburg (vor 1205–1261), in: Jens Ahlers, Oliver Auge u. Katja Hillebrand (Hrsg.): Glauben, Wissen, Leben. Klöster in Schleswig-Holstein. Ausstellungsbegleitband, Kiel 2011, S. 209–215.

16

DIE GROSSE PEST 1348–1352 UND ANDERE SEUCHEN IM MITTELALTER

Die Mitte des 14. Jahrhunderts war von einigen schweren Heimsuchungen der Menschen, die hierzulande lebten, gekennzeichnet. Erinnert sei jetzt nur kurz daran, dass 1362 das sagenumwobene „Atlantis der Nordsee“, Rungholt, untergegangen sein soll. Die Eiderstädter Chronik, die der zeitnächste Hauptgewährsmann für die Geschehnisse ist, ordnet die Sturmfluten jener Jahre einem viel größeren, von unheilvollen Vorzeichen begleiteten Katastrophenkomplex aus Hochwassern, Seuchen, Hungersnöten, inneren Konflikten, drückenden Steuern usw. zu. Es war also keine leichte Zeit.

Besonders bedrohlich war damals die Pest, die lange Zeit verheerendste Epidemie der Menschheitsgeschichte mit schätzungsweise 20 bis 50 Millionen Toten in ganz Europa. Vor der Entdeckung von Antibiotika gab es gegen sie kein wirksames Mittel. Ursprünglich aus der Hochebene Zentralasiens kommend, breitete sich die Seuche pandemisch über Handelsrouten zu Land und zur See in geradezu rasender Schnelligkeit in nahezu ganz Europa aus. Schleswig-Holstein wurde 1350 vom Schwarzen Tod erreicht, wobei die Seuche die Region gleichzeitig über Jütland auf dem Seeweg und über die hansischen Handelswege von Westfalen und dem Rheinland erreichte.

In Lübeck soll die Pest an Pfingsten 1350 ausgebrochen sein. Schon einen Monat später erlaubte der Bremer Erzbischof der Stadt Kiel aufgrund der vielen Pesttoten die Einrichtung eines neuen Friedhofs in der Brunswik. In Krempe errichteten im September 1350 einige Bürger ein Vikariat zu Ehren eines Priesters namens Johann von Luttekense, weil er nicht wie andere Geistliche vor der Epidemie geflohen war, sondern den Bürgern weiterhin frommen Beistand geleistet hatte. Aus Lübeck berichtet die Chronik des Franziskaner-Lesemeisters Detmar († um 1395) von der Pest, die er als „de grote plaghe" bezeichnete. 2500 Menschen sind ihm zufolge dort allein am 10. August 1350 gestorben und in Massengräbern verscharrt worden. Diese Zahl ist gewiss übertrieben, wie es bei mittelalterlichen Chronisten gang und gäbe war. Doch 1991 entdeckte man tatsächlich ein Massengrab mit vermeintlichen Pesttoten beim Lübecker Heilig-Geist-Hospital. In zwei kleinen Gruben von 4,50 x 5,20 Metern lagen in vier bis fünf Schichten dicht an dicht mehr als 700 Skelette. Offenbar wurden sie in kürzester Zeit und ganz hastig in die Gruben geworfen, weil die regulären Friedhöfe nicht mehr ausreichten. Die Toten entstammten offenbar allen Gesellschaftsschichten, was stichprobenartige Skelettuntersuchungen nahelegten. Auch das Geschlecht spielte bei den Toten keine Rolle, wohl gab es aber Auffälligkeiten bezüglich des Alters. Hervorstechend waren unter den Skeletten nämlich der Anteil der 15- bis 25-Jährigen und die Altersgruppe der 50- bis 54-Jährigen. Schon aus mittelalterlichen Quellen kann man erfahren, dass die Pest insbesondere unter jungen Menschen und Kindern wütete. Ihnen fehlte es wohl an einer wirksamen Immunität.

Bei dem Pestausbruch von 1350 blieb es nicht. Weitere Wellen lassen sich nach 1350 örtlich nachweisen, so bereits 1358 wieder in Lübeck, in Cismar und auf den Besitzungen des Domkapitels Ratzeburg. Von 1350 bis zur letzten Epidemie in Schleswig-Holstein im Jahr 1713 lässt sich durchschnittlich alle 15 Jahre eine Seuche belegen; im Zeitraum von 1350 bis 1406 kehrte die Pest im Schnitt sogar alle acht Jahre wieder. Dabei scheint die Mortalitätsrate in Schleswig-Holstein in den 1350er Jahren mit schätzungsweise zehn Prozent der Gesamtbevölkerung noch relativ niedrig ausgefallen zu sein. Für Norwegen wird von einer Sterblichkeit von bis zu 70 Prozent ausgegangen.

Aber dennoch waren auch hier die gesellschaftlichen Folgen gewaltig. So brach z. B. in Lübeck der Rentenmarkt, in dem Handelsgewinne längerfristig spekulativ angelegt wurden, in der zweiten Jahreshälfte 1350 zusammen, und der Geldumsatz hörte nahezu ganz auf. Preise für Agrarprodukte verfielen und erholten sich erst im Lauf des 15. Jahrhunderts wieder. Auch griff Angst als Massenphänomen um sich. So beteiligte sich der Lübecker Rat an einer von anderen Städten initiierten Judenverfolgung, da man die Juden für die Verbreitung der Pest verantwortlich machte. In Lübeck gab es aber gar keine Juden. Also ließ der Rat der Stadt kurzerhand andere Personen aufgreifen und hinrichten, die angeblich im jüdischen Auftrag die Pest verbreitet hatten.

Im Übrigen war die Pest nicht die einzige schwere Krankheitsgefahr. Im Bekanntheitsgrad folgt ihr dicht die Lepra bzw. der Aussatz. Lepra ist eine der ältesten aufgezeichneten und am stärksten stigmatisierten Krankheiten überhaupt. In Europa war sie bis ins 16. Jahrhundert weit verbreitet. Leprosorien oder Siechenhäuser, in denen die am Aussatz Erkrankten isoliert untergebracht waren, um angesichts fehlender wirksamer Gegenmittel eine Ansteckung anderer Personen möglichst zu vermeiden, gab es auch hierzulande, so etwa in Klein Grönau bei Lübeck, das zum ersten Mal gegen Ende des 13. Jahrhunderts urkundlich nachweisbar ist, oder in (Bad) Schwartau. Dieses wurde 1258 erstmals urkundlich erwähnt.

Zum Weiterlesen:
Gerhard Fouquet u. Gabriel Zeilinger: Katastrophen im Mittelalter, Darmstadt/Mainz 2011, S. 103–125.

17

PFAND UND LEHEN: DIE GRAFEN VON HOLSTEIN GEWINNEN SCHLESWIG

Bereits 1260 war den Grafen Johann I. und Gerhard I. eine beträchtliche Machterweiterung im Herzogtum Schleswig gelungen. Denn die Herzogswitwe Mechthild, ihre Schwester, hatte ihnen das Land zwischen Eider und Schlei als Pfand verliehen. Dieses Pfand blieb im Wesentlichen bis 1386 in der Hand der holsteinischen Schauenburger, als das gesamte Herzogtum als Lehen an sie fiel. Die Verpfändung war dabei nicht nur deswegen von landesgeschichtlich großer Relevanz, weil sie den Nukleus zu ihrem weiteren großflächigen Ausgriff nach Norden darstellte, sondern weil infolgedessen auch holsteinische Adlige in größerer Zahl in die Region zwischen Eider und Schlei einwanderten. Sie waren wirtschaftlich erfolgreich und verdrängten allmählich den in Schleswig angestammten Heermannen-Adel.

Das angesprochene Pfandwesen wurde systematisch bei der weiteren Expansionspolitik eingesetzt: Die Grafen verpfändeten frisch erworbenes Land samt Herrschaftsrechten zu einem guten Teil gleich an die von ihnen engagierten adeligen Kriegsunternehmer weiter, um mit deren Hilfe zusätzlichen Gewinn an Land und Herrschaftsrechten zu erzielen. Mit dem Grafen Gerhard III. „dem Großen" (um 1293–1340) aus der Rendsburger Linie und seinem Plöner Vetter Johann III. (um 1297–1359) sind die Hauptakteure dieser expansiven Phase benannt, an deren Ende sich die Schauenburger dauerhaft im Herzogtum Schleswig festsetzten.

Zunächst schalteten die beiden bis 1316 die ihnen anscheinend lästig gewordene Kiel-Segeberger Verwandtschaft mit der Unterstützung des dänischen Königs Erich VI. Menved (1274–1319) aus. Dieser hatte, um seine eigenen Kriege führen zu können, bereits große Teile seines Reiches an Gerhard verpfändet. Als dann im Streit um König Erichs Nachfolge ein Machtvakuum in Dänemark entstand, nutzte Gerhard 1326 die Gunst der Stunde und installierte seinen Neffen, den noch unmündigen Schleswiger Herzog Waldemar III. (1314–1364), anstelle König Christophs II. (1276–1332) auf dem dänischen Thron. Er selbst übernahm als Tutor des Reichs die eigentliche Regentschaft und sicherte sich nebenbei die Herzogswürde über Schleswig. In der – vielleicht auch erst im 15. Jahrhundert gefälschten – sog. „Constitutio Valdemariana" soll er sich durch sein Mündel Waldemar vertraglich zusichern haben lassen, dass Dänemark und

Schleswig niemals einen gemeinsamen Herrscher haben sollten. Unterstützt von Graf Johann III., gelang Christoph zwar die Rückkehr auf den dänischen Thron, was zu einem Revirement dahingehend führte, dass Waldemar in seine Herzogswürde zurückkehrte, auf die Gerhard III. 1330 seinerseits wieder verzichtete. Johann III. hatte sich aber nicht ohne Entlohnung für Christoph eingesetzt: Er übernahm aus dessen Hand die Inseln Lolland und Falster. Nach Christophs Tod 1332 hatte Dänemark dann acht Jahre lang gar keinen König. Während dieses Interregnums übte Gerhard III. die Herrschaft über Jütland und Fünen aus, sein Vetter Johann III. über den ganzen Rest des Königreichs.

Allerdings mehrten sich damals die Anzeichen einer machtpolitischen Überdehnung, und eine Adelsopposition und Bauernunruhen führten zu anarchischen Zuständen in Dänemark. Erneut mit taktischem Gespür schloss Gerhard III. daher im Februar 1340 einen Vertrag mit dem Schleswiger Herzog Waldemar, worin er jenem seine Pfandschaften in Nordjütland überließ, wofür ihm im Gegenzug umfänglicher Pfandbesitz in Schleswig verschrieben werden sollte. So plante Gerhard offenbar, sich für künftige Verhandlungen mit dem jüngeren Sohn Christophs II., Waldemar IV. Atterdag (um 1321–1375), der sich gerade anschickte, den dänischen Königsthron einzunehmen, ein Herrschaftsgebiet in Schleswig ähnlich wie 1326 zu sichern, doch jetzt nicht mehr als freies Erblehen, sondern als Pfandbesitz. Auf diese Weise würde er eine politisch wie militärisch gut zu verteidigende Stellung besitzen. Wenige Monate später wurde er allerdings im dänischen Randers ermordet. Seine Söhne und Nachfolger, die Grafen Heinrich II. (um 1317–um 1384) und Klaus (1321–1397), traten ihre Ansprüche an Nordjütland nun vollends an den Schleswiger Herzog ab und erhielten von diesem dafür weite Teile seines Herzogtums verpfändet.

Gerhards III. Ermordung machte für Waldemar IV. tatsächlich den Weg zum Königsthron frei. Sein Machtbereich war anfangs äußerst beschränkt. Um irgendwelche Handlungsspielräume zu erlangen, machte er sich nun an eine konsequente Eroberungs- oder Pfandeinlösungspolitik. Bis 1366/67 sollte er so die Grafen von Holstein auf das südliche Schleswig zurückdrängen, von dem ihre expansive Pfandpolitik in den 1320er Jahren ausgegangen war. Die Behauptung neuerer Fachliteratur, sie seien beim Verzicht auf ihre umfänglichen Pfandherrschaften mit strategischem Kalkül vorgegangen, trifft bestimmt nicht zu. Waldemars IV. Machtpolitik zwang sie dazu. Als Waldemar IV. 1375 ohne direkten männlichen Erben starb, versuchten die Grafen nämlich erneut, sich gemeinsam mit ihren mecklenburgischen Verbündeten, die den Thron für sich beanspruchten, an die Aufteilung des Königreichs zu machen.

Doch konnte sich die jüngere der Waldemarstöchter namens Margarethe (1359–1412) als Regentin durchsetzen. Um ein weiteres Bündnis der Grafen von Holstein mit den Mecklenburger Herzögen zu verhindern, gegen die sie sich bald militärisch wandte, um den schwedischen Thron von diesen zu erlangen, belehnte Margarethe Graf Gerhard VI. (um 1367–1404) im Jahr 1386 mit dem Herzogtum Schleswig. Das angestammte Herzogshaus aus dem Abelgeschlecht war schon 1375 im Mannesstamm erloschen. Die Belehnung legte einen dauerhaften verfassungsrechtlichen Grundstein für den Ausgriff der Holsteiner Grafen nach Schleswig, was offensichtlich nachhaltiger war als die fluide Pfandpolitik.

Zum Weiterlesen:

Oliver Auge: Macht und Landgewinn durch Pfandpolitik. Das Beispiel der Grafen von Holstein im 14. Jahrhundert, in: Vierteljahresschrift für Sozial- und Wirtschaftsgeschichte 109.2 (2022), S. 185–210.

18

LÜBECK – „HAUPT" DER HANSE

Schenkt man dem Chronisten Helmold Glauben, dann wurde Lübeck 1143 von Graf Adolf II. als erste deutschrechtliche Stadt im ganzen Ostseeraum gegründet. Von diesem gelangte es Ende der 1150er Jahre in den Besitz Herzog Heinrichs des Löwen, der die Stadt vielseitig förderte. So sorgte er durch das Artlenburger Privileg von 1161 für einen Ausgleich zwischen den Gotländischen und den Lübecker Kaufleuten, was den beiderseitigen Handel belebte, und verlegte zwei Jahre später den Bischofssitz aus Oldenburg/Holstein an die Trave. Nach dem Sturz des Löwen ging Lübeck zeitweilig in den Besitz des Kaisers über, fiel dann nochmals kurz an den Herzog, um daraufhin (wieder) an den Grafen von Holstein und zu guter Letzt in die Verfügungsgewalt König Waldemars II. von Dänemark zu gelangen.

Damals begegnen erstmalig Ratsmänner in den Quellen, was darauf hinweist, dass die Lübecker den häufigen Herrschaftswechsel zugunsten ihrer städtischen Autonomie zu nutzen wussten. Insgesamt versprachen sie sich wohl viele Vorteile vom neuen Stadtherrn Waldemar. Denn nun konnten sie ungehindert am Handel innerhalb seines damals fast den ganzen Ostseeraum umspannenden „Imperiums" partizipieren. Mit der Entführung des Königs 1223 kollabierte dieses Herrschaftskonglomerat aber. An den langwierigen Verhandlungen um seine Freilassung war der Hochmeister des Deutschen Ordens Hermann von Salza (um 1162–1239) als kaiserlicher Verhandlungsführer beteiligt. Die Anfänge seines Ritterordens standen der Überlieferung zufolge in enger Beziehung zu Lübeck. So sollten einige Männer aus Lübeck am Dritten Kreuzzug teilgenommen und bei der Belagerung Akkons mit Bremer Kreuzfahrern unter den Segeln einer Kogge ein Hospital gestiftet haben. Diese Stiftung sei als Deutsches Marien-Spital bezeichnet worden, woraus der Deutsche Ritterorden hervorging. Die so tradierte enge Beziehung zwischen Lübeck und dem Deutschen Orden setzte sich in der Gegenwart der 1220er Jahre real fort, denn der unter Hermanns Ägide ausgehandelte erste (nicht umgesetzte) Freilassungsvertrag vom Juli 1224 sah vor, dass in Lübeck eine Garantiesumme König Waldemars II. hinterlegt werden sollte, könne er nicht persönlich, wie von ihm zugesagt, am Kreuzzug des Kaisers teilnehmen. Die kaiserlichen Bevollmächtigten und zugleich Brüder des Deutschen Ordens, der gerade um diese Zeit auch eine erste Niederlassung in Lübeck erhielt, sollten das Geld in Empfang nehmen.

Die bald folgende Gefangennahme auch des königlichen „Statthalters" Albrecht von Orlamünde bei Mölln hat die Lübecker Bürger dann dazu ermuntert, sich vom dänischen König wieder loszusagen und sich weit umfassender als zuvor Kaiser und Reich direkt zu unterstellen. Zur Untermauerung ihrer angestrebten Autonomie ließen sie sich von ihren damaligen fürstlichen Verbündeten verbriefen, sie seien ihnen aus eigenem freien Willen und auf ihre eigenen Kosten, d. h. also ohne irgendeine Verpflichtung, zu Hilfe geeilt. Dann wandten sie sich an den Kaiser im fernen Italien, um von dieser höchsten weltlichen Autorität die Anerkennung als Reichsstadt und eine Aktualisierung ihrer Rechte, Privilegien und Freiheiten zu erhalten. Auf der Grundlage eines, ihm von der Lübecker Gesandtschaft vorgelegten „verbesserten" Barbarossa-Privilegs hat Kaiser Friedrich II. dem Wunsch der Lübecker Bürger im Juni 1226 in Form eines zweifach ausgestellten Reichsfreiheitsbriefs entsprochen.

Die meisten Bestimmungen gingen dabei zulasten des Grafen von Holstein. Außer darin festgelegter Besitzverschiebungen zeitigte der Reichsfreiheitsbrief zunächst kaum unmittelbare Konsequenzen, er war aber, wie immer wieder zu Recht betont wird, ein Wechsel auf die Zukunft. Denn er bildete fortan die unabdingbare rechtliche Absicherung der Lübecker Selbstständigkeit, die faktisch durch die große Wirtschaftskraft und den damit in Zusammenhang stehenden immensen politischen Einfluss der Stadt aufrechterhalten wurde. Auch gab der Reichsfreiheitsbrief den Lübeckern die entsprechenden Rechtsmittel zur Hand, um immer wieder zahlreiche Adelsburgen innerhalb der durch den Reichsfreiheitsbrief entlang der Trave festgesetzten Zone niederzulegen.

Bis zum 14. Jahrhundert entwickelte sich Lübeck zu einer der größten Städte des Reiches, wobei der Stadt zugutekam, dass fast der gesamte Personen- und Güterverkehr zur sog. Heidenmission im Baltikum über ihren Hafen abgewickelt wurde. Ihr Stadtrecht galt in vielen Städten entlang der Ostseeküste; der Lübecker Rat war dadurch als Oberhof Appellationsinstanz für alle Städte dieses Lübecker Rechtskreises. Die Kaufleute dieser Städte schlossen sich mit denen weiterer niederdeutscher Städte zum gegenseitigen Schutz zur Hanse zusammen, wobei die Lübecker ihren Handel besonders auf Skandinavien, Livland und Nowgorod konzentrierten. Doch waren sie auch für die Entwicklung des hansischen Handels im Kontor in Brügge und im Londoner Stalhof von großer Bedeutung.

Als der dänische König Waldemar IV. Atterdag 1361 das gotländische Wisby eroberte, wurde Lübeck zur nahezu unangefochtenen Königin der Hanse, ohne je in dieser Rolle formal bestätigt zu werden. Nicht von ungefähr fanden hier ab 1356 die meisten Hansetage statt, also die Versammlungen der hansischen Gemeinschaft, auf denen Verträge und Handelsprivilegien verhandelt, Entscheidungen über Frieden, Krieg und Wirtschaftsblockaden gefällt und die Aufnahme oder der Ausschluss aus der Gemeinschaft beschlossen wurden. Unter Lübecks Führung stand speziell das wendische Quartier der Hansestädte. Mit der Gründung des Wendischen Münzvereins 1379 wurde seine Mark zur Leitwährung im Ostseehandel.

Zum Weiterlesen:
Oliver Auge: Das Reichsfreiheitsprivileg von 1226: Meilenstein aus Pergament in Lübecks Geschichte, in: Zeitschrift für Lübeckische Geschichte 99 (2019), S. 34–63.

19

EIN KAMPF UM SCHLESWIG

Die dänische Regentin Margarethe hatte 1386 Graf Gerhard VI. mit dem Herzogtum Schleswig belehnt. Als dann mit der Wahl ihres Ziehsohns Erich VII. (von Pommern; um 1382–1459) zum dänischen König 1396 die Erneuerung dieser Belehnung anstand, wollte dieser Gerhard – späteren dänischen Aussagen zufolge – die Belehnung nicht länger akzeptieren. Das sollte sich bitter rächen, als er 1404 im Kampf gegen die Dithmarscher fiel, ohne einen mündigen Nachfolger zu hinterlassen.

Denn nun witterte Margarethe, deren Mutter eine Schleswiger Herzogstochter aus dem Abel-Geschlecht gewesen war, mit König Erich die Chance, Schleswig ihrer Macht unterzuordnen. Ein Bremer Priester berichtet in seiner Chronik von der Mitte des 15. Jahrhunderts, durch viele Versprechungen und Geschenke sei Margarethe bald zum Vormund des ganzen Herzogtums gemacht worden. Weniger glaubhaft, gleichwohl aussagekräftig erscheint die ebenfalls von ihm berichtete Anekdote, dass Margarethe eines Tages die kleinen Herzogssöhne zu sich gerufen und mit Kleinodien beschenkt habe. Doch Adolf (VIII., 1401–1459) habe sich beharrlich geweigert, ihr Präsent anzunehmen, weswegen die Regentin gesagt habe: „Du wirst ein großer Feind meines Königreiches werden." Letztlich schaffte sie es mit der tatkräftigen Unterstützung des Schleswiger Bischofs, sich bis 1409 den größten Teil des Herzogtums anzueignen. Pfand- und Kaufpolitik war ihr probates Mittel, doch schreckten sie und Erich auch nicht vor Zwangsmitteln zurück.

Nur noch die Stadt Schleswig und die Inseln Alsen und Ærø befanden sich in herzoglicher Hand, und im ganzen Land hatten sich zwei einander feindlich gesinnte Lager Herzogs- und Königstreuer gebildet. In dieser Situation ließ die Herzoginwitwe den Flensburger Rat gefangen setzen, was eine weitere Eskalation der Ereignisse in Gang setzte, die am 12. August 1410 auf der Solleruper Heide bei Eggebek zur blutigen Schlacht führte, welche wiederum die Herzogspartei mithilfe holsteinischer und bremischer Truppen gegen die Dänen gewann. Um Flensburg als Schlüssel zum Herzogtum für sich zu retten, ließ König Erich darauf die bald Duburg genannte Stadtbefestigung massiv ausbauen. Tatsächlich konnten sich seine Truppen hier auch halten, als die zu ihren Füßen liegende Stadt von den Holsteinern erobert wurde. Deren Anwesenheit währte aber nur kurz, da sie die Stadt wegen des Ausbruchs der Roten Ruhr schnell wieder räumten.

Um die neuerliche faktische Herrschaftsübernahme über Flensburg zu demonstrieren, soll Margarethe laut der Lübecker Chronik ein grausames Exempel an ihren Gegnern in der Stadt statuiert haben. Vier Tage später ist sie dann auf einem Schiff, das in der Flensburger Förde vor Anker lag, vermutlich ebenfalls an der Roten Ruhr gestorben. Der Kampf um Flensburg und das Herzogtum sollte indes noch bis in die 1430er Jahre fortdauern.

Zunächst erhob der jetzt allein verantwortliche dänische König Erich VII., wie schon berichtet, juristisch begründete Zweifel an der Rechtmäßigkeit der holsteinischen Lehnsansprüche auf das Herzogtum und erklärte, er, der Schauenburger Gerhard VI., habe sich 1397 geweigert, mit Schleswig belehnt zu werden. Vielmehr sei sein Haus nur noch zu Diensten für den König gegen Entlohnung bereit gewesen. Auf dem Reichstag zu Nyborg im Juli 1413 wurde daher unter dem Protest der herzoglichen Seite entschieden: Gerhards Witwe und ihre Söhne hätten das Herzogtum als Lehen verwirkt, auch weil sie Krieg gegen ihren königlichen Lehnsherrn geführt hätten. Schleswig gehöre damit dem König. Der römisch-deutsche König Sigmund (1368–1437) bestätigte im Juni 1415 in Konstanz das argumentativ nicht unbedingt konsistente Urteil zugunsten seines Vetters Erich. Gerhards Söhne weigerten sich allerdings, das Urteil anzuerkennen, und nannten sich nun auch ohne rechtskräftige Belehnung demonstrativ Herzöge von Schleswig – im Übrigen ein deutlicher Schritt bei der Angleichung der lehnsrechtlichen Verhältnisse an diejenigen im Reich. Denn bisher hatte es immer nur einen Schleswiger Herzog gegeben, auch wenn dieser mehrere Brüder besaß. Aus dem Amt wurde eine Würde.

Der Konflikt um Schleswig war durch das Nyborger Urteil nun keinesfalls gelöst, sondern ging unter Beteiligung auch anderer Akteure beider Herrschaftsbereiche unvermindert weiter, wobei Erich VII. seine Argumentationslinie 1424 eklatant änderte und jetzt erklärte, Schleswig sei aufgrund seiner Sprache, Gesetze und Geschichte dänisch. Folglich könne es gar kein Lehen sein, weil es in Dänemark kein Lehnswesen gebe; vielmehr sei Schleswig ein Teil der dänischen Krone und eine Provinz wie andere Landschaften in Dänemark. König Sigmund bekräftigte diese neuartige Argumentation in einem weiteren Urteil, das er diesmal zu Ofen fällte. Als freilich keine Seite nachgeben wollte, brach der Krieg erneut aus. Wieder rang man um Flensburg. Vor dessen Mauern ist der holsteinische Hauptprätendent Heinrich (1397–1427) im Kampf gefallen. Auch Hansestädte unter der Führung Lübecks kämpften diesmal auf der Seite der Holsteiner, was die Waagschale allmählich zu ihren Gunsten senkte. Umgekehrt wurde Erichs Königtum durch die lange Kriegsdauer ressourcenmäßig mehr und mehr überfordert. So wurde er letzten Endes als König abgesetzt.

Die Holsteiner erreichten vom neuen König Christoph III. (1416–1448) am 10. April 1440 in Kolding nun endlich ihre ersehnte Belehnung mit Schleswig als freiem und unbelastetem Lehen, was so von ihm nochmals 1443 und durch seinen Nachfolger Christian I. (1426–1481) 1455 bestätigt wurde.

Zum Weiterlesen:

Oliver Auge: „Das tat sie mit großer Klugheit" – Margrete I., die Herrscherin dreier Reiche (1353–1412), in: Ders. u. a. (Hrsg.): Zwischen Macht und Schicksal. Acht Herrscherinnen des Nordens aus acht Jahrhunderten (1200–2000) (Große Schriftenreihe der Gesellschaft für Flensburger Stadtgeschichte, 78), Handewitt 2013, S. 32–55.

20

DIE RIPENER HANDFESTE 1460 – MEHR ALS „UP EWIG UNGEDEELT“

Am 4. Dezember 1459 war der Schauenburger Adolf VIII., Herzog von Schleswig und Graf von Holstein, gestorben, ohne einen eigenen männlichen Erben zu hinterlassen. Auf das Herzogtum Schleswig erhob nun Adolfs Schwestersohn Christian von Oldenburg einen Lehnsanspruch, war er doch – durch Adolfs Fürsprache – 1448 zum König von Dänemark gewählt worden. Gemeinsam mit seinen beiden Brüdern verlangte er als nächster kognatischer Erbe darüber hinaus die Nachfolge in der Grafschaft Holstein-Stormarn. Unterstützt von den Hansestädten Hamburg und Lübeck, beanspruchte der mit Adolf agnatisch verwandte Graf Otto II. (1400–1464) von der Pinneberger Linie dieselbe aber auch und eigentlich mit größerem Recht.

Die Machtstellung des schleswig-holsteinischen Adels schien indes durch die mögliche Trennung Schleswigs von Holstein gefährlich bedroht. Auf der Verbindung beider Lande beruhten Geltung, Macht und Reichtum des Adels. Seine führenden Vertreter, die den landesherrlichen Rat dominierten, verständigten sich daher, motiviert von Christians lukrativen finanziellen Versprechungen, auf dessen Wahl. Eine Wahl glich aber in jedem Fall einem Coup d’état. Denn irgendein Recht zur Wahl bestand weder für Schleswig noch für Holstein. Selbiges widersprach vielmehr für beide Lande jedweder Überlieferung und jeder historischen Tradition. Der Anspruch, einen neuen Herzog bzw. Grafen im Konsens zu wählen, speiste sich vielmehr aus dem Vorbild des Nordens, d. h. den Herrscherwahlen in den skandinavischen Reichen, die den schleswig-holsteinischen Adelsvertretern geläufig waren.

Nachdem so Christian am 2. März 1460 zu Ripen von den versammelten Räten und Adeligen zum Herrn beider Lande ausgerufen worden war, wurde nach eingehenden Verhandlungen drei Tage später ebenda eine Wahlhandfeste nach skandinavischem Muster aufgesetzt, in der Christian seine vermeintlich unabhängig von seinem königlichen Stand erfolgte Wahl und die umfänglichen Konditionen bekannt gab, auf deren Einhaltung er sich im Zuge dessen verpflichtet hatte. Dazu zählte die Wahrung des christlichen Glaubens, die Zusicherung bestehender Rechte und Privilegien, die Garantie einer dynastisch gebundenen, ständischen Wahlfreiheit nach seinem, Christians, Tod, künftige Kriegsführung nur mit Zustimmung und Willen der Räte der Lande, die Verpflichtung zur Heerfolge nur innerhalb Schleswig-Holsteins, die Festlegung auf ständische Steuerbewilligung und auf das adelige Indigenatsrecht bei der Besetzung der wichtigsten Ämter in Schleswig und Holstein, das Versprechen zumindest jährlicher Landtage, Zollfreiheit für Waren geistlichen oder ritterschaftlichen Eigenbedarfs. Insgesamt handelte es sich um eine Privilegierung weitesten Ausmaßes zugunsten der Königswähler, also von Rat und Adel, und einen Meilenstein in der Entwicklung ständischer Mitbestimmung hierzulande.

Einen Monat später, am 4. April 1460, kam es zu weiteren Verhandlungen in Kiel, deren Ergebnisse in die sog. „Tapfere Verbesserung“ einflossen. Die Wahl Christians bedeutete eine Preisgabe der von den Schauenburger Grafen bislang gemäß der „Constitutio Valdemariana“ von – vermutlich – 1326 im Grundsatz verfolgten Politik der Verhinderung einer herrschaftlichen Zusammenführung Schleswigs mit Dänemark. Jetzt wurde durch Christians Wahl sogar zusätzlich Holstein in den Machtbereich des Königs mit einbezogen. Um zumindest formal nicht gegen die 1448 von Christian eigens anerkannte „Constitutio Valdemariana" zu verstoßen, wurde ausdrücklich nur eine Personalunion zwischen Dänemark und den Landen Schleswig und Holstein hergestellt. Außerdem wurde die historisch gewachsene Realunion zwischen Schleswig und Holstein vertraglich ausdrücklich anerkannt und zementiert, wenn es im neunten Artikel hieß: „Diese Lande geloben wir mit allen unseren Kräften in gutem Frieden zu erhalten und dass sie ewig zusammen ungeteilt bleiben."

Wegen seiner national aufgeladenen Rezeption im 19. und 20. Jahrhundert ist gerade der zweite Halbsatz zur bekanntesten Passage des Ripener Vertrags geworden. Und über den konkreten Aussagewert wird heute noch diskutiert: Während eine Seite dafür plädiert, die Ripener Urkunde als Herrschaftsvertrag zwischen Christian und den Ständen zu verstehen, der spätestens mit dessen Tod seine Gültigkeit verloren habe, faktisch aber schon wenige Jahre nach seiner Abfassung gebrochen worden sei und keinesfalls „auf ewig" gegolten habe, sowie den neunten Artikel als einen Landfriedensartikel zu interpretieren, der vordergründig nicht auf die territoriale Einheit der Lande abzielte, beharrt die andere gerade auf der dadurch zugesicherten Einheit Schleswigs und Holsteins. Auch hatte die territoriale Unteilbarkeit als Verfassungsgesetz über den Tod Christians hinaus gelten sollen.

Letztlich wird man bei der Interpretation dieses Ripener Artikels wohl beides mitdenken müssen: Einmal ging es um die Versicherung des fortwährenden Zusammenhalts der Stände. Doch waren die Stände dem Verständnis der Zeit nach zum anderen zugleich auch immer das Land. Wenn der Adel nicht geteilt werden sollte, so durften auch die Lande nicht geteilt werden. So gedacht, bedeuteten die Landesteilungen nach 1460 auch keinen Bruch des Ripener Unteilbarkeitsparagraphen, weil sie durchaus genauso sensibel wie flexibel auf die zusagte Unteilbarkeit der Lande wie des führenden Standes, des Adels, Rücksicht nahmen, indem die Bereiche Schleswigs und Holsteins im Rahmen einer gemeinschaftlichen Regierung der Landesherren ungeteilt und zusammen blieben, in denen die adlige Mannschaft schwerpunktmäßig ansässig und begütert war.

Zum Weiterlesen:
Oliver Auge: 555 Jahre „Koldinger Union" – ein Streifzug durch die schleswig-holsteinisch-dänische Unionsgeschichte im Spätmittelalter, in: Natur- und Landeskunde 128.10–12 (2021), S. 225–243.

21

DER LANDESADEL FORMIERT SICH ZUR SCHLESWIG-HOLSTEINISCHEN RITTERSCHAFT

Erst ab dem 13. Jahrhundert lässt sich ein holsteinischer Adel genauer konturieren. Es handelte sich dabei nicht um eine homogene Adelsschicht. Vielmehr waren – im Umfeld der Landesherrschaft – der Aufstieg in den Adel oder der Seiteneinstieg aus dem Adel südlich der Elbe und sogar der Abstieg aus dem Adel gut möglich. Um 1340 bestand dieser Adel aus ca. 150 zumindest teilweise miteinander verwandten Familien. Darunter kristallisierte sich eine Spitzengruppe als dominant heraus. Schätzungen zufolge betrug ihre Größenordnung etwas über 20 Prozent der gesamten Adeligen, darunter die Krummediek, Scharpenberg und Hummersbüttel, deren räumlicher Schwerpunkt sich in Stormarn befand und deren Namen immer wieder bei Adelsbündnissen im Rahmen der damals üblichen Fehdepraxis auftauchen. Diese Bündnisse richteten sich gegen Städte wie Hamburg und Lübeck und gegen die Landesherren.

Die oppositionelle Rolle des Adels gipfelte 1323 in einem Bündnis gegen Graf Johann III., an dem 61 Ritter und Knappen beteiligt waren. Es folgten 1327 und 1346 zwei weitere große Konflikte, die beide Male zur zeitweiligen Vertreibung der adeligen Anführer aus Holstein führten. Die Forschung spricht von – letztlich erfolgreichen – Domestizierungsfehden der Grafen, an deren Ende die Wiedereingliederung der Fehdeführer und ihrer Familien in den engeren Gefolgschaftsverband stand. Nach 1350 sind keine Adelsbündnisse gegen die Grafen mehr nachweisbar.

Ungefähr zeitgleich war die Expansion der Schauenburger im Norden, die durch das militärische und finanzielle Engagement von Teilen des Adels mitgetragen worden war, gestoppt. Fortan konzentrierte sich der holsteinische Adel auf die Sicherung und Ausweitung seines eigenen Einflusses und Besitzes im Herzogtum Schleswig. Im Zuge dessen kam es zu einer zunehmenden sozialen Verdrängung des hier bislang ansässigen Heermannen-Adels. Gleichzeitig verstetigte sich das Rätegremium im Zuge einer Hierarchisierung und Zentralisierung des engeren adeligen Gefolges am Grafenhof. Doch begegnen holsteinische Adelige nicht allein in Rat und Gefolge der Grafen von Holstein. Als Teil der vielfältigen europäischen Adelswelt sind sie auch als Söldner in Italien, als Teilnehmer der spätmittelalterlichen Preußenreisen und als Gäste bzw. Mitglieder anderer Höfe bezeugt, wobei die Verharrung der Mehrheit in der eigenen Region doch auffällt.

In dynastischen Krisen zum Ausgang des 14. und Beginn des 15. Jahrhunderts wurde der korporative Charakter des Adels zunehmend deutlich. So machte er 1397 gemeinschaftlich gegen die Teilungspolitik des Grafenhauses Front, indem er auf seiner Unteilbarkeit beharrte, und bedang sich 1415 und 1422 das Indigenatsrecht bzw. die Bedefreiheit sowie Privilegien bezüglich der landesherrlichen Kriegsführung aus. Damit waren wesentliche Bestimmungen der Ripener Vereinbarung von 1460 vorweggenommen. Nicht von ungefähr hat man darin also schon die „Geburtsstunde" der schleswig-holsteinischen Ritterschaft erkennen wollen.

Die zunehmende Bedeutung des Adels wirkte sich jedenfalls auf seine Einflussmöglichkeiten bezüglich der Grafenherrschaft aus: Im letzten Viertel des 14. Jahrhunderts hatte der holsteinische Adel die wichtigsten Ämter sowohl in der Grafschaft Holstein als auch im Herzogtum Schleswig praktisch für sich monopolisiert, und er verfügte auf dem Wege der Pfandnahme über ein erhebliches Druckmittel gegenüber der Landesherrschaft. Lediglich je zwei Burgen und Vogteien sollen sich zu guter Letzt in Schleswig und Holstein noch in unmittelbarer gräflicher Hand befunden haben. Von der Geldnot der Grafen wie von der Schwäche der ökonomisch schlechter gestellten, auch durch militärische Katastrophen gegen das bäuerliche Dithmarschen (1319, 1404 und dann 1500) ruinierten Adelsfamilien profitierten vor allem die Rantzaus, Ahlefeldts, von der Wischs, Lembecks und Blomes.

Es zeugt von dem enormen Machtpotenzial und dem damit verbundenen Selbstverständnis, dass sich diese adelige Spitzengruppe nach dem söhnelosen Tod Adolfs VIII. über Absprachen und verfassungsrechtliche Normen hinwegsetzte und im März 1460, wie bereits gezeigt, Christian I. von Dänemark zum Herrn beider Lande wählte. Im Zuge dessen bedang sich der Spitzenadel enorme Privilegien aus, nicht zuletzt das Versprechen jährlich tagender Landtage, auf denen er fortan bis zur Aufhebung der Landtagsordnung 1675 die dominante Rolle spielte. Doch war der Adel damals immer noch alles andere als eine einheitliche Korporation, ganz zu schweigen davon, dass er wirklich schleswig-holsteinisch war. Bis zum Beginn des 16. Jahrhunderts tauchen eigentlich keine Schleswiger Familien innerhalb der Ritterschaft auf. Erst gegen Ende des 15. Jahrhunderts nahm die Ritterschaft eine wirklich festgefügte Gestalt an. 1504 ließ sie sich eine eigene Privilegienlade mit 24 Wappen der damals etwa 60 zur Ritterschaft gezählten Familien anfertigen. Darin wurden alle relevanten Privilegien aufbewahrt, wie z. B. das „Große Privileg" von 1524, als der Ritterschaft zusätzlich noch die volle Rechtsprechung auf ihren Grundherrschaften, die Befreiung von den gemeinen Kirchspiel- oder Hardesgerichten sowie Zollfreiheit für ihren Handel zugebilligt wurde. Die beurkundeten Vorrechte zementierten die herausgehobene Stellung des Adels in den Landen, dessen auf Ostholstein, den Dänischen Wohld und Schwansen sowie auf Teile Stormarns konzentrierten Güter dem landesherrlichen Zugriff nun auf Dauer weitgehend entzogen blieben.

Zum Weiterlesen:

Jan Habermann: Spätmittelalterlicher Niederadel im Raum nördlich der Elbe. Soziale Verflechtung, Fehdepraxis und Führungsanspruch regionaler Machtgruppen in Südholstein und Stormarn (1259 bis 1421) (Verherrschaftungen in Reich, Raum und Region, 1), Norderstedt 2015.

22

1474: HOLSTEIN WIRD HERZOGTUM

Bald nach der Wahl von Ripen, die am Beginn einer bis 1864 währenden Personalunion zwischen Schleswig-Holstein und Dänemark stand, war der zum neuen Landesherrn gewählte Christian I. in schwere Bedrängnis geraten. Denn 1464 war die erst 1457 wieder ins Leben gerufene Nordische Union zwischen Dänemark, Schweden und Norwegen erneut zerbrochen. Zu ihrer Erzwingung auf militärischem Weg fehlte es an den nötigen finanziellen Ressourcen. Auch die 1460 vereinbarten Entschädigungszahlungen an seine Miterbberechtigten bereiteten Christian Probleme. Noch im Dezember 1466 schuldete er seinem Bruder Gerhard mit dem schillernden Beinamen „der Mutige" oder „der Streitbare" (1430–1500) eine enorme Summe. Um seinen Geldforderungen Nachdruck zu verleihen, erschien Gerhard 1465 in den Landen. Sein energisches Auftreten löste Befürchtungen aus, er strebe nach der Landesherrschaft und könne seinen bedrängten Bruder Christian dazu bewegen, ihm diese zur Einlösung seiner Geldforderungen unter Umgehung des verbrieften ständischen Wahlrechts abzutreten.

Eine solche Annahme war nicht aus der Luft gegriffen. So bestätigte Christian seinem Bruder am 1. November 1466 tatsächlich dessen Erbrecht für den Fall des Erlöschens der königlichen Linie, ohne auf das betreffende, in Ripen vereinbarte, ständische Wahlrecht Rücksicht zu nehmen. Um sich abzusichern, hatten die Landesräte mit Christian einen Termin und Treffpunkt vereinbart, um eine für beide Seiten zufriedenstellende Lösung in der Causa Gerhard herbeizuführen. Man verständigte sich auf das Rathaus zu Kolding als Treffpunkt. Tatsächlich fanden sich dann am 20. Mai 1466 im Beisein Christians I. jeweils zehn dänische Reichsräte und schleswig-holsteinische Landesräte als „vollmächtige Sendboten" in Kolding ein und handelten ohne direkte Einbeziehung des Herrschers eine gegenseitige Vereinbarung aus, die das bestehende gute Einvernehmen zwischen den Landen einerseits und Dänemark andererseits weiterhin aufrechterhalten und den Frieden zum gemeinsamen Besten bewahren sollte.

Diese Vereinbarung wird als „Koldinger Union" angesprochen, obwohl es sich genau genommen um keine Union gehandelt hat. Hauptanliegen der Übereinkunft war eine einvernehmlich abgestimmte Regelung von Christians Nachfolge. Beide Parteien erklärten, im Falle von Christians Tod dessen – damals noch einzigen – Sohn Johann oder Hans (1455–1513) gemeinsam zum Nachfolger wählen zu wollen, sofern er die Privilegien und Rechte Dänemarks und der Lande achten und bestätigen werde. Der Vertrag als solcher war durchaus „revolutionär", da er zwar in Anwesenheit des Herrschers, gewiss auch unter seiner Mitberatung und zum Schluss seiner verbrieften Zustimmung zustande kam, aber letztlich entscheidend von Reichsrat und Landesrat gemeinsam ausgehandelt, beschlossen und besiegelt wurde.

Christians drängende Geldprobleme blieben freilich bestehen, sodass er z. B. 1469 Kiel an die Hansestadt Lübeck verpfänden musste. Und sein Bruder Gerhard war nach wie vor nicht bereit, auf seine Ansprüche zu verzichten. Er ließ sich 1470 von den Bauern in den westlichen Marschen huldigen und besetzte wichtige Orte im Land. Nun griff Christian direkt ein, nahm Gerhard gefangen und zwang ihn, die von ihm besetzten Schlösser zu räumen und sich zurückzuziehen. Wegen des fehlenden Geldes einstweilen nur vertröstet, nutzte Gerhard, als die Friesen in Husum 1472 einen Aufstand wagten, nochmals die Gelegenheit und eilte ihnen zu Hilfe. Diesmal wurde er aber von einem dänischen Heer, zu dem der Herzog von Mecklenburg und die Hansestädte Bremen und Hamburg Kontingente gestellt hatten, geschlagen.

Endlich in seiner Position gefestigt, wandte sich Christian nun an den fernen Kaiser Friedrich III. (1415–1493), um von ihm mit dem quasi autonomen Dithmarschen belehnt zu werden, „nach dem es nicht gut were, das ein Volck on ein Haupt und Fürsten lebte". Am 26. Mai 1473 stellte der Kaiser Christian tatsächlich einen Lehnsbrief für Dithmarschen aus, ohne die Dithmarscher oder ihren eigentlichen Oberherrn, den Bremer Erzbischof, nach ihrer Meinung zu fragen. Ganz offensichtlich war die kaiserliche Kanzlei nicht genau über die Rechtsverhältnisse hierzulande informiert. Im Jahr darauf erhob der Kaiser dann die Grafschaft Holstein-Stormarn anlässlich eines persönlichen Treffens mit Christian in Rothenburg ob der Tauber zum Herzogtum Holstein und verleibte diesem das „districtum Ditmarsiae" ein. Dithmarschen wies der Kaiser zur Huldigung Christians an.

Die seit der Zeit Heinrichs des Löwen kaiserfernen Dithmarscher waren dazu aber nicht bereit, sondern wandten sich an Papst Sixtus IV. (1414–1484). Dieser erkannte 1477 die Stellung Dithmarschens unter der Bremer Kirche ausdrücklich an. Unter Hinweis auf seine unzureichende Kenntnis von Dithmarschens Stellung zur Bremischen Kirche, die für sich genommen tief blicken lässt, nahm dann Kaiser Friedrich III. seine Entscheidung zugunsten Christians 1481 zurück und untersagte dem König-Herzog jedweden Ausgriff auf Dithmarschen. Umgekehrt wurde die Belehnung aber auch nicht ausdrücklich wieder aufgehoben, sodass die gegenseitigen Rechtsansprüche merkwürdig verschwommen blieben und Interpretationsspielräume offenließen.

Bei der Erhebung Holsteins zum Herzogtum blieb es, sodass es fortan die zwei Herzogtümer Schleswig und Holstein gab. Der tatkräftigen und in Geldfragen umsichtigen Unterstützung seiner Gemahlin Dorothea (von Brandenburg, 1430–1495) hatte es Christian indes zu verdanken, dass seine Finanzsituation sich allmählich besserte und viele Pfänder wieder ausgelöst werden konnten – Kiel allerdings erst 1496.

Zum Weiterlesen:
Franziska Nehring: Graf Gerhard der Mutige von Oldenburg und Delmenhorst (1430–1500) (Kieler Werkstücke, Reihe A, 33), Frankfurt a. M. 2012.

23

DIE SCHLACHT BEI HEMMINGSTEDT (1500)

Von den zwei nordelbischen Sachsengauen Holstein und Stormarn unterschied sich der dritte, Dithmarschen, dadurch, dass hier keine festgefügte Feudalherrschaft, sondern eine (groß) bäuerlich-genossenschaftliche Autonomie etabliert war. Ihretwegen verglich der Chronist Johann Adolfi Köster alias Neocorus (vor 1559–1630/31) das reiche Bauernland Dithmarschen nicht ganz falsch mit der Schweizer Eidgenossenschaft.

Die maßgeblichen Selbstverwaltungseinheiten bildeten die Kirchspiele, deren erstes im Pfarrbezirk Meldorf entstanden war. Sie wurden von einem Kollegium aus zwölf Großbauern, den Schlütern, regiert. Die Gründe für diese besondere Dithmarscher Entwicklung sind vielschichtig, aber man wird nicht fehlgehen, in den gesellschaftlichen Folgen des Deichbaus eine gewichtige Ursache dafür zu suchen. Denn der Deichbau, immer zusammengedacht mit der nötigen Entwässerung des dahinterliegenden Landes, bedingte unabhängig von der Frage, wer ihn initiierte und leitend überwachte, ein enges genossenschaftliches Zusammenarbeiten vor allem mit der unmittelbaren Nachbarschaft, um eine geschlossene Deichlinie zu erreichen und zu erhalten. Dieses lebenswichtige Erfordernis wird schon im Hochmittelalter Formen verantwortlicher lokaler Selbstverwaltung heraufbeschworen haben.

Das heißt nicht, dass es keine Versuche gab, Dithmarschen in die sonst wirksamen Herrschaftsmechanismen der Zeit einzubinden. Die Grafen von Stade, Heinrich der Löwe oder der dänische König übten zeitweise Herrschaftsrechte über Dithmarschen aus. Nach der Schlacht bei Bornhöved, die die Dithmarscher durch ihren plötzlichen Seitenwechsel von König Waldemar II. zu den Lübeckern entschieden haben sollen, unterstellten sich selbige dem Erzbischof von Bremen, der für sie den Charme besaß, zu weit entfernt und dabei noch weitgehend zu machtlos zu sein, um ihre Selbstregierung zu gefährden. Tonangebend wurden daher auch nicht seine Vögte, sondern blieben die sog. Geschlechter, bei denen es sich um Schwurgemeinschaften oder Interessenverbände handelte, die sich bei der Besiedlung des Marschlandes gebildet hatten.

Trotz ihrer starken inneren Zerstrittenheit schafften es die Dithmarscher immer wieder, sich erfolgreich gegen Angriffsversuche von außen zur Wehr zu setzen. Sie wähnten sich dabei unter dem besonderen Schutz der Mutter Gottes, weswegen Dithmarschen als ein besonderes Marienland galt. 1319 besiegten sie Graf Gerhard III. und stifteten zum Dank für ihren Sieg das Dominikanerkloster Marienaue in Meldorf. Im August 1404 gelang ihnen ein gewaltiger Sieg über ein holsteinisches Heer; Graf Gerhard VI. und rund 300 Holsteiner Ritter befanden sich unter den Gefallenen. Da die Schlacht am Tag des hl. Oswald geschlagen wurde, nahm man den Heiligen gemeinsam mit der hl. Jungfrau ins Landeswappen auf.

Um noch rascher auf Herausforderungen von außen reagieren zu können, reformierten die Dithmarscher in der Folgezeit ihre überkommene Verfassung, indem sie dieser 1447 stärkere oligarchische Strukturen verliehen. So wurde neben der bisherigen Landesversammlung eine ständige Regierung von 48 Regenten aus den angesehensten Geschlechtern des Landes geschaffen. Diese Achtundvierziger trafen sich immer samstags in Heide. Das Dithmarscher Landrecht, das im selben Schritt kodifiziert wurde, lehnte sich eng an die Verhältnisse in Nordfriesland an. Wie berechtigt diese verfassungsgemäße Vorsorge war, zeigten die Vorgänge um die Belehnung Christians I. mit Dithmarschen 1473/74.

Zwar konnten die Dithmarscher diesen Versuch ihrer Unterordnung nochmals beherzt abwehren, doch dachten Christians Söhne König Hans und Herzog Friedrich (1471–1533) gar nicht daran, die Ambitionen ihres Vaters ad acta zu legen. Vielmehr wollten sie sich Dithmarschen nun endlich gewaltsam unterwerfen. Die Gelegenheit dazu schien günstig, als sich Hans 1497 in Schweden als König der Nordischen Union durchgesetzt hatte. Eine rund 4000 Mann starke Söldnertruppe, die sog. „Schwarze Garde“, die ihn bei der Gewinnung des schwedischen Throns unterstützt hatte, stand ihm noch zur Verfügung. Zusammen mit dem Aufgebot der schleswig-holsteinischen Ritterschaft und der Landwehr aus den Herzogtümern kam so eine furchterregende Streitmacht von 12.000 Mann zusammen, der die Dithmarscher bloß ca. 6000 wehrfähige Bauern entgegenstellen konnten.

Dennoch lehnten sie das Ultimatum des Königs ab. Also ließ er sein Invasionsheer am 1. Februar 1500 nach Dithmarschen einmarschieren.

Rasch war der König so siegessicher, dass er sein Heer ohne Absicherung und gegen den Rat seiner Strategen bei Tauwetter und Schneeregen weitermarschieren ließ. Doch rund 300 Dithmarscher hatten bei Hemmingstedt den Heerweg durch eine Schanze versperrt und die Deichsiele geöffnet, sodass das ganze Umland unter Wasser stand. Das Heer kam trotz aller Anstrengungen an diesem Hindernis nicht vorbei. Schließlich unternahmen die Dithmarscher den entscheidenden Ausfall, bei dem sie ihre vom Wasser umgebenen Feinde ohne Fluchtmöglichkeit auf der von nachrückenden Truppen und vom Tross blockierten Straße niedermetzelten. Sie hatten dafür ihre Kettenhemden abgelegt und benutzten ihre Spieße als Klotstöcke, um die Wassergräben zu überwinden. Der Sieg der Dithmarscher war total. Nicht nur das gewaltige Invasionsheer war vernichtet. Die schleswig-holsteinische Ritterschaft hatte einen ungemein hohen Blutzoll gezahlt. Hans selbst verlor rasch wieder seinen schwedischen Thron. Dithmarschen konnte weiter unabhängig bleiben. Vom bis heute nachwirkenden Mythos Hemmingstedt zeugt z. B. das 1900 am vermeintlichen Ort der Schanze errichtete Denkmal Dusenddüwelswarf.

Zum Weiterlesen:

Svenja Boll (Red.): Die Schlacht bei Hemmingstedt. Realität und Mythos, Meldorf 2018.

24

LANDESHERRSCHAFT UND REFORMATION IN DEN HERZOGTÜMERN

Das Reformationsgeschehen nahm in den Herzogtümern ab 1522, als es in Husum erstmals relevant wurde, seinen Lauf. Der Landesherr Herzog Friedrich I. gewährte in der Folgezeit lutherischen Prädikanten Schutzbriefe, die ihnen das Predigen in den Städten im evangelischen Sinne ermöglichten. Damit umging er einerseits das überkommene Visitationsrecht der geistlichen Obrigkeiten und schuf andererseits den Bischöfen insofern Probleme, als dass sie nun von einer Opposition gegen seine Politik immenser Steuerforderungen abgelenkt waren.

Zudem ermöglichte Friedrich eine zeitige Veranschaulichung dessen, was reformatorisch denkbar war, da er seinem Sohn Christian (III., 1503–1559) 1524 die eigenverantwortliche Verwaltung des Amtes Hadersleben überließ und ihm dann auch noch das Törninglehn anvertraute. Denn in seinem Verwaltungsbereich unternahm Christian nach dem Vorbild anderer deutscher Territorialfürsten rasch erste handfeste Schritte zur Einführung der Reformation. Unter dem Eindruck der erschütternden Ereignisse des damals in Süd- und Mitteldeutschland tobenden Bauernkrieges mahnte Friedrich seinen Sohn 1525 in einem Brief zwar zur Mäßigung, sobald er erfuhr, dass Bauerngemeinden im westlichen Nordschleswig die Zahlung des Kirchenzehnten verweigerten. Weil man aber den Bauernaufstand rasch in den Griff bekam, ließ sich Christian nicht von seinem reformatorischen Impetus abbringen.

Anders als Christian duldete Friedrich in seinem Verwaltungsbereich zwar grundsätzlich reformatorische Entwicklungen, die von anderer Seite initiiert wurden, und er war auch zur provisorischen Anerkennung der so neu geschaffenen Zustände bereit; er beförderte die Reformation aber keinesfalls selbst so aktiv wie sein Sohn. Und den Vorteil für seine Fürstenherrschaft hatte er dabei immer auch im Blick. Wo ihm die Auswüchse der Reformation zu heftig und unkontrollierbar zu werden schienen, steuerte er gegen. So ist Friedrichs Reaktion auf die Umtriebe des in Kiel wirkenden radikalen Predigers Melchior Hoffmann (1495–1543) einzuordnen, indem er seinem Sohn die Einberufung einer Theologenversammlung nach Flensburg am 8. April 1529 unter Leitung des Reformators Johannes Bugenhagen (1485–1558) gestattete, auf der dann Hoffmanns Tauf- und Abendmahlslehre scharf verurteilt wurde. Offensichtlich wollte oder konnte sich Friedrich dabei jedoch nicht selbst in den Streit unter den reformatorischen Akteuren einschalten.

Zu den reformatorischen Ereignissen zählte in der zweiten Hälfte der 1520er Jahre die Aufhebung der Bettelordensklöster in den Städten Schleswig, Flensburg, Husum, Tondern und Kiel. Im Regelfall erfolgte diese zugunsten der Armeneinrichtungen in den Städten. Eine deutliche Ausnahme im damaligen reformatorisch bedingten Säkularisationsgeschehen bildete die Auflösung des Zisterzienserinnenklosters in Reinbek. Es war seinerzeit das einzige Kloster, das keinem Bettelorden zugehörig war und nicht in einer Stadt lag; es handelte sich um ein Frauenkloster, und die Auflösung kostete Friedrich Geld, denn er zahlte die Nonnen bei ihrem Austritt aus dem Konvent aus. Friedrich hatte handfeste materielle Interessen an der Klosterauflösung, weil er den Klosterbesitz vergleichsweise günstig seinem Herrschaftsbereich einverleiben konnte.

Unter seinem Sohn Christian, der die Lande ab 1533 regierte, nahm das reformatorische Geschehen vollends an Fahrt auf. Zahlreiche Landklöster wurden säkularisiert, und das alte Kirchenregiment befand sich sichtlich in Auflösung. Doch erst als er auch ab 1536 als König von Dänemark fest etabliert und der mächtige altgläubige Schleswiger Bischof Gottschalk von Ahlefeldt (1475–1541) gestorben war, stand der Weg zur Reformation vollends offen. 1542 wurde so im Einvernehmen mit den Ständen eine neue Kirchenordnung eingeführt, die im Geist der Mäßigung den Erfordernissen der Lande gerecht wurde. Sie blieb bis 1867 in Geltung.

Indes ging die Reformation nicht überall im Norden gemäßigt vor sich. In Dithmarschen kam es zum offenen Gewaltausbruch, als spätestens 1523 die beiden bedeutenden Kirchen in Meldorf und Wesselburen der evangelischen Predigt geöffnet wurden. Der Augustinereremit und Anhänger Luthers Heinrich von Zütphen (ca. 1488–1524) kam auf Bitte der Bürger im November 1524 nach Meldorf, um dort zu predigen. Kaum zwei Wochen nach seiner Ankunft wurde er Opfer einer Verschwörung des Hamburger Domkapitels und der altgläubigen Mönche aus Meldorf und Lunden. Aufgebrachte Bauern verschleppten den Prediger aus Hemmingstedt nach Heide, wo er nach einem Schauprozess grausam hingerichtet und verbrannt wurde.

Im Übrigen zog sich der Prozess der Klosterauflösung in den Herzogtümern noch sehr lange hin. Als letztes Kloster wurde 1582 das Zisterzienserkloster Reinfeld säkularisiert. Die Ritterschaft sicherte sich indes den Erhalt und eine maßgebliche Einflussnahme auf die vier Frauenklöster in Itzehoe, Preetz, Uetersen und Schleswig, die nicht wie die sonstigen Stifte und Klöster in den Landen aufgehoben, sondern in Evangelische Adelige Damenstifte umgewandelt wurden. Zuvor schon hatten sich die Konvente mehrheitlich aus Adelstöchtern zusammengesetzt.

Doch erst 1636/37 gelang der Ritterschaft die Durchsetzung eines adeligen Klosterrechts gegenüber der Landesherrschaft. Fortan war der Zugriff der Ritterschaft auf die Stellen und Ressourcen in den Damenstiften weitgehend exklusiv – bis heute.

Zum Weiterlesen:

Detlev Kraack u. Martin J. Schröter (Hrsg.): Wendezeiten 1500–1600. Glauben und Leben zwischen Norm und Abweichung. Aufsätze (Quellen und Forschungen zur Geschichte Schleswig-Holsteins, 128), Husum 2020.

25

DIE LETZTE FEHDE 1559

Die Fürsten der Lande haben Dithmarschen trotz ihrer totalen Niederlage vom Jahr 1500 nicht aus dem Blick verloren. Insbesondere der ambitionierte jüngere Bruder Christians III. namens Adolf (1526–1586), dem im Zuge der Landesteilung von 1544 der Gottorfer Anteil zugefallen war, drängte auf Vergeltung für die Schmach von Hemmingstedt. Auf sein Betreiben war er bereits 1548 gemeinsam mit seinen beiden älteren Brüdern Christian und Hans d. Ä. (1521–1580) von Kaiser Karl V. (1500–1558) mit Holstein einschließlich Dithmarschens belehnt worden. Ende der 1550er Jahre schien Adolf dann die Gelegenheit günstig, um diese Belehnung auch in die Tat umzusetzen und Dithmarschen seinem Herrschaftsbereich einzuverleiben. Die erbitterten Feinde Frankreich und Habsburg schlossen im Frühjahr 1559 den Frieden von Cateau-Cambrésis, sodass viele kampferprobte Söldner eine neue Beschäftigung suchten.

Im Jahr zuvor war schon ein Schutzbündnis Dithmarschens mit der Hansestadt Lübeck ausgelaufen. Dithmarschen hatte den Bündnisabschluss 1538 betrieben, weil es durchaus mit einem neuen Versuch der Fürsten zu seiner Eroberung gerechnet hatte. Kurzzeitig war sogar die Aufnahme der „Bauernrepublik" in die Hanse erwogen worden, was aber am Widerstand der innerhansischen Konkurrenz Lübecks, vor allem Hamburgs, das mit Dithmarschen vielerlei Konflikte hatte, scheiterte. Nun hatte Dithmarschen also keinen starken Bundesgenossen auf seiner Seite. Der Bremer Erzbischof als Dithmarschens eigentlicher Oberherr machte im April 1559 Adolf gegenüber keinen Hehl aus seiner Besorgnis über dessen heimliche Kriegsrüstung, was Adolf zu beschwichtigen suchte. Es sei doch gar nichts geplant. Wenig später erbat er aber vom selben Erzbischof die Durchzugserlaubnis für seine Söldnertruppe, die sich diszipliniert verhalten werde. Denn längst hatte er den Entschluss zum Angriff definitiv gefasst.

Zunächst wollte Adolf Dithmarschen dabei im Fall seiner Eroberung für sich allein haben. Doch seine beiden Brüder erfuhren von den Plänen, als sich Adolf an Johann Rantzau (1492–1565) zu Breitenburg wandte, um ihn als Feldherrn für seinen Kriegszug zu gewinnen. Denn Johann Rantzau war kriegserprobt; er hatte schon erfolgreich Bauernaufstände in Nordjütland und auf Fünen niedergeschlagen. Adolfs Eroberungsabsicht wurde darauf von Rantzaus Sohn Heinrich (1526–1598), der königlicher Statthalter in den Herzogtümern war, an König Christian III. verraten. So musste Herzog Adolf den Feldzug notgedrungen mit seinen Brüdern bzw. nach Christians III. Tod mit seinem Neffen König Friedrich II. von Dänemark (1534–1588) gemeinsam durchführen.

Am 18. Mai sandten sie ihren Fehdebrief an die Dithmarscher, die darauf mit ihrem alten Argument antworteten: Sie unterstünden dem Erzbistum Bremen. Wenn man sie gewaltsam erobern wolle, würden sie sich im Vertrauen auf Gottes Hilfe zu verteidigen wissen. Das etwa 18.000 Mann starke Heer der drei Fürsten unter dem Oberbefehl von Johann Rantzau besiegte die ca. 12.000 bewaffneten Dithmarscher Bauern aber rasch. Anders als beim Feldzug des Jahres 1500 behielten die Aggressoren die militärische Initiative und konnten durch viele Scheinangriffe und Nebenaktionen die Verteidiger erfolgreich verwirren und zersplittern. Die Hauptmacht der Angreifer marschierte über Albersdorf in das Bauerland ein, eroberte Meldorf und schließlich auch den Hauptort Heide. Damit war der vergleichsweise kurze wie zeitüblich grausame Feldzug schon entschieden, und das Bauernheer kapitulierte.

Dithmarschen wurde unter den drei Siegern in einen königlich-dänischen Südteil, einen herzoglich-haderslebischen Mittelteil und einen herzoglich-gottorfschen Nordteil aufgeteilt. Der Mittelteil wurde dann 1581 nach dem Tod von Herzog Hans d. Ä. zwischen König und Gottorfer Herzog aufgeteilt. Die Teilung in die Landschaften Norder- und Süderdithmarschen hatte im Übrigen bis 1970 Bestand, als die Kreisreform einen Kreis Dithmarschen schuf. Trotz des Verlusts der jahrhundertealten „Quasi-Unabhängigkeit“ gelang es der Dithmarscher Verhandlungsdelegation 1559, viele Freiheiten und große Teile der überkommenen gesellschaftlichen Strukturen zu retten. Nicht nur sie blieben weitestgehend bestehen, sondern die Bauern und die Kirchspiele behielten auch die meisten ihrer traditionellen Rechte. Einzig der bislang mächtige Rat der Achtundvierziger, der bisher die oberste Entscheidungsinstanz gewesen war, wurde durch Vögte abgelöst. Zwar waren Abgaben an die neue Landesherrschaft zu entrichten, doch wurde die bäuerliche Führungsschicht nicht entmachtet, der Handel blieb frei, und das 1567 reformierte Dithmarscher Landrecht sollte bis 1864 gelten.

Zum Weiterlesen:
Stefan Brenner: Im Fahrwasser regionaler Hansestädte. Dithmarschen in den Konfliktfeldern des westlichen Ostseeraums (1500–1559) (Kieler Werkstücke Reihe A, 60), Berlin 2022.

26

DIE ADLIGEN GÜTER UND DIE LEIBEIGENSCHAFT

In der Ritterschaftslade von 1504 wurden alle relevanten Privilegien der schleswig-holsteinischen Ritterschaft aufbewahrt, darunter das „Große Privileg“ von 1524, als selbige von Herzog Friedrich I. zum Dank für ihre Hilfe bei der Erlangung der dänischen Krone zusätzlich zu ihren bereits weitreichenden Ripener Privilegien noch die volle Rechtsprechung sowie die sog. Halsgerichtsbarkeit auf ihren Grundherrschaften ohne Beteiligung der Landesherrschaft, die Befreiung von den gemeinen Kirchspiel- oder Hardesgerichten und die Zollfreiheit für ihren Handel zugebilligt bekam. Auch wurde die Leibeigenschaft als rechtmäßig bestätigt, weswegen das betreffende Privileg als „Mutter der Leibeigenschaft“ charakterisiert wurde.

Nachdem einerseits die mittelalterlichen Pestwellen zu einem starken Bevölkerungsrückgang geführt hatten und andererseits während der Reformation große kirchliche Ländereien in den Besitz des Adels gelangt waren, wurde es für die adeligen Grundherren immer wichtiger, die Bauern fest an ihren Besitz zu binden und Abwanderung möglichst zu verhindern. Zugleich wurde die Arbeitsbelastung für die betreffenden Bauern immer größer, während ihre Existenz krisenbehaftet blieb. So wechselten sie immer mehr in die Leibeigenschaft, was eine noch größere Abhängigkeit zu einem Gutsherrn, aber auch dessen Verpflichtung zu Schutz und Fürsorge bedeutete. Das Wort „Leibeigener" taucht übrigens erstmalig 1555 in den schleswig-holsteinischen Quellen auf. Auf dem Haderslebener Landtag von 1614 wurde die Leibeigenschaft dann als ein gültiger Rechtszustand anerkannt.

Mit dem Wechsel in die Leibeigenschaft ging regelmäßig auch eine Verlagerung des Wohnorts einher, denn die alten Bauerndörfer wurden oft niedergelegt, und neue Gutsdörfer entstanden an der Stelle der mittelalterlichen Wirtschaftshöfe. Die Güter wurden in der Landesmatrikel fortan als Adlige Güter bezeichnet; ihre Herren hatten eine Stimme auf dem Landtag. Die beurkundeten Vorrechte zementierten die herausgehobene Stellung des Adels in den Landen. Dessen auf Ostholstein, den Dänischen Wohld und Schwansen sowie auf Teile Stormarns konzentrierten Güter – immerhin bald ein Drittel der Gesamtfläche der Lande (ohne Dithmarschen) und noch dazu die ertragreicheren Flächen – blieben dem landesherrlichen Zugriff nun auf Dauer weitestgehend entzogen. Vielfach gingen die Güter aus den befestigten Adelssitzen des Mittelalters hervor.

Aus den lange noch burgartig angelegten Herrenhäusern entwickelten sich dann im Lauf des 17. und 18. Jahrhunderts großherrschaftliche Anwesen, die weitgehend ohne Befestigungsanlagen auskamen. Den Herrenhäusern wurden Höfe mit Torhaus, Scheunen, Stallungen und weiteren Wirtschaftsgebäuden vorangestellt, denen zumeist die Gutsdörfer folgten. Auch Mühlen, Meiereien und handwerkliche Betriebe gehörten dazu. Es ergab sich eine gewisse durchgängige Struktur in Gestalt und Aufbau, wie sie eine Zeichnung des in Ostholstein gelegenen Guts Rantzau aus dem 18. Jahrhundert geradezu paradigmenhaft vor Augen führt: Durch ein beeindruckendes Torhaus gelangte man auf ein weiträumiges, regelmäßig angelegtes Hofareal, dessen Seiten von mächtigen Stallungen und Scheunen flankiert wurden. Dahinter angeordnet fanden sich die weiteren Wirtschaftsgebäude und Häuser für einige Bedienstete. In gerader Achse gegenüber dem Torhaus und zugleich im Zentrum der ganzen Anlage stand das repräsentative Herrenhaus, an das sich großzügige Garten- und Parkanlagen, meist noch mit weiteren Gebäuden wie bspw. kleineren Lusthäusern versehen, anschlossen. Unweit der Gutsanlage lagen – auf dem angesprochenen Rantzau-Bild nicht zu sehen – die weiteren ihr zugeordneten Wohnhäuser, in denen die vielen Menschen lebten, die auf dem Gut und seinen Agrarflächen arbeiteten und hörig, also zu Dienstleistungen für den Grund- und Gutsherrn verpflichtet waren. Es handelte sich um die Hufner, die, wie ihr Name besagt, eine Hufe oder einen Teil davon bewirtschafteten, Kätner, d. h. abhängige Bauern mit einer Kate als Wohnhaus, sowie Insten, was die eigentlichen Gutstagelöhner meint. Ihre Zahl konnte in die Hunderte gehen.

Die Adligen Güter waren innerhalb des frühneuzeitlichen Herrschaftsgefüges weitgehend selbstständig. Die Oberherrschaft über die Güterbezirke lag ab 1544 abwechselnd bei der dänischen Krone und dem herzoglichen Haus Gottorf. Seit dem 17. Jahrhundert war nicht mehr der soziale Stand des Besitzers für die Qualifizierung eines Gutes als „adlig" entscheidend, sondern auch Personen bürgerlicher Abkunft konnten jetzt ein Adliges Gut besitzen. Seit der Matrikel von 1652 blieben die Privilegien des ehemaligen adeligen Besitzers freilich als dingliche oder reale Rechte am Gut selbst haften. Die Rechte gingen dabei ohne neue Verleihung auf jeden neuen Besitzer des Guts – egal welchen Standes – über. Als im Lauf des 18. Jahrhunderts die Landtage als politische Bühne der Gutsbesitzer ihre Bedeutung einbüßten, blieb die überragende ökonomische und auch kulturelle Rolle der Güter weiter erhalten. Die sie prägende Leibeigenschaft wurde bis 1805 aufgehoben, und in den Gutsdörfern gewährleistete fortan bis 1867 ein Bauernvogt eine bäuerliche Selbstverwaltung.

Mit der Einführung der preußischen Verfassung 1867 verloren die Adligen Güter schließlich auch ihre Gerichtsbarkeit. Sie wurden in Gutsbezirken neu organisiert, in denen die Gutsbesitzer bis zur Auflösung der Gutsbezirke 1928 weiterhin die Funktion als „Obrigkeit der untersten Verwaltungsebene" wahrnahmen. Sie waren also für den jeweiligen Gutsbezirk eine Art aus dem Grundeigentum legitimierte Bürgermeister.

Zum Weiterlesen:
Deert Lafrenz: Gutshöfe und Herrenhäuser in Schleswig-Holstein, 2 Bde., 3. erg. und korr. Aufl., Petersberg 2023.

27

DAS HAUS GOTTORF

Ein Renaissancefürst, wie er im Buche steht, klug-berechnend, ehrgeizig, standesbewusst und dem Leben zugewandt, Kriegsmann, Diplomat, Landesvater, für manche seiner Rücksichtslosigkeit wegen gar ein leibhaftiger Machiavellist: Dies alles war Herzog Adolf I., dritter Bruder des König-Herzogs Christian III. Seit der Landesteilung von 1544 stand er dem Bereich der Herzogtümer vor, der nach seiner Hauptresidenz Schleswig-Holstein-Gottorf genannt wird.

Das betreffende Herrschaftsgebiet umfasste in Holstein die Ämter Bordesholm, Cismar, Kiel, Neumünster, Oldenburg, Reinbek, Tremsbüttel und Trittau sowie – seit 1559 – die Landschaft Norderdithmarschen und ab 1575 auch das ursprünglich lauenburgische Amt Steinhorst. Im beträchtlich größeren Schleswiger Teil, wo sich überhaupt das wirtschaftliche und – denkt man an die Hauptresidenz Schloss Gottorf und den Schleswiger Dom – auch das politisch-sakrale Zentrum befanden, handelte es sich um die Ämter Apenrade, Gottorf, Husum, Hütten, Lüggumkloster und Tondern sowie die Landschaften Alt-Nordstrand, Eiderstedt, Osterland-Föhr, Stapelholm, Sylt, auch die Insel Fehmarn und Helgoland. Diesen Besitz teilten die Gottorfer seit dem Primogeniturstatut von 1608 nicht weiter auf: Dieses besagte nämlich, dass nur noch der erstgeborene Sohn Anspruch auf das Erbe eines regierenden Herzogs hatte.

Genannter Adolf wurde Stammvater jenes jüngeren Zweigs der weit verästelten Oldenburger Dynastie, der wegen seines Hauptsitzes auf Gottorf Gottorfer Linie heißt. Ihr Wappen zeigte die einzelnen Rechtstitel, die sie beanspruchten oder tatsächlich – zumindest teilweise – innehatten. Heraldisch, also vom Schildhalter aus betrachtet, sind dies von rechts oben nach links unten ein aufsteigender Löwe für Norwegen und zwei schreitende Löwen für Schleswig in den zwei oberen Wappenfeldern sowie in den drei unteren das Nesselblatt für Holstein, ein gewappneter Reiter zu Pferde mit zum Schlag ausholendem Schwert in der Rechten für Dithmarschen und ein Schwan mit Krone für Stormarn. Im gevierten Herzschild befinden sich gegenübergestellt zwei rote Querbalken auf goldenem Grund bzw. ein goldenes Kreuz auf blauem Grund, was für Oldenburg und Delmenhorst als Herkunftsland der ganzen Dynastie steht. Das Wappen brachte zum Ausdruck, dass sich der Gottorfer Herzog im Einzelnen als von Gottes Gnaden Erbe zu Norwegen, Herzog von Schleswig, Holstein, Stormarn und der Dithmarschen sowie als Graf zu Oldenburg und Delmenhorst begriff und sich so auch offiziell betitelte.

Die Gottorfer regierten die genannten Teile der Herzogtümer Schleswig und Holstein bzw. ab 1720 nach dem verlorenen Nordischen Krieg nur noch Holstein bis 1773, als der damalige Chef des Hauses, der russische Kronprinz Paul (1754–1801), im Vertrag von Zarskoje Selo seinen Anteil am Herzogtum Holstein an Dänemark abtrat. Wie ein roter Faden durchzieht die Geschichte der Gottorfer ihre Bemühung, Eigenständigkeit und Gleichrangigkeit mit den nahen Verwandten auf dem dänischen Königsthron zu demonstrieren. Das Aushandeln und auch militärische Ringen mit den königlichen Verwandten um die erstrebte Souveränität und Ebenbürtigkeit war das prägende Charakteristikum ihrer Linie, die sich im 17. Jahrhundert nochmals in eine ältere, auf Gottorf residierende und eine jüngere, fürstbischöfliche Linie mit Sitz in Eutin aufspaltete.

Ausgehend vom ersten Protagonisten Herzog Adolf sind sieben Generationen von Gottorfern für Schleswig-Holstein relevant. Adolf hatte insgesamt neun Kinder – vier Söhne und fünf Töchter –, von denen wiederum der Sohn Johann Adolf (1575–1616) sieben Kinder hatte, die das Erwachsenenalter erreichten: drei Söhne und vier Töchter. Sein ältester Sohn Friedrich III. (1597–1659) hatte mit sechs Töchtern und vier Söhnen die insgesamt umfänglichste Nachkommenschaft, die über das Kleinkindalter hinauswuchs. Sein achtes Kind, Christian Albrecht (1641–1695), gelangte schließlich auf den Gottorfer Herzogsstuhl und zeugte zwei Töchter und zwei Söhne. Der ältere, Friedrich IV. (1671–1702), setzte mit seiner schwedischen Gemahlin Hedwig Sophia (1681–1708) die Hauptlinie der Gottorfer fort, die in der sechsten und siebten Generation mit Karl Friedrich (1700–1739) bzw. Karl Peter Ulrich (1728-1762) nur jeweils einen Protagonisten kannte. Vom anderen Sohn namens Christian August (1673–1726) ging die erwähnte jüngere oder fürstbischöfliche Linie des Hauses Gottorf aus, deren Abkömmlinge nachgehend zu Herzögen bzw. Großherzögen von Oldenburg wurden. Christian August hatte acht Kinder – jeweils vier Töchter und Söhne –, sein Sohn Adolf Friedrich (1710–1771) hatte wiederum vier Kinder, unter denen sich drei Söhne befanden, während Adolf Friedrichs Bruder Friedrich August (1711–1785) einen Sohn und eine Tochter zeugte, sein Bruder Georg Ludwig (1719–1763) hingegen zwei Söhne.

Durch eine sehr geschickte Heiratspolitik gelang es diesen Gottorfern, hochwertige dynastische Verbindungen zu bedeutenden deutschen Fürstenhäusern und zum dänischen, schwedischen, später auch russischen Herrscherhaus aufzubauen. Diese erfolgreiche Heiratspolitik hatte allgemeine politische, finanzielle sowie sozialständische, teilweise auch konfessionelle Gründe, erklärt sich zugleich aber immer auch durch die ambivalente Beziehung der Gottorfer zu ihren nahen Verwandten, den Oldenburgern in Dänemark, in ihrem allmählichen Rollenwechsel vom bereitwilligen Juniorpartner zum schließlich bitteren Kontrahenten im Streit um Souveränität und Gleichrangigkeit.

Zum Weiterlesen:

Oliver Auge: The Duchy of Schleswig-Holstein-Gottorp between Denmark, Sweden and Russia. Dynastic relations, in: Ralf Bleile u. Joachim Krüger (Hrsg.): 'Princess Hedvig Sofia' and the Great Northern War, Dresden 2015, S. 66–77.

28

EIN RANTZAU'SCHES ZEITALTER

Entscheidend wurde die Reformationszeit auch für die Abschließung der Ritterschaft nach außen sowie für ihre innere Strukturierung. Die Ritterschaft wurde mehr und mehr mit dem Adel der Lande identisch, bis um 1600 faktisch Konformität hergestellt war. Überhaupt wurde das 16. Jahrhundert durch die erlangten Privilegien und günstige konjunkturelle Voraussetzungen zu einem „goldenen Zeitalter" der Ritterschaft. Sie bestimmte Politik, Wirtschaft und Kultur in den Landen maßgeblich.

Ausdruck des dadurch gewonnenen Selbstbewusstseins ist die Äußerung Heinrich Rantzaus von 1597, dass die Edelleute in den Landen den Grafen im übrigen Deutschland vergleichbar seien, was ihre Herrschaftsrechte anbelange. Über 70 Gutshäuser nannte das Geschlecht der Rantzau damals sein Eigen. Heinrich selbst fungierte als königlicher Statthalter und verfügte als solcher über weitreichende Beziehungen, einen enormen Reichtum und großen, auch überregionalen Einfluss. Er war damit aber nur die Spitze des ritterschaftlichen Eisbergs. Wie Rantzaus Engagement für die fürstliche Landesherrschaft indes andeutet, war das Verhältnis der Ritterschaft zur selbigen keineswegs von fast ständiger Konfrontation gekennzeichnet, wie noch in jüngeren Darstellungen nachzulesen ist, sondern es bestand eine grundlegende Interessengemeinschaft zwischen beiden Seiten. Die Ritterschaft eignete sich denn auch hervorragend für die Zurschaustellung der herzoglichen Macht, wie in Odense im Jahre 1580 als glanzvolles Hoffest eindrucksvoll vor Augen geführt wurde. Gleiches geschah bei Fürstenhochzeiten oder -beisetzungen und ähnlichen Feierlichkeiten bei Hofe.

Zur wachsenden ständischen Distinktion gehörte es, dass die Ritterschaft 1641 für sich reklamierte, nur alteingesessene Familien, die sog. „Equites Originarii", zählten ursprünglich zu ihr. Neben diesem anscheinend mehr und mehr zusammengeschmolzenen „Uradel", der letztlich als Konstrukt eines zeitgenössischen Bedürfnisses nach Exklusivität erscheint, traten seit 1635 die sog. „Recepti". Seither setzte sich die schleswig-holsteinische Ritterschaft aus originären und rezipierten Mitgliedern zusammen.

Ab der zweiten Hälfte des 17. Jahrhunderts konnten Angehörige der Ritterschaft auch eine formelle Standeserhöhung erfahren, indem sie in den damals neuen dänischen Herrenstand aus Grafen und Baronen Aufnahme fanden. Ihnen ging gewissermaßen Christian Rantzau (1614–1663) voran, dem der Kaiser 1650 die Würde eines Reichsgrafen und Hofpfalzgrafen verliehen hatte. Damit verbunden war die Erhebung seines Kleinterritoriums zur reichsunmittelbaren Grafschaft, die bis 1726 Bestand haben sollte. Dies ist der einzige Fall einer reichsunmittelbaren Adelsherrschaft nördlich der Elbe, die übrigens in Intrige, Skandal und sogar Mord endete.

Doch zurück zu Heinrich Rantzau, nach dem die goldene Epoche der Ritterschaft auch als Rantzau'sches Zeitalter benannt ist. Er darf als Humanist par excellence im Norden bezeichnet werden. Als gerade mal Zwölfjähriger erlebte er ab 1538 den Reformator Martin Luther (1483–1546) an der Universität Wittenberg. Er studierte vor allem bei Philipp Melanchthon (1497–1560). Sein Studium konzentrierte sich neben Jura insbesondere auf Philologie und Rhetorik. Nebenbei entdeckte er wohl auch sein Interesse für Astronomie und Astrologie. Jedenfalls erwarb sich der jugendliche Schleswig-Holsteiner hier sehr gute Latein- und Hochdeutschkenntnisse, die es ihm erlaubten, sich zeit seines Lebens beider Sprachen aktiv und fehlerfrei zu bedienen. Spätestens während seines Studiums dürfte Heinrich Rantzau auch seine große Bücherliebe entdeckt haben. Man weiß, dass seine Bibliothek auf der Breitenburg im Jahr 1590 rund 6000 Titel umfasste. Auf Schloss Gottorf befanden sich zur selben Zeit nur etwa 700 Bände. Er nutzte nahezu jede Chance, um Bücher zu kaufen. Auch schrieb er selbst eine Reihe Bücher, darunter die erste Landesbeschreibung für Schleswig-Holstein, und gab weitere in Auftrag. So ist seiner Initiative der betreffende Braun-Hogenberg'sche Städteatlas mit seinen wunderbaren Ansichten schleswig-holsteinischer Städte zu verdanken.

In Orientierung an römisch-antiken Vorläufern ließ Heinrich Rantzau auch Obelisken, Pyramiden und Triumphbögen errichten. Sie sollten, ebenso wie die von ihm veranlasste Rantzau-Tafel, dazu dienen, seinen Nachruhm zu sichern. Die genannte Tafel präsentiert nicht nur einen Großteil der Rantzau'schen Herrenhäuser als ökonomische Grundlage der herausragenden sozialen und politischen Stellung, den Rantzau'schen Stammbaum als Ausweis der Ehrwürdigkeit und Antiquitas des Geschlechts und Rantzau'sche Kriegstaten in der Grafenfehde und im Dithmarscher Krieg, sondern auch Heinrich Rantzaus Brückenbau über die Stör, die von ihm veranlasste Anlage einer Baumschule und den Bau der Pyramide von Nordoe. Im Zentrum all dessen reitet hoch zu Ross der schwer bewaffnete Heinrich Rantzau, zugegebenermaßen alles andere als einem gelehrten Bücherfreund gleich. Aber das machte ihn vielleicht gerade erst aus, den Humanisten aus dem Norden, der übrigens, wie man weiß, in der Realität alles andere als ein Kriegsheld war.

Zum Weiterlesen:

Dieter Lohmeier: Heinrich Rantzau. Humanismus und Renaissance in Schleswig-Holstein (Kleine Schleswig-Holstein-Bücher, 50), Heide 2000.

29

LANDESTEILUNGEN UND DIE „ABGETEILTEN HERREN“

Trotz der Vereinbarung von Ripen (1460), die Lande und ihre Stände „auf ewig“ ungeteilt bleiben zu lassen, kam es zu neuen Landesteilungen. So verständigte sich der ältere Bruder Hans nach dem Tod des Vaters Christian I. mit seiner Mutter Dorothea, die für den jüngeren Bruder Friedrich agierte, auf eine 1490 realisierte Aufspaltung in einen Segeberger Landesteil, der unter der Herrschaft des König-Herzogs Hans verblieb, und in einen Gottorfer Landesteil, der Herzog Friedrich zugesprochen wurde. Diese beiden Bereiche wurden 1523 wiedervereinigt, als Hans' Sohn Christian II. (1481–1559) als König-Herzog abgesetzt wurde und sein Onkel Friedrich die Alleinherrschaft in Dänemark und den Landen gewann.

Friedrichs ältester Sohn Christian III. nahm dann 1544 mit seinen beiden Brüdern Hans d. Ä. und Adolf eine neue Aufspaltung in drei nach ihrem Steuerertrag gleichwertige und nach den jeweiligen Hauptburgen benannte Landesteile vor. Auf ein geschlossenes Territorium wurde nicht geachtet, sodass ein schier unentwirrbarer Flickenteppich entstand, der die Ausgestaltung moderner Staatlichkeit entsprechend erschwerte. Adolf wählte für sich den Gottorfer Anteil u. a. mit Husum, Eiderstedt, Apenrade, Kiel, Neumünster, Trittau und Oldenburg aus, wohingegen Christian III. der Sonderburger Teil, wozu Segeberg, Oldesloe, Itzehoe und Krempe gehörten, und Hans d. Ä. der Haderslebener Teil mit Tondern, Nordstrand, Rendsburg, Fehmarn, Bordesholm usw. zufielen. Gemeinsam blieben die Ansprüche auf Hamburg, die Einnahmen aus dem Zoll in Gottorf und Rendsburg sowie die

Herrschaft über die Ritterschaft, die vier adeligen Damenstifte sowie die Städte. Genau genommen wurde so die betreffende Bestimmung des Ripener Vertrags gar nicht gebrochen, denn die Stände blieben damit ungeteilt. Das 1559 gewaltsam eroberte Dithmarschen wurde den drei Landesteilen entsprechend zugewiesen: Der Nordteil kam zu Gottorf, die Mitte zu Hadersleben, der Süden zum Königlich-Sonderburger Teil.

Doch damit war die Teilungsgeschichte nicht zu Ende. Denn 1564 teilte Christians III. älterer Sohn Friedrich II., der seit 1559 als König-Herzog regierte, seinen Anteil an den Landen mit seinem jüngeren Bruder Johann oder Hans (1545–1622), der zur Unterscheidung von seinem gleichnamigen Onkel Hans der Jüngere genannt wird. Er erhielt – faktisch erst 1571, da es sich um das Wittum der Königinwitwe Dorothea (von Sachsen-Lauenburg, 1511–1571) handelte – Sonderburg, Norburg, Plön und das ehemalige Kartäuserkloster Ahrensbök. Als 1580 Hans d. Ä. ohne eigene Nachkommen aus dem Leben schied, sodass sein Landesteil wieder zur Disposition stand, einigte sich Friedrich II. mit Hans d. J. darauf, eine nochmalige Teilung vorzunehmen. Jetzt wurde vor allem der Besitz der Klöster Reinfeld und Rude Hans d. J. zugeschlagen, der damit über doch rund zehn Prozent der Gesamtfläche Schleswigs und Holsteins verfügte. Aus diesem Gebiet wurde das neue Herzogtum Schleswig-Holstein-Sonderburg gemacht. Jetzt konnte Hans eine eigene Familie gründen und ihr ein standesgemäßes Leben bieten. Mit seinen beiden Ehefrauen hatte er 23 Kinder. Die standesgemäße Versorgung des großen Nachwuchses stellte eine Herausforderung dar, die weitere Teilungen heraufbeschwor. Die finanzielle Belastung wurde für Hans d. J. noch dadurch vergrößert, dass er sich gleich vier feudale Schlösser errichtete, darunter Glücksburg als einziges heute noch stehendes Schloss.

Die Landstände verweigerten ihm jedoch die Huldigung. Sie beriefen sich auf den Vertrag von Ripen, wonach sie ihren Landesherren frei wählen durften und Schleswig und Holstein zusammen und ungeteilt bleiben sollten. Ihrer Meinung nach gab es schon genug Herzöge in den Landen. Da Hans d. J. und seine Nachfolger also zwar Rang und Titel von Herzögen besaßen, aber nicht an der gemeinschaftlichen Regierung der Herzöge über Schleswig und Holstein beteiligt wurden, nannte man sie „abgeteilte Herren".

Diese Bezeichnung war geradezu Programm dieser Herren. Denn anders als im königlichen Teil, für den seit 1564 eine Primogeniturregelung galt, die keine weitere Teilung mehr vorsah, und im Gottorfer Teil, wo das Erstgeborenenrecht 1608 eingeführt wurde, parzellierten die Sonderburger Herzöge nun ohne weiteren Widerspruch der Stände ihr kleines Gebiet ungebremst weiter, was gewissermaßen zu einer Vaporisierung ihrer Herzogsmacht führte. Aus dem kleinen Herzogtum Hans' d. J. wurden nach seinem Tod so gleich fünf winzige Herzogtümer gemacht, die noch weiter aufgeteilt wurden, sodass im 17. Jahrhundert die Herzogtümer Sonderburg, Norburg, Glücksburg, Plön, Augustenburg, Beck und Ærø als Klein- und Kleinstterritorien existierten.

Das Glücksburger Herzogtum umfasste dabei das kleinste Gebiet. Hans' zweitjüngster Sohn Philipp (1584–1663) erhielt diesen Teil. Er wurde zum eigentlichen Begründer der Glücksburger Herzogslinie. Sie wird als ältere Linie bezeichnet, weil sie im Mannesstamm 1779 erlosch. Im Schatten des dänischen Königs blieb das Herzogtum als Zwergstaat mit durchaus ansehnlicher, rund 80 Personen umfassenden Hofhaltung in seinem ursprünglichen Bestand 157 Jahre lang bewahrt. 1779 gab es aber keinen männlichen Nachkommen mehr. Damit endete die Geschichte des eigenständigen Glücksburger Kleinstfürstentums. An die Stelle der älteren trat ab 1825 eine jüngere Linie, als Herzog Wilhelm von Schleswig-Holstein-Sonderburg-Beck (1785–1831) Glücksburg von König Friedrich VI. von Dänemark (1768–1839) geschenkt erhielt, der ihm gleichzeitig erlaubte, „für sich und seine sämtlichen echten Nachkommen den herzoglichen Namen und Titel als Herzog von Glücksburg zu führen". Ein Herzogtum Glücksburg als selbstständige politische Einheit wurde nicht mehr ins Leben gerufen, wie auch die anderen Sonderburger Herzogtümer nach und nach an die dänische Krone gefallen sind.

Zum Weiterlesen:
Oliver Auge u. Claudius Loose: Glücksburg. Ein Fürstenhaus und sein Schloss im Brennglas der europäischen Geschichte, Regensburg 2021.

30

KAPITALMARKT VON ÜBERREGIONALER BEDEUTUNG – DER KIELER UMSCHLAG

In der frühen Neuzeit entwickelte sich die Stadt Kiel während des sog. Umschlags zum Zentrum des Kapitalmarkts in Norddeutschland und im Ostseeraum. Seinen Namen verdankt der Umschlag dem mittelniederdeutschen „ummeslag", was Wechsel, Tausch, Handel, Geschäft, Messe oder Markt bedeutet. Erstmalig urkundlich belegt ist der Umschlag in der zweiten Hälfte des 15. Jahrhunderts. Ab 1482 kommt er regelmäßig als Kieler

Umschlag in den Quellen vor. Seitdem nutzte der schleswig-holsteinische Adel den Umschlag als seinen wichtigsten Geschäftstermin. Die getätigten Geschäfte bezogen sich auf Geldverkehr, Immobilienhandel und andere Sachen. Kiel wurde während des Umschlags zu dem Treffpunkt des unternehmerisch engagierten Adels schlechthin.

Dieser hatte es im Zuge einer Agrarhochkonjunktur durch die Bewirtschaftung seiner großen Landgüter, aber auch als Kriegsunternehmer zu stattlichem Wohlstand gebracht. Für den Adel war es dabei geschäftlich attraktiv, dass Kiel relativ nah an den ostholsteinischen Gutsbezirken gelegen war. Zugleich nutzte der Adel den Umschlag aber auch, um seiner überragenden ökonomischen Bedeutung einen sichtbaren Ausdruck zu verleihen. So wurde der Umschlag zum zentralen Fest- und Hochzeitstermin des Adels.

Welche überregionale Beachtung der Umschlag und damit auch die Stadt Kiel deswegen fand, beweist allein die zeitgenössische Beschreibung desselben bei Matthäus Merian (1593–1650): „Weiln jährlich im Jenner / umb das Fest der Heiligen 3 Könige / wie teils berichtet / oder umb St. Anthonii Tag / wie einer will / der Holsteinische Adel neben einer großen Menge Volks allhie zusammenkombt / sof man den Umbschlag nennet / und bei welcher Zusammenkunfft / so die Statt sonderlich berühmt machet / man von Landes und anderen Sachen / Beratschlagungen anstellt und sonderlich in Geltwechsel viel verhandelt." Tatsächlich variierten die Daten für den Umschlag anfangs. So begegnen Michaelis (29.9.), Martini (11.11.), Dreikönig (6.1.), Mariae Lichtmeß (2.2.), Ostern, Himmelfahrt, Pfingsten und sogar Weihnachten als Termine. Doch setzte sich im Lauf des 16. Jahrhunderts der erstmals für das Jahr 1473 als Umschlagstermin bezeugte Zeitraum der Dreikönigsoktave, d. h. vom 6. bis zum 14. Januar, durch und sollte sich dann bis 1911 halten. Auch war mit Kiel der Ort des Umschlags festgesetzt. Nur in schweren Zeiten, in denen Seuchen, Unruhen oder Kriege herrschten, konnte es zur Verlagerung an einen anderen Ort kommen. 1565 und 1567 etwa fand der Umschlag in Rendsburg statt.

Der Umschlag war hauptsächlich ein Markt, auf dem Kapital angeboten und nachgefragt wurde. Hier sammelten sich die großen Gewinne, die während der Blütezeit der Agrarkonjunktur im 16. Jahrhundert aus den Überschüssen der landwirtschaftlichen Produktion im südlichen Ostseeraum erwirtschaftet worden waren. Zuerst hatte der Adel sein Geld in Antwerpen angelegt. Doch war es in den 1570er Jahren zum Zusammenbruch des dortigen Kapitalmarkts gekommen, sodass der Adel sein Geld nun bevorzugt auf dem Kieler Umschlag „arbeiten" ließ. Vor allem im 16. und 17. Jahrhundert erlangte der Umschlag als Geldmarkt für ganz Dänemark und Norddeutschland überregionale Bedeutung. Die dänische Aristokratie wurde zum großen Schuldner der schleswig-holsteinischen Ritterschaft. Daneben bemühten sich die Landesherren sowie die Stadt selbst und ihre Bürger um das adelige Kapital. Schließlich wurden die dänische Krone und die Gottorfer Herzögen zu Hauptschuldnern des schleswig-holsteinischen Adels.

Die betont strikte Durchführung des Einlagers zur Disziplinierung säumiger Schuldner festigte dabei das Ansehen und die Glaubwürdigkeit des Umschlags und befriedigte das Sicherheitsbedürfnis der Gläubiger. Alle Beteiligten wussten, dass zum Kieler Umschlag pünktlich abgerechnet wurde. Der traditionelle Geschäftsablauf hielt sich erstaunlich lange – bis zum Anbruch der Moderne, als er dann wie ein antiquiertes Überbleibsel einer vergangenen Epoche wirkte. Noch um die Mitte des 19. Jahrhunderts wurde zum Termin Geld in großen und kleinen Tonnen, in

Säcken und Beuteln zum Umschlag nach Kiel geschafft. Die Gutsbesitzer und Pächter, die aus Ostholstein und aus Schleswig mit eigenem Fuhrwerk nach Kiel hereinfuhren, hatten einen großen Koffer oder eine Kiste mit ihren Silberschätzen hinten auf den Wagen geschnallt, und zur Sicherheit für den kostbaren Inhalt patrouillierten dänische Dragoner auf den Chausseen; ganze Silberladungen wurden früher zu Wagen, später mit der Eisenbahn aus Hamburg und Altona zum Termin herbeigeschafft.

Parallel zum Geldmarkt entwickelte sich ein florierender Waren- und Krammarkt, weil die Kaufleute aus der näheren und ferneren Umgebung die günstige Gelegenheit nutzten, den vielen Gästen verschiedenste Produkte des täglichen Bedarfs anzubieten. Neben dem Geld- und Warenmarkt gewann der Kieler Umschlag zudem mehr und mehr als Vergnügungsmarkt mit vielfältiger Volksbelustigung an Zuspruch. Natürlich lockte der Kieler Umschlag mit seinen vielen Besuchern und dem regen Geld- und Warenverkehr auch zahlreiche zwielichtige Gestalten an.

Mit der Konjunkturwende auf dem Agrarsektor ab dem 17. Jahrhundert verlor der Umschlag aber immer mehr an Strahlkraft und Bedeutung. Das hing auch damit zusammen, dass damals ein eigener dänischer Kapitalmarkt entstand und dass Hamburg durch die Gründung einer ersten Bank im 16. Jahrhundert zum wichtigsten Finanzplatz in Norddeutschland aufstieg. Die Währungsturbulenzen und Schuldenannullierung im Zuge des dänischen Staatsbankrotts im Jahr 1813 taten ihr Übriges.

Zum Weiterlesen:
Oliver Auge: Kiel in der Geschichte. Facetten einer Stadtbiografie, hrsg. von der Gesellschaft für Kieler Stadtgeschichte (Sonderveröffentlichungen der Gesellschaft für Kieler Stadtgeschichte, 86), Kiel/Hamburg 2017, S. 76–86.

31

NEUE STÄDTE ZWISCHEN ÖKONOMIE UND TOLERANZ: ALTONA, GLÜCKSTADT, FRIEDRICHSTADT

Am 24. September 1621 wurde das erste Haus der als typisch frühneuzeitliche Planstadt konzipierten Stadt Friedrichstadt errichtet. Der eigentlichen Gründung waren 1619 und 1620 zwei herzogliche Erlasse vorausgegangen, worin Friedrich den als Remonstranten bezeichneten niederländischen Glaubensflüchtlingen Religionsfreiheit, wirtschaftliche Privilegien, Niederländisch als Amtssprache und das Recht zur Selbstverwaltung nach dem Muster von Amsterdam und Leiden zugesichert hatte, um sie zur Ansiedlung zu motivieren. Da zu den Remonstranten bald auch Angehörige anderer Bekenntnisse und Religionsgemeinschaften hinzutraten, stand Friedrichstadt bald im Ruf, eine Toleranzstadt zu sein. Mit diesem Label wirbt Friedrichstadt bis heute.

Wenn es um die Frage der Gründungsmotivation geht, ist auf das zeitlich knapp vorausgehende Vorbild König Christians IV. (1577–1648) zu verweisen, der 1617 an der Unterelbe eine neue Stadt namens Glückstadt aus der Taufe hob. Mit seiner Gründung verfolgte der dänische König zunächst militärische und erst nachgehend ökonomische Absichten. Vor allem wollte Christian einen Gegenpol zum politisch und wirtschaftlich immer bedeutenderen und seiner Stadtherrschaft entgleitenden Hamburg schaffen. Glückstadt sollte eine uneinnehmbare Festungs- und Hafenstadt an der Unterelbe werden. Daher wurde es nach Plänen des Festungsbaumeisters Pieter de Perceval (um 1607–1657) in niederländischer Bauweise errichtet. Der Name Glückstadt und die Fortuna im Wappen standen sinnbildlich für diese Absicht. Die Festungspläne gingen im Dreißigjährigen Krieg auf, denn Glückstadt war und blieb die einzige Festung in den Landen, die nicht durch Belagerung bezwungen werden konnte. Im neuen Glückstadt richteten sich bald Angehörige verschiedener Glaubensrichtungen ein neues Zuhause ein, darunter niederländische Reformierte, Remonstranten sowie Mennoniten, denen der Stadtgründer 1624 in einem Toleranzedikt garantierte, ihre Religion frei, sicher und möglichst ungehindert innerhalb geschlossener Räume ausüben zu dürfen. 1630 – noch mitten im Dreißigjährigen Krieg – wurde auch Katholiken gestattet, ihren Ritus ungestört feiern zu dürfen. Neben diesen vier christlichen Religionsgemeinschaften bildeten in den ersten beiden Jahrhunderten der Stadtgeschichte sephardische Juden aus Portugal eine weitere Religionsgruppe. Bereits 1619 hatte ihnen Christian IV. ein Toleranzprivileg ausgestellt. 1630 erhielten sie die Erlaubnis zum Bau einer Synagoge.

Den zwei Stadtgründungen gingen indes entsprechende Vorgänge in Altona zeitlich deutlich voraus, sodass hier das holsteinische Vorbild für beide Toleranzstädte, Glückstadt wie Friedrichstadt, zu finden ist. Der protestantische Landesherr Graf Ernst von Schaumburg-Pinneberg (1569–1622) förderte nämlich seine vor Hamburg „allzu nah" gelegene Stadt Altona durch großzügige Privilegien. 1601 erhielten aus den südlichen Niederlanden geflohene Reformierte und Mennoniten das Recht zu freier Religionsausübung. Politisch oder religiös Verfolgte fanden in der weiteren Geschichte Altonas genauso eine Heimstatt wie Menschen, die aus ökonomischen Motiven anderswo nicht toleriert wurden, darunter Hugenotten, Juden, unzünftige

Handwerker, mittellose Hamburger, aber auch Mitglieder von Sekten wie die Adamiten oder Gichtelianer. Das Stadtwappen mit dem geöffneten Tor drückt sinnbildlich aus, dass sich Altona von jeher als ‚offene Stadt' verstand.

Als nun 1619 die erwähnte Glaubensgemeinschaft der Remonstranten aus den Niederlanden vertrieben werden sollte, erkannte Friedrich III. eine Chance, diese Exulanten für eine Ansiedlung in seinem Territorium zu gewinnen. Mit ihrem Knowhow, was Wasserbau und internationalen Handel anbelangte, wollte er seine neue Friedrichstadt ins Leben rufen. Überdeutlich bewogen ihn ökonomische Motive und nicht etwa ethische oder religiöse Gesichtspunkte dazu, die Glaubensflüchtlinge ins Land zu lassen. Damit war er seinerzeit kein fürstlicher Ausnahmefall, sondern auch anderenorts dominierten wirtschaftliche Ziele die Gewährung religiöser Toleranz. Allerdings gilt es zu betonen, dass Friedrich sich energisch gegen den Protest der Kaufleute des Friedrichstädter Umlands, die einen unfairen Wettbewerb wegen der zahlreichen Privilegien der Neuankömmlinge befürchteten, und mehr noch gegen den Willen lutherisch-orthodoxer Kräfte durchsetzen musste, die allesamt die Einwanderer ablehnten.

Diese Toleranz wiederum hatte jedoch ganz klar umrissene Grenzen: Sie blieb lediglich auf einzelne Orte konzentriert und galt keinesfalls für die ganzen Lande. Und wenn Toleranzgewährung wirtschaftliche Nachteile mit sich bringen konnte, nahm der Herzog selbstredend sogleich Abstand davon, wie das Beispiel der sephardischen Juden beweist, die er auf spanischen Druck wieder fallen ließ. Toleranz war für ihn eben keine Frage vornehmlich des Gewissens.

Der Zuzug an Remonstranten blieb aber weit hinter den Erwartungen zurück. Infolgedessen öffnete der Herzog seine Stadt offiziell für die Mennoniten. Und im Februar 1625 erließ er ein Dekret, worin er allen katholischen Einwohnern Spaniens und der Spanischen Niederlande erlaubte, sich in Friedrichstadt niederzulassen. So wurde Friedrichstadt zur Heimstatt verschiedenster Glaubensrichtungen, die allerdings nicht miteinander verschmolzen, sondern nebeneinander existierten. Der wirtschaftliche Vorteil war das Prinzip, dem sich dasjenige der religiösen Toleranz unterzuordnen hatte.

Zum Weiterlesen:
Oliver Auge: Toleranz und Ökonomie: Das Beispiel der Herzogtümer Schleswig und Holstein in der frühen Neuzeit, in: Ders., Stefan Brenner u. Christiane Thomsen (Hrsg.): Toleranz! Interdisziplinäre Zugänge zu einem Kernthema der Menschheitsgeschichte (Kieler Schriften zur Regionalgeschichte, 10), Kiel 2023, S. 17–38.

32

STURMFLUTEN – RUNGHOLT 1362 UND DIE ZWEITE GROSSE MANDRÄNKE 1634

In Wassernähe zu leben, was in vielerlei Hinsicht nottut, ist stets auch ein gefahrvolles Unterfangen. Erst im Oktober 2023 richtete eine Rekordsturmflut an der schleswig-holsteinischen Ostseeküste Schäden katastrophalen Ausmaßes an. Es handelte sich um die schlimmste Flutkatastrophe seit 1872. Diese bislang schwerste bekannte Sturmflut erreichte Wasserstände von 3,30 Metern, tötete 271 Menschen, ließ mehr als 10.000 Haustiere ertrinken und zerstörte Tausende Häuser und Hunderte Schiffe. Auslöser war eine Abfolge von sich nacheinander verstärkenden Wetterkonstellationen, insbesondere des sog. Badewanneneffekts, der übrigens auch 2023 Ursache für die Flut war. Weitaus häufiger und heftiger war und ist jedoch die Nordseeküste der Sturmflutgefahr ausgesetzt.

Bekannt ist der Ausspruch: „Nordsee ist Mordsee". In der Tat gehört die Nordsee zu den Regionen mit der größten Sturmhäufigkeit in der nördlichen Hemisphäre. Die alten Chroniken sprechen von „Wasserfluten" oder „hohen Fluten", die dann in der Regel nach dem jeweiligen Kalenderheiligen benannt wurden: Marcellusflut 1362, Allerheiligenflut 1570, Burchardiflut 1634, Weihnachtsflut 1717 usw. Diese wurden stets zu dramatischen Mandränken stilisiert, deren Opferzahlen gar in die Hunderttausende gegangen sein sollen. Für Nordfriesland hat der Kartograph Johannes Mejer (1606–1674) maßgeblich zum Mythos Sturmflut beigetragen, indem er eine Landkarte entwarf, wie er sich die Küstenlinie im Jahr 1240 vorstellte. Darin gab er nahezu das gesamte Wattenmeer als Land wieder. Allerdings war um 1240 das ganze Watt bestimmt kein von Kirchen und Dörfern bedecktes Landgebiet, das später vom Meer zerstört wurde. Und schon gar nicht entstand die heutige Küstenlinie auf einen Paukenschlag durch eine Sturmflut, sondern ist das Ergebnis eines Jahrtausende währenden Prozesses.

Die Klimaforschung hat für die Periode der sog. Kleinen Eiszeit die größte Sturmflutintensität festgestellt. Insgesamt zählt man für das 16. Jahrhundert in Schleswig-Holstein 63 Sturmfluten, im 17. Jahrhundert 88 und im 18. Jahrhundert nochmals 66. In der sog. Burchardiflut von 1634 versank der größte Teil der alten Insel Strand im Meer. Die Katastrophe war auch hausgemacht, weil die Deiche aufgrund krisenhafter Zustände in Staat und Gesellschaft sträflich vernachlässigt und das Niveau des eingedeichten Landes durch Entwässerung und Torfabbau zugleich gefährlich unter den Meeresspiegel abgesenkt worden waren. Zwei Drittel aller Einwohner kamen ums Leben, rund 6100 Menschen. Von etwa 22.000 Hektar der alten Inselfläche gingen dauerhaft rund 13.000 Hektar verloren. Die Landesherrschaft nutzte die Katastrophe gleich zur Ausweitung ihrer Macht: Die Überlebenden wurden nicht unterstützt, sondern im Prinzip enteignet, um Platz für ein niederländisches Konsortium zu schaffen, das die Neubedeichung in Angriff nahm. Der Plan, mit den reichen Erträgen Nordstrands eine Universität zu finanzieren, den der Gottorfer Herzog gehegt hatte, war aber mit der Sturmflut untergegangen.

Die Erfahrungen mit Sturmfluten haben sich somit tief in das Bewusstsein der Küstenbewohner eingeprägt. Die Nordfriesen verdanken ihrer steten Auseinandersetzung mit den Gezeiten und ihrem Kampf gegen Sturmfluten gar ihre „Nationswerdung“. Besonders markant blieb im kollektiven Gedächtnis das „Atlantis des Nordens“, Rungholt, verhaftet, das schon im 14. Jahrhundert den Meeresfluten zum Opfer gefallen ist – wie übrigens etwa 110 andere Siedlungsplätze, die zwischen Sylt und Eiderstedt im Wattenmeer nachgewiesen werden können. Die Chroniken nennen unterschiedliche Daten für Rungholts Untergang: 1200, 1300, 1362; gemeinhin wird sein Ende heute mit der Marcellusflut oder „Großen Mandränke“ von 1362 verbunden, was keineswegs vollends gesichert ist.

Bei Rungholt handelte es sich um ein Kirchspiel im „take off“ zur Stadt, das westlich und südlich der heutigen Hallig Südfall zwischen den Inseln Pellworm und Nordstrand gelegen war. Nachweislich unterhielt der Küstenort bis zu seinem Untergang rege Fernhandelskontakte. Dafür spricht ein ungemein hoher

Fundanteil an importierter Keramik, der sich so nirgends sonst im Watt nachweisen lässt. Sein Standort befand sich verkehrsgünstig im Einzugsgebiet eines bei Ebbe nicht trockenfallenden Wattenstroms, der heute Norderhever heißt und sich bis heute mit unglaublicher Dynamik zwischen Pellworm und Nordstrand unter ständiger Vertiefung nach Norden ausweitet. Natürlich ist es als Ironie des Schicksals zu bewerten, dass genau dieser für den Fernhandel wichtige Wattenstrom die Hauptangriffsrichtung der Fluten vorzeichnete, denen Rungholt zum Opfer fiel.

Wichtigstes Handelsgut war anscheinend das Salz, das man aus dem dicht unter der Erdoberfläche anstehenden Torf gewann. Dieser im Übermaß betriebene wurde für Rungholts Untergang verantwortlich gemacht; ebenso führte man den durch den damaligen Klimawandel ansteigenden Meeresspiegel als Ursache ins Feld oder den unzureichenden Deichschutz – von dem sündhaften Hochmut der Rungholter aus dem Mythos einmal abgesehen. Der Schlüssel zum Verständnis der Katastrophe liegt aber wohl in den örtlichen geologischen Verhältnissen verborgen, indem die ersten Rungholter ihre Siedlung nichts ahnend auf einem Baugrund anlegten, der über einem mit setzungsfähigen Sedimenten angefüllten eiszeitlichen Tal lag, durch das sich bald der unbezähmbare, heute schon über 25 Meter tiefe Wattenstrom seinen Weg bahnte. Somit hatten die Gründer von Rungholt gewissermaßen schon mit dem ersten Spatenstich das Todesurteil für ihre Nachkommen unterschrieben.

Zum Weiterlesen:

Jürgen Newig u. Uwe Haupenthal (Hrsg.): Rungholt – rätselhaft und widersprüchlich, Husum 2016.

33

BEWEGTE ZEITEN: DREISSIGJÄHRIGER KRIEG UND DÄNISCH-SCHWEDISCHE KONFRONTATION

Das 17. Jahrhundert wurde zur Epoche großer kriegerischer Auseinandersetzungen. Seit 1618 verheerte der Dreißigjährige Krieg weite Teile Mitteleuropas, bis er im Westfälischen Frieden von 1648 sein Ende fand. Genau genommen handelte es sich beim Dreißigjährigen Krieg um ein ganzes Kriegskonglomerat. Der zweite dieser Teilkriege, der gerade für den Raum Schleswig-Holsteins von Belang war, war der Niedersächsisch-Dänische Krieg von 1625 bis 1629.

Ausgelöst wurde diese Auseinandersetzung durch die Gefährdung der Hegemonie des dänischen Königtums in Norddeutschland und im westlichen Ostseeraum durch den Sieg des Kaisers und der Katholischen Liga über das Haupt der Protestantischen Union, Kurfürst Friedrich V. von der Pfalz (1596–1632), und die immer stärkere Konkurrenz des im Baltikum siegreichen schwedischen Königs. Um seine Position zu sichern, begann der dänische König Christian IV. im Juni 1625 einen Feldzug gegen die katholischen Kräfte im Reich, auch wenn seine Verbündeten ihn im Stich ließen oder ihm nur zögerlich die versprochene Hilfe leisteten. Der Sieg des von Johann Tilly (1559–1632) befehligten Ligaheers über die Dänen bei Lutter am Barenberge am 17. August 1626 bereitete Christians IV. Offensivplänen ein rasches und gründliches Ende. Tillys und Albrecht von Wallensteins (1583-1634) Truppen rückten jetzt bis nach Jütland vor. Nur Wallensteins Befürchtung, der in die Ecke gedrängte Christian könne zur Verteidigung ein Bündnis mit dem Schwedenkönig Gustav II. Adolf (1594–1632) eingehen, war es zu verdanken, dass der Frieden von Lübeck vom 12. Mai 1629 für Dänemark glimpflich ausfiel.

Das hieß jedoch nicht, dass der Kriegsverlauf spurlos an den Landen vorüberging. Vielmehr hatte die Bevölkerung zumindest teilweise stark unter den Durchzügen der Truppen zu leiden, waren sie nun Freund oder Feind. Denn die Heere zogen, da der Krieg den Krieg zu ernähren hatte, unter Androhung militärischer Gewalt schwere Kontributionen ein. Plünderungen, Überfälle und Erpressungen standen auf der Tagesordnung. Gleichwohl kamen die Herzogtümer damals im Vergleich zu anderen Regionen Mitteleuropas wie z. B. Pommern oder Süddeutschland noch vergleichsweise gut davon.

Eine schwerere Heimsuchung brachte dann der Schwedisch-Dänische Krieg von 1643 bis 1645. Um sich der lästigen Konkurrenz Dänemarks in Wirtschaftsfragen – vor allem des Sundzolls, der zwischen 1635 und 1639 stark erhöht worden war – und des dänischen Einflusses auf das Hochstift Bremen zu entledigen, begann der schwedische Reichsrat auf Veranlassung des Reichskanzlers Axel Oxenstierna (1583–1654) einen Krieg gegen Dänemark, der im Dezember 1643 mit einem Angriff auf die Herzogtümer begann. Eine schwere Niederlage der dänischen Flotte im Herbst 1644 wurde kriegsentscheidend. Unter Vermittlung Frankreichs und der Niederlande schlossen die Kontrahenten schließlich am 13. August 1645 den Frieden von Brömsebro, der Schweden zur stärksten Macht im Ostseeraum werden ließ: Es errang für sich die Befreiung vom Sundzoll und vom Glückstädter Zoll, gewann die Inseln Gotland und Ösel, zwei norwegische Provinzen sowie für 30 Jahre als Pfandbesitz die Landschaft Halland im heutigen Südschweden. Zudem behauptete es seine Position im Hochstift Bremen und im Stift Verden.

Im Verlauf des Krieges hatte sich Herzog Friedrich III. von Schleswig-Holstein-Gottorf entgegen einem Unionsvertrag von 1623 von seinem Lehnsherrn für Schleswig, dem dänischen König, abgelöst und ein Neutralitätsabkommen mit dessen Gegner Schweden geschlossen. Der Krieg brachte wieder schwere Kontributionen, Plünderungen, Zwangsrekrutierungen und Zerstörungen über die Herzogtümer, was ihn darin nicht vom nächsten unterschied, der von 1657 bis 1660 geführt wurde und unter dem Namen Dänisch-Schwedischer Krieg Erwähnung findet. Diesmal provozierte der seit 1648 regierende dänische König Friedrich III. (1609–1670) den Konflikt, weil er eine günstige Gelegenheit zur machtpolitischen Zurückdrängung Schwedens gekommen sah. Obgleich der erwähnte Unionsvertrag von 1623 dies eigens vorsah, informierte der König den Gottorfer Herzog nicht über seine Kriegspläne. Dieser entschied sich daraufhin für die schwedische Seite.

Das Kriegsglück verließ die dänische Streitmacht indes schnell. Bis Ende August 1657 hatten die schwedischen Truppen die Herzogtümer und Jütland bis zum Limfjord besetzt. Im darauffolgenden harten Winter gelang dem Schwedenkönig Karl X. Gustav (1622–1660) dann ein Überraschungscoup, indem er seine Soldaten auf dem dünnen Eis der Ostsee von Insel zu Insel übersetzen ließ, sodass diese schließlich vor den Toren Kopenhagens standen. Von diesem Kriegsverlauf erschüttert, hatte die dänische Seite keine andere Wahl, als den sog. Panikfrieden von Roskilde vom 26. Februar 1658 zu schließen, der Dänemark dauerhaft seinen ganzen Besitz östlich des Sundes, also Schonen, Blekinge und Halland, kostete. Auch Bornholm ging zeitweilig an Schweden über sowie Teile Norwegens, das seit 1387 von Dänemark aus in Personalunion regiert wurde. Anfang Mai 1658 einigte sich Dänemark separat mit dem zweiten Kriegsgegner Gottorf: Dieses wurde aus dem Lehnsverband mit Dänemark gelöst und in seinen Schleswiger Teilen souverän – eine große Chance und zugleich schwere Hypothek für das kleine Herzogtum, wie sich bald zeigen sollte.

Allerdings eröffnete der schwedische König nach kurzer Friedenspause erneut das Feuer auf Dänemark, weil er seinerseits jetzt die einmalige Gelegenheit gekommen sah, den lästigen Nachbarn ein für alle Mal in die Schranken zu weisen oder ganz zu beseitigen. Das gelang ihm jedoch nicht, weil Dänemark mächtige Verbündete gewann.

Zum Weiterlesen:
Oliver Auge: Christian Albrecht. Herzog – Stifter – Mensch, Kiel/Hamburg 2016, S. 9–21.

34

DIE GOTTORFER FRAGE

Der Gottorfer Herzog Friedrich III. stand auch im Krieg ab 1658, trotz offizieller Neutralität, auf schwedischer Seite, sodass sein Territorium als Aufmarschbasis und Versorgungsraum für die mit Dänemark verbündeten Truppen diente. Darunter waren auch die Soldaten des Königs Johann II. Kasimir von Polen (1609–1672), nach denen der Krieg im Volksmund den Namen „Polackenkrieg“ erhielt. An seinem Ende stand der unter Vermittlung Frankreichs, Großbritanniens und der Niederlande geschlossene

Kopenhagener Frieden vom 27. Mai 1660, demzufolge Schweden Bornholm und die eben gewonnenen Teile Norwegens wieder zurückgeben musste, den Rest seines großen Zugewinns von Roskilde aber behalten durfte. Auch Gottorfs Souveränität wurde bestätigt.

Der langwierige Konflikt, den die mit Schweden verbündeten Gottorfer mit ihren engen Verwandten, den dänischen Königen, um diese Souveränität letztlich bis 1773 austrugen, bildete im Kern die sog. Gottorfer Frage. Aufgrund der geopolitischen Dimension – insbesondere hinsichtlich des strategisch und ökonomisch wichtigen Ostseeraums – hatte dieser Streit eine große, überregionale Ausstrahlung, die im Prinzip das gesamte damalige Mächtesystem von Großbritannien und Frankreich im Westen über Österreich-Habsburg im Süden bis Russland im Osten Europas miteinbezog.

Für Dänemark hatte das Ende des Dänisch-Schwedischen Krieges 1660, das der Gottorfer Herzog Friedrich nicht mehr erlebte, weil er zuvor in seiner von dänischen Truppen belagerten Festung Tönning verstorben war, einschneidende Folgen. Als Reaktion auf das weitgehende Versagen der bisher vom Adel dominierten Herrschaftsstrukturen kam es nämlich unter königlicher Ägide zum Staatsstreich mit weitgehenden Verfassungsänderungen. Der Adel verlor seine Steuerfreiheit und sein Königswahlrecht; eine Erbmonarchie wurde stattdessen eingeführt. Mit der „Erb- und Alleinherrschaftsakte" vom Oktober 1660 nahm Dänemark als erste und einzige europäische Monarchie die Regierungsform des Absolutismus in seine Verfassung auf. Dieser Vorgang wurde auch in Schleswig-Holstein Orientierungsrahmen für das königliche Handeln und Messlatte für die absolutistischen Bestrebungen der dort mitregierenden Verwandten, der Gottorfer Herzöge. Ihre Herrschaft blieb dabei stets von eng abgesteckten Handlungsspielräumen zwischen den verfeindeten Großmächten Dänemark und Schweden sowie starken wirtschaftlichen Zwängen geprägt.

Umso erstaunlicher ist es, dass die Gottorfer Hofkultur gerade in diesen Krisenzeiten ihren Zenit erlebte. Ihre Ausgestaltung war nicht allein, aber doch im Wesentlichen das Werk Herzog Friedrichs III. Mit dem Ankauf der damals bekannten Raritätensammlung des Niederländers Bernhardus Paludanus (1550–1633) im Jahr 1651 legte er den Grundstock für die bald berühmte Gottorfer Naturaliensammlung. Zu ihrer von seinem kongenialen Hofgelehrten, dem aus Aschersleben stammenden Adam Ölschläger oder Oehlschlegel, latinisiert Olearius (1599–1671), betreuten Kunstkammer gehörten seltene Porzellangefäße, Schmuckstücke und Preziosen, kostbare Uhren und Automaten, Mineralien, Waffen, Kunsthandwerk und Volkskundliches aus den verschiedenen Erdteilen, ausgestopfte Tiere, Statuen, Mumien und vieles mehr.

Zahlreiche Sammlerstücke persischer Provenienz waren Mitbringsel einer Gottorfer Gesandtschaft nach Moskau und weiter nach Isfahan, an der Olearius teilgenommen hatte. Die Expedition verfolgte überaus ambitionierte ökonomische Ziele, denn Friedrich III. strebte eine wirtschaftliche Verbindung nach Russland und noch weiter nach Persien an, um am weltweiten lukrativen Seidenhandel teilhaben zu können. Aus dem Geschäft wurde nichts, doch für den Kulturtransfer wurde die Reise zum Meilenstein. Im prächtigen Gottorfer Schlosspark wurden zudem exotische Pflanzen kultiviert.

Das hinter allem erkennbare zeitgemäße Bestreben der Gottorfer, die Welt an ihrem Hof zusammenzuführen, bringt der schon seinerzeit als technisches Wunderwerk weithin gerühmte Gottorfer Globus punktgenau zum Ausdruck. Er wurde 1664 fertiggestellt. Adam Olearius hatte gemeinsam mit dem Büchsenmacher Andreas Bösch seit 1654 daran gebaut. Der Globus wurde in einem eigens dafür errichteten Lusthaus in der ‚Neues Werk' genannten großzügigen Barockgartenanlage nördlich des Gottorfer Schlosses untergebracht. Er besaß einen Durchmesser von über 3 Metern. Seiner Widmungsinschrift zufolge sollte der Globus die Natur und den weiten Kosmos abbilden. Außen konnte man folglich die Weltkugel betrachten; im Inneren befand sich ein Planetarium – das älteste überhaupt. Besonders beeindruckend war die Möglichkeit, in den Globus hineinzusteigen, darin Platz zu nehmen und den Himmel mit seinen Planeten und Gestirnen um sich herumkreisen zu lassen, ohne dabei selbst bewegt zu werden. Er führte also an seiner Außenwand nicht nur die Welt in ihren globalen Verhältnissen vor Augen, sondern simulierte in seinem Innern in Echtzeit auch die kosmischen Bezüge – allerdings in einer seinerzeit immer noch vorherrschenden geozentrischen Perspektive. Der Globus und sein nun modern-heliozentrisches Pendant, die „Sphaera Copernicana", wurden als Wunderwerke der Technik im damaligen Europa schnell berühmt und in Windeseile ein Besuchermagnet am Gottorfer Hof. 1713 nahm dann Peter der Große den Globus nach Sankt Petersburg mit, wo er ihn nach einer vierjährigen Reise in dessen Kunstkammer aufstellen ließ. Dort erlitt er schwerste Schäden, als die Kunstkammer 1747 ausbrannte.

Zum Weiterlesen:

Malte Bischoff u. Thomas Hill: Gottorf, in: Wolfgang Adam u. Siegrid Westphal (Hrsg.): Handbuch kultureller Zentren der frühen Neuzeit. Städte und Residenzen im alten deutschen Sprachraum, Bd. 1: Augsburg – Gottorf, Berlin/Boston 2012, S. 669–712.

35

DIE GRÜNDUNG DER KIELER UNIVERSITÄT 1665

Mitten in eine zehnjährige Friedensperiode der Herrschaftszeit des Gottorfer Herzogs Christian Albrecht fiel die Gründung der Kieler Universität, die ihren fürstlichen Stifter bis heute in ihrem Namen führt: Christiana Albertina bzw. Christian-Albrechts-Universität zu Kiel. Deutschland hatte zum Ausgang des Mittelalters eine große Universitätsgründungswelle erlebt, die in der Reformations- und Nachreformationszeit mit der Einrichtung der Universitäten in Marburg (1527), Jena (1558), Helmstedt (1576), Gießen (1607) und Rinteln (1619) ihre Fortsetzung fand. Der Raum nördlich der Elbe blieb von der Gründungswelle unberührt. In Schleswig-Holstein selbst gab es keine Hochschule, obwohl sich die Meinung festgesetzt hatte, dass zu einem vollwertigen Staatsgebilde eine eigene Hochschule gehörte, an der die Landeskinder fundierte Kenntnisse erwerben sollten, um dann ihrem Land nutzbringend in Kirche, Politik, Verwaltung, Medizinalwesen usw. dienen zu können.

Zwar hatte Herzog Hans d. Ä. in Bordesholm nach der Säkularisation des dortigen Augustinerchorherrenstifts im Jahr 1566 eine Lateinschule eingerichtet, die schnell zu Ansehen gelangte. Diese Fürstenschule stieg aber nicht zu einer Universität auf. Nachdem nun erste konkrete Anläufe zur Gründung einer Universität, die Herzog Friedrich III. gemeinsam mit seinem königlichen Vetter Christian IV. 1629 und 1641 unternahm, ergebnislos blieben und beider fortlaufende Entfremdung eine gemeinsame Ausführung des Vorhabens schließlich unmöglich machte, verfolgte der Gottorfer Herzog den Plan fortan allein. Am 26. April 1652 wurde sein Bemühen dadurch belohnt, dass er über seinen Gesandten Johann Adolph Kielman von Kielmannsegg (1612–1676) ein kaiserliches Privileg zur Errichtung einer Universität in seinem Herzogtum verliehen bekam. Doch kam es wiederum nicht zur erfolgreichen Umsetzung der Gründungsabsicht, weil die kriegerisch geprägte Zeit der 1650er Jahre die kostenintensive Stiftung nicht zuließ.

So verblieb es Friedrich III. letztlich bloß, seinem Sohn und Nachfolger Christian Albrecht die Realisierung der Universitätsgründung testamentarisch zur Pflicht zu machen. Obwohl er zu keiner Zeit ähnliche geistige und wissenschaftliche Interessen verfolgte wie sein Vater, kam Christian Albrecht diesem väterlichen Wunsch nach. Das lag auch daran, dass Kielman das Universitätsprojekt beharrlich weiterverfolgte. Nicht von ungefähr nutzte dieser den Gründungsakt dann auch zur Demonstration seiner Machtfülle im Staate Christian Albrechts. Die Wahl der bedeutendsten Stadt in Holstein, Kiel, als Standort lag mehr als nahe.

Für Kiel und die Kieler war das Angebot, in ihren Mauern eine Universität zu gründen, aber durchaus zweischneidig. Denn einerseits ließ eine Universität auf wirtschaftliches Wachstum hoffen, das die Stadt dringend brauchte. Andererseits standen jedoch die Universitätsangehörigen juristisch und steuerrechtlich außerhalb der Stadtkommune, was für die Stadt einen schwerwiegenden Nachteil bedeuten konnte. Auch brachte die Universität das überkommene soziale Ranggefüge in der Stadtgesellschaft durcheinander. Und überhaupt war zu erwarten, dass die zahlreichen jungen Studenten einige Unruhe in die Fördestadt bringen würden. Tatsächlich zeugen umfängliche überlieferte Kriminalakten davon, wie oft die Studenten mit den Stadtbewohnern ins Gehege kamen. Doch schließlich erklärte sich die Stadt dazu bereit, der neuen Universität die nötigen Gebäude zur Verfügung zu stellen. Dazu überließ sie ihr das ehemalige Franziskanerkloster, in dem mittlerweile das Heilig-Geist-Hospital untergekommen war. Es bot den bescheidenen Platz für vier Hörsäle, einen Sitzungsraum für das Konsistorium, einen Bibliothekssaal sowie die Zimmer für das Konvikt, später noch für einen kleinen Karzer.

Ursprünglich waren die einträglichen Gefälle aus den Kögen zwischen Eiderstedt und Husum für die Finanzierung ins Auge gefasst worden. Doch hatten die schwerwiegenden Folgen der Burchardiflut vom Oktober 1634 die Abhängigkeit dieses Finanzierungsmodells von den Unbilden der Natur drastisch vor Augen geführt. Deshalb entschieden sich Christian Albrecht und seine Berater für eine Nutrierung der Universität im Wesentlichen aus dem Budget, mit dem die Bordesholmer Fürstenschule bisher unterhalten wurde. Es handelte sich mit insgesamt 6000 Reichstalern um einen soliden finanziellen Grundstock.

Der Lehrkörper für die vier Fakultäten der Theologie, Jura, Medizin und Philosophie bzw. Artes zählte im Sommersemester 1666 16 Professoren, fünf davon kamen aus Rostock, zwei fanden aus Leiden den Weg nach Kiel, ebenfalls zwei Professoren wechselten von Rinteln an die Kieler Förde. Zwei weitere Gelehrte hatten zuvor in Gießen und in Tübingen als Professoren gelehrt, nur einer war bisher Lehrer in Bordesholm gewesen.

Der eigentliche Gründungsakt wurde Anfang Oktober 1665 prunkvoll vollzogen. Er begann mit dem imposanten Einzug des Landes- und Stadtherrn Christian Albrecht, der von Gottorf angereist kam. Die festliche Inauguration der Universität fand in der Nikolaikirche statt. Nach dem langwierigen Festakt machten sich die Teilnehmer dann zum Kieler Schloss auf, wo ein opulentes Mahl hergerichtet worden war. „Pax optima rerum – Der Frieden ist das Wichtigste von allem!“ Dieser ursprünglich von Silius Italicus (ca. 25–ca. 100 n. Chr.) stammende Vers wurde zum Motto der neuen Hochschule. In den ersten Jahren zog sie viele Studenten aus Helmstedt an. Auch Rostock hatte einen merklichen Rückgang seiner Hörerfrequenz zugunsten Kiels zu verbuchen. Von den ersten 140 Kieler Studenten waren dabei 79 Schleswig-Holsteiner, 61 Studenten stammten aus anderen Regionen, vor allem Norddeutschlands.

Zum Weiterlesen:

Oliver Auge (Hrsg.): Christian-Albrechts-Universität zu Kiel. 350 Jahre Wirken in Stadt, Land und Welt, Kiel/Hamburg 2015.

36

DAS ZEITALTER DER HEXENVERFOLGUNG

Nicht das Mittelalter, wie gemeinhin kolportiert, sondern die frühe Neuzeit bildete das Zeitalter der Hexenverfolgung. In Schleswig und Holstein fanden Hexenprozesse von 1530 bis 1735 statt, wobei sie ihr letztes Todesopfer, wohlgemerkt einen Mann, im Jahr 1724 forderten. Die ersten Todesurteile wurden 1530 gegen zwei Frauen in Kiel vollzogen. Man verbrannte sie auf dem Scheiterhaufen. Vor allem in den Jahren 1600 bis 1640 und dann wieder zwischen 1660 und 1670 erlebten die Prozesse ihren Höhepunkt – also genau in der Zeit, in der die Kieler Universität gegründet wurde. Über 850 Personen wurden in Schleswig,

Holstein, Lauenburg und Lübeck in Hexenprozesse verwickelt, wovon ca. 75 Prozent hingerichtet wurden. Neun von zehn der Verfolgten waren Frauen. Ihr Anteil lag damit im Norden erheblich über dem Durchschnitt im übrigen Reich.

Insgesamt zeigen die Prozesse ein ambivalentes Bild: Denn einerseits kam es in Schleswig-Holstein zu weniger Verfahren als etwa in Mecklenburg oder Würzburg. Andererseits war hier der Anteil an verhängten Todesurteilen aber weitaus höher als etwa im nahen Skandinavien. Die vielen Prozesse, die mehrheitlich „von unten", also aus der Bevölkerung heraus, gewünscht und „von oben", d. h. von der Obrigkeit, dann aus welchen Gründen auch immer zugelassen wurden, weisen laut der Forschung auf große Spannungen in der frühneuzeitlichen Gesellschaft hin, die sich in der Hexenverfolgung entluden. Die Hinrichtungen erfolgten durch Verbrennung oder Enthauptung. Ostholstein bildete die Gegend mit der stärksten Prozessdichte, wofür die dort geltende adelige Jurisdiktion verantwortlich gemacht wird. Im Gegensatz dazu lassen sich im großbäuerlich geprägten Dithmarschen, den Elbmarschen oder in den kleinbäuerlichen Dörfern auf der in der Mitte des Landes gelegenen Geest relativ wenig Hexenprozesse nachweisen. Auch im Machtbereich der Hansestadt Lübeck wurden nur wenige Menschen wegen Hexerei angeklagt und noch weniger verurteilt. Der verantwortliche Lübecker Rat entließ vielmehr fast drei Viertel aller Angeklagten wieder aus der Haft oder schob sie in die Nachbarschaft ab.

Als Auslöser der Hexenverfolgung wird die ökonomische Krise im 17. Jahrhundert angesehen. Viele kriegerische Auseinandersetzungen setzten dem Wirtschaftsleben der Zeit stark zu. Ein Übriges tat die damalige Klimaverschlechterung im Rahmen der sog. Kleinen Eiszeit. Sie führte zu schlechten Ernteergebnissen und Seuchen. Ein Zusammenhang zwischen der Entwicklung der Getreidepreise und der Zahl der Anklagen wegen Hexerei ist unverkennbar. Teil dieses Klimawandels waren Naturkatastrophen, die den Menschen noch mehr zusetzten. Von der Burchardiflut oder auch Zweiten Groten Mandränke vom 11. Oktober 1634 war schon die Rede. Sie kostete schätzungsweise 10.000 Menschen und 50.000 Stück Vieh das Leben und sorgte für den Untergang des größten Teils von Alt-Nordstrand. Bei dieser Flutkatastrophe blieb es nicht. So suchte am 14. Februar 1648 die sog. Fastelabendflut, die von einem Erdbeben und dadurch ausgelösten Feuerbränden begleitet war, das Elbmündungsgebiet heim. Die Naturkatastrophen wurden von den Zeitgenossen als göttliche Heimsuchung aufgefasst. Sie werteten sie als Ausdruck von Gotteszorn und als Bestrafung für ein sündenvolles Leben, was nicht ohne Rückwirkungen auf die Hexenverfolgung blieb. Denn die Hexen waren nach dem Verständnis der Zeitgenossen die Feinde Gottes schlechthin und dienten folglich als universelle Sündenböcke.

Die aus antiken Wurzeln geschöpfte und aus der Ketzerverfolgung entwickelte, im sog. Hexenhammer von 1486 schriftlich fixierte Hexenlehre war schon 1532 in die Halsgerichtsordnung der Peinlichen Halsgerichtsordnung oder „Carolina" Kaiser Karls V. übernommen worden. Vermeintliche Zauberei wurde darin zum Delikt erklärt, das von Amts wegen, „ex officio", zu verfolgen sei; die Verbrennung wurde nach erwiesenem Schadenszauber vorgeschrieben. Nicht allein auf Klage eines Geschädigten, sondern schon von sich aus mussten also die sich in der Frühmoderne ausbildenden staatlichen Institutionen unter Einsatz der Folter gegen die vermeintlichen Hexen ermitteln. Spätestens Anfang des 17. Jahrhunderts hatten alle Obrigkeiten in Holstein und Lauenburg die Regelungen der Carolina übernommen; das von Waldemar II. 1241 kodifizierte Jyske Lov oder

Jütische Recht, das im Herzogtum Schleswig galt, kannte dagegen keine Bestimmung gegen Hexerei. Hier konnte allenfalls von privater Seite geklagt werden. Auch die Folter war nicht vorgesehen.

Im eklatanten Widerspruch zu diesen rechtlichen Vorgaben gab es jedoch schon im 16. Jahrhundert auch im Herzogtum Schleswig Hexenverbrennungen sowie Folterungen in Kriminalverfahren. In den weiteren landesherrlichen Erlässen wurde zwischen schädigender und nichtschädigender Magie unterschieden. Während für angeblichen Schadenszauber mittels Teufelspakt die Todesstrafe galt, sollten Praktiken guter oder sog. „weißer" Magie bloß mit Landesverweis geahndet werden. Die Regelungen übertrafen damit an Schärfe aber die der Carolina. Sie erreichten jedoch nicht die tödliche Strenge der Erlasse anderer lutherischer Landesherren, wie z. B. in Kursachsen. König-Herzog Christian V. (1646–1699) ließ zum Ende des 17. Jahrhunderts in seinem Bemühen, die adlige Rechtsprechung einzuhegen, sogar einen holsteinischen Gutsherrn wegen Rechtsbeugung in Hexensachen zu einer hohen Geldstrafe und zum Verlust seiner Gerichtsbarkeit verurteilen. Dies wirkte offensichtlich abschreckend, denn seither sprachen Gutsgerichte im königlichen Herrschaftsbereich kein Todesurteil wegen Hexerei mehr aus.

Zum Weiterlesen:
Rolf Schulte: Hexenverfolgung in Schleswig-Holstein vom 16.–18. Jahrhundert, Heide 2001.

37

1720/21: GANZ SCHLESWIG FÄLLT AN DEN DÄNISCHEN KÖNIG

Christian Albrechts Sohn Friedrich IV. (1671–1702) war kein Herzog der Verständigung. Machtbewusst und militärbegeistert, beendete er nach seinem Regierungsantritt sogleich die von seinem Vater in den 1690er Jahren eingeläutete Entspannungspolitik und nahm im Gegenzug im Bündnis mit Schweden, das er durch seine Hochzeit mit der schwedischen Prinzessin Hedwig Sophia 1698 dynastisch untermauerte, eine aggressive Außenpolitik auf.

Im Großen Nordischen Krieg, der von 1700 bis 1721 in weiten Teilen des nördlichen und östlichen Mitteleuropas bis weit nach Russland hinein ausgefochten wurde, wurden die Herzogtümer erneut Schauplatz militärischer Auseinandersetzungen. Der Dänenkönig zog im Frühjahr 1700 gegen die Gottorfer Festungen. In einem ersten Anlauf gelangte Friedrich IV. im engen Zusammenspiel mit seinem königlichen Schwager Karl XII. von Schweden (1682–1718) auf den Gipfel seiner Macht. Denn als schwedische Truppen überraschend auf Seeland landeten und seine eigenen Verbündeten an anderen Kriegsschauplätzen gebunden waren, sah sich der dänische König zum Abschluss des Friedens von Traventhal vom 18. August 1700 gezwungen. Ein letztes Mal wurde Gottorf als souveränes Herzogtum wiederhergestellt. Der Triumph sollte sogleich durch den Bau der neuen Prunkfassade des Gottorfer Schlosses zum Ausdruck gebracht werden. Doch letztlich endete das gottorfische Engagement im Großen Nordischen Krieg in einer Katastrophe.

1702 fiel Herzog Friedrich IV. auf Karls XII. Polenfeldzug und hinterließ als Nachfolger seinen gerade mal zweijährigen Sohn Karl Friedrich. Ein Regentschaftsrat übernahm die Führung der Regierungsgeschäfte. Als sich dann noch mit der Schlacht von Poltava 1709 das Kriegsglück von Schweden ab- und Russland zuwandte, nutzte der dänische König die Gunst des Augenblicks, um sein Bündnis mit Sachsen-Polen und Russland zu erneuern und im Jahr 1713 das Herzogtum Gottorf zu besetzen. Anlass bot ihm der Einmarsch schwedischer Truppen in die Herzogtümer und deren Unterbringung in der herzoglichen Festung Tönning. Die Gottorfer Seite bemühte sich, nach außen den Schein der Neutralität zu wahren, obwohl es heimlich nach wie vor zu Schweden stand. Doch als Tönning vor den dänischen Soldaten kapitulierte, fielen diesen Geheimpapiere in die Hände, die das Gottorfer Doppelspiel entlarvten. Diese Entdeckung legitimierte für die anderen europäischen Mächte überzeugend die Inbesitznahme der Gottorfer Anteile an Schleswig durch den dänischen König.

In den internationalen Friedensschlüssen am Ende des Nordischen Krieges 1720/21 wurden König Friedrich IV. (1671–1730) so die ungeteilten Besitzrechte am gesamten Herzogtum Schleswig zugesprochen, während er sich aus den ebenfalls besetzten holsteinischen Anteilen der Gottorfer vor allem auf Druck des Kaisers zurückziehen musste. Schweden versprach, sich der von Großbritannien und Frankreich garantierten Inbesitznahme ganz Schleswigs nicht zu widersetzen und Gottorf nie mehr gegen Dänemark zu Hilfe zu kommen.

Der dänische König hatte damit freilich nur einen Teil seiner Kriegsziele erreicht. Denn die Rückgewinnung des ehemaligen Besitzes auf der schwedischen Halbinsel war ihm nicht vergönnt. Schweden verlor seine Landgewinne aus dem Dreißigjährigen

Krieg fast sämtlich. Der größte Kriegsverlierer war freilich der Gottorfer Herzog. Ihm verblieb nach der kaiserlichen Intervention nur sein verstreuter holsteinischer Restbesitz, weswegen man von jetzt an bloß noch vom Haus Holstein-Gottorf – ohne Schleswig im Namen – spricht. Die verbleibenden Besitztümer waren Norderdithmarschen, Kiel, Bordesholm, Neumünster, Oldenburg und Cismar, Tremsbüttel, Trittau und Reinbek. Alles in allem handelte es sich dabei um einen durch den Krieg ausgelaugten und hochverschuldeten Kleinststaat, als dessen Residenzstadt nunmehr das repräsentativ bescheidene Kiel fungierte. Die herzogliche Grablege musste vom Schleswiger Dom in das beschaulich-verschlafene Bordesholm verlegt werden.

Was dem Herzog sonst verblieb, waren seine Ansprüche: Karl Friedrich war nicht bereit, auf seinen schleswigschen Anteil zu verzichten. Die Gottorfer Frage war durch den Totalverlust der Schleswiger Anteile also alles andere als gelöst. Nach Karls XII. von Schweden Tod war Karl Friedrich zudem Anwärter auf den schwedischen Thron. Und nicht zuletzt bemühte er sich um ein Bündnis mit dem russischen Zar Peter I. des Großen (1672–1725), dem eigentlichen Sieger des Nordischen Kriegs. Auf Einladung des Zaren reiste Karl Friedrich 1721 nach Sankt Petersburg.

Nach wie vor wird diskutiert, welche Absichten das dänische Königtum im Zuge des prächtig zu Gottorf inszenierten Huldigungsaktes von 1721 mit den nichtköniglichen Teilen Schleswigs verfolgte. Es gibt Indizien, dass es diese der dänischen Krone einzuverleiben und dem dänischen Königsgesetz von 1665 zu unterwerfen gedachte. Allerdings kam es damals faktisch zu keiner Verschmelzung: Das dänische Gesetzbuch von 1683 wurde nicht auf das Herzogtum übertragen; Schleswig selbst wurde über die in Kopenhagen angesiedelte Deutsche Kanzlei durch eine eigene Zentrale verwaltet.

Die territoriale Flurbereinigung in den Landen unter königlicher Ägide schritt indes weiter voran: Ende 1721 war Reichsgraf Christian Detlef Rantzau (1670–1721) ermordet worden. Der Grafenmord sollte nicht nur das Ende einer langwierigen Affäre um den homosexuellen Rantzau bedeuten, sondern wegen der Verwicklung seines Bruders Wilhelm Adolf (1688–1734) in das tödliche Attentat letztlich auch das Schicksal der ganzen Reichsgrafschaft besiegeln. König Friedrich IV. ließ Wilhelm Adolf nämlich deswegen einkerkern und die Grafschaft 1726 unter seine Administration stellen.

Zum Weiterlesen:
Ralf Bleile u. Joachim Krüger (Hrsg.): 'Princess Hedvig Sofia' and the Great Northern War, Dresden 2015.

38

SEEFAHRT UND HANDEL IN DER FRÜHEN NEUZEIT

Ab der Mitte des 17. Jahrhunderts partizipierten in Schleswig-Holstein ansässige Handelshäuser zunehmend am sich immer stärker entfaltenden Überseegeschäft. Sie schickten ihre Schiffe ins Mittelmeer, nach den Westindischen Inseln und zu den Walfangplätzen im Nördlichen Eismeer. An der Mittelmeerfahrt waren vor allem Schiffe aus Altona, Apenrade, Eckernförde und Flensburg beteiligt. Ihre Reiseroute führte meist über Bordeaux oder Lissabon, wo sie Holz, Hanf, Flachs oder Getreide aus dem

Ostseeraum entluden und Überseeware an Bord nahmen, zu den Häfen des östlichen Mittelmeeres.

Im Zielhafen verkaufte man diese Ware und nahm gleich wieder eine neue Ladung für einen anderen südeuropäischen Hafen an Bord, was sich mehrmals wiederholen konnte, bis man eine passende Ladung für den Nachhauseweg bekam. Da Wein oft ein nachgefragter Teil der Ladung war, dauerten die Reisen regelmäßig bis November oder Dezember, bis man den neuen Wein mit nach Hause nehmen konnte. Die Tätigkeit als Frachtfahrer in der südeuropäischen Handelsschifffahrt war dabei wegen der vielen Seeräuber, die von der Küste Algeriens und Tunesiens aus Handelsschiffe kaperten und deren Besatzungen in die Sklaverei verkauften, alles andere als ungefährlich. Allerdings gab es Mittel und Wege, christliche Seefahrer aus der Sklaverei freizukaufen. Die Verhandlungen über die Freilassung wurden über Agenten in Marseille oder Genua geführt. Bekannt ist das Schicksal des gebürtigen Amrumers Hark Olufs (1708–1754), der auf einer Seefahrt von Nantes nach Hamburg 1724 von algerischen Piraten gefangen genommen und als Sklave an den Bey von Constantine verkauft wurde. Unter der Obhut des Beys stieg er bis zum Oberbefehlshaber von dessen berittenen Truppen auf und trat anscheinend zum Islam über. Für seine Verdienste bei der Eroberung von Tunis 1735 wurde Hark Olufs schließlich freigelassen, sodass er als wohlhabender Mann nach Amrum zurückkehren konnte.

Glückstadt wurde hingegen zum ersten Ausgangshafen für die sog. Grönlandfahrt. Später kamen Schiffe aus Altona, Apenrade, Flensburg, Husum und Sonderburg dazu. Ziel der Fahrt waren die arktischen Gewässer um die Bäreninsel und Spitzbergen, um dort Wale und Robben zu fangen. Die Besatzungen setzten sich vielfach aus erfahrenen Seeleuten von den Nordfriesischen Inseln und den Halligen zusammen. Zur Hochkonjunktur des Wal- und Robbenfangs im 18. Jahrhundert waren über 3000 Nordfriesen im Grönland-Einsatz, oft auf Schiffen unter niederländischer oder Hamburger Flagge. Erhaltene Seemannsgrabsteine auf Amrum und Föhr zeugen noch immer von dem gefahrvollen Leben berühmter Walfang-Kapitäne. Einer dieser Grabsteine erinnert auf dem Friedhof in Süderende an Matthias Petersen (1632–1706), den „glücklichen Matthies", der in fünf Jahrzehnten bald 400 Wale zur Strecke brachte und damit zu großem Wohlstand gelangte. Allerdings verdrängte Rapsöl den aus den Walen gewonnenen Tran als Brennstoff. Gleichzeitig konnten die Schiffsunternehmen bei den kapitalintensiven technischen Neuerungen in der Dampfschifffahrt und im Eisenschiffbau nicht mit der englischen und norwegischen Konkurrenz Schritt halten, weil die Subventionierung der Grönlandfahrt ab 1838 aufhörte – ganz abgesehen davon, dass es immer weniger Wale gab.

So kam die Grönlandfahrt zum Erliegen. Um eine alternative Verdienstmöglichkeit zu schaffen, gründete man in Wyk auf Föhr 1819 ein erstes Seebad, was die Geburtsstunde des Tourismus an der nordfriesischen Nordseeküste war.

In Eckernförde dominierte die Familie Otte im 18. Jahrhundert mit 14 eigenen Schiffen die lokale Schifffahrt. Christian Otte hatte 1699 seine Karriere als einfacher Schiffer begonnen und war in schwedische Häfen, nach Gotland und nach Königsberg gefahren. Um 1700 transportierten die Eckernförder Kaufleute neben den klassischen baltischen Waren Getreide, Flachs, Hanf, Bauholz, Eisen und Teer vor allem Holz und Malz. Das Holz, auf dessen Handel sich Otte konzentrierte, wurde von den Schiffswerften vor Ort und im Land benötigt, während Getreide und Malz zum Brauen des Eckernförder Kakabille-Biers gebraucht wurden. Ab 1710 dehnte Otte seine Tätigkeit auf Westfrankreich, Portugal und das Mittelmeergebiet aus. Er lieferte Getreide und Bauholz, während seine Rückfuhren aus Bordeaux-Wein und Salz von St. Martin bestanden. 1761 war die Reederei Otte mit 24 Schiffen eine der größten in den Herzogtümern und Dänemark.

Von zentraler Bedeutung waren für den überregionalen oder gar globalen Handel natürlich dauerhaft vorhandene und möglichst verlässlich funktionierende Verkehrswege nicht nur zu Wasser, sondern auch zu Land. Zu Land ist vor allem an den Ochsenweg zu denken, dessen Ursprünge wohl bereits in der Bronzezeit liegen. Sein nördlicher Anfangspunkt lag bei Viborg in Dänemark, der Endpunkt im Süden bei Wedel an der Elbe. Die Trasse verlief hauptsächlich auf der Geest, die auch bei ungünstigeren Witterungsbedingungen benutzbar war. Seinen Namen hatte der Ochsenweg von der ökonomisch überaus bedeutsamen Ochsendrift, für die der Streckenverlauf verwendet wurde. Vom Mittelalter bis ins 19. Jahrhundert wurden hierauf Rinder aus Jütland und den dänischen Inseln zu den Mastgebieten an der schleswig-holsteinischen Küste getrieben, wo sie bis zu ihrem Verkauf als Schlachtvieh nach Westeuropa auf den Weiden blieben. Das Ende des Viehtriebs und damit der Funktion des Ochsenwegs brachte erst der Eisenbahnbau im 19. Jahrhundert.

Zum Weiterlesen:
Doris Tillmann u. Timo Erlenbusch: Auf Walfang. Schleswig-Holsteiner im Eismeer, Heide 2010.

39

REICHSFREIHEIT FÜR HAMBURG: DER GOTTORFER VERGLEICH VON 1768

Hamburgs Weg zur Reichsstadt verlief nicht geradlinig und dauerte, ganz anders als im Falle Lübecks, mehrere Jahrhunderte lang. Was in einem allmählichen Ablösungsprozess der städtischen Kommune von der holsteinischen Oberhoheit im 13. Jahrhundert begann und unter König Sigmund in der ersten Hälfte des 15. Jahrhunderts mit der Behandlung als Reichsstadt aufseiten des Reiches auf positiven Widerhall stieß, führte, nachdem sich die Stadt ab 1460 mit ihrem neuen Herrn Christian I. von Dänemark zu arrangieren gewusst und fortan unter Verweis auf ihre Untertänigkeit ihm gegenüber die Zahlung von Reichssteuern verweigert hatte, in der frühen Neuzeit zu zähen juristisch und militärisch ausgetragenen Auseinandersetzungen zwischen Kaiser und Reich auf der einen und dem dänischen König auf der anderen Seite. Dazwischen stand Hamburg.

Den Konflikt schaffte ein Reichskammergerichtsurteil vom 8. Juli 1618 mit seiner Feststellung von Hamburgs Reichsunmittelbarkeit nicht aus der Welt. Denn in dem zwischen König Christian IV. von Dänemark und Hamburg abgeschlossenen Steinburger Vertrag musste die Stadt darin einwilligen, alles beim vorigen Stand zu belassen, bis über die vom König beim Reichskammergericht eingereichte Revisionsklage entschieden sei. Christian IV. hatte schon 1603 eine Huldigung der Stadt erzwungen. Zu den Huldigungsfeierlichkeiten gehörte ein Festgottesdienst in der Petrikirche, für den eigens ein prächtiges Portal errichtet worden ist. Dessen Bildprogramm hob auf die Rolle des Königs als Bewahrer des lutherischen Glaubens ab und unterstrich das konfessionelle Dilemma der Hamburger, die sich in ihrem Reichsfreiheitsanspruch nur auf einen katholischen Kaiser berufen konnten. Dies hielt die Hamburger aber nicht davon ab, die Außenwand ihres Rathauses zur Untermauerung des Anspruchs auf Reichsunmittelbarkeit mit 21 Kaiserstatuen zu schmücken.

Letztlich war das dänische Königtum erst nach dem Scheitern mehrerer Versöhnungsangebote König Friedrichs III. (1609–1670) und militärischer Machtdemonstrationen unter seinem Sohn Christian V. im Gottorfer Vergleich vom 27. Mai 1768 zur Anerkennung von Hamburgs Reichsunmittelbarkeit bereit.

In dieser langen Zeitspanne wechselten die Hamburger mehrfach ihre Haltung, was schon Kaiser Maximilian (1459–1519) verärgerte: Die Hamburger seien seltsame Leute, „denn da Wir als ein Kaiser ihnen schreiben, sie sollen Uns etwas tun, so rühmen sie sich (Ihres) Herrn des Fürsten von Holstein; schreibet aber (dieser) Herr oder fordert sie, so antworten sie und lassen sich vernehmen, daß sie Kaisersch seyn“. Die Kaiser verfolgten natürlich ihre eigenen Ziele bei ihrer Hamburg-Politik: Ferdinand II. (1578–1637) etwa begünstigte Hamburg 1628 nur deswegen mit einem neuen Elbprivileg, das der Stadt faktisch die volle Herrschaft über den Bereich der Niederelbe einbrachte, weil er so seine Flottenpläne zur Erringung einer habsburgischen Ostseeherrschaft zu flankieren suchte. Hinter Leopolds I. (1640–1705) mehrfachem Eingreifen in innerhamburgische Belange stand gleichfalls nicht immer nur das offiziell betonte Reichsinteresse, sondern es ging dabei stets auch um handfeste ökonomische Interessen Österreichs. So war die habsburgische Handelspolitik mit Blick auf das seinerzeit zum Greifen nah scheinende spanische Erbe auf den Norden ausgerichtet, wobei Hamburg für den Kupfer- und Quecksilberhandel sowie als Ausgangspunkt für einen geplanten transkontinentalen Handelsverkehr zwischen dem Orient und den spanischen Kolonien eine wichtige Rolle spielen sollte.

Diese zeitweilige Nordorientierung der österreichischen Handelsinteressen inspirierte die Hamburger zusätzlich zu Leopolds überragendem Sieg über die Türken bei Mogersdorf im Jahr 1664 dazu, ihr erstes bewaffnetes Konvoischiff nach dem Kaiser zu benennen. Die „Leopoldus Primus" wurde 1668 in Dienst gestellt und half bis 1705 beim Schutz der eigenen Handelsschiffe und Walfänger vor Piraten. Grundsätzlich stand der kaiserliche Name des Kriegsschiffes natürlich auch symbolisch für die erstrebten guten Beziehungen Hamburgs zum Kaiser, den es als Verbündeten gegen das dänische Königtum benötigte, da dieses wiederum Hamburgs Reichsfreiheit partout nicht anerkennen wollte.

Andere Reichsfürsten, insbesondere die Herzöge von Braunschweig-Lüneburg und die Kurfürsten von Brandenburg-Preußen, taten es dem Kaiser gleich und hofften, unter dem Deckmantel vermeintlicher oder tatsächlicher Reichsinteressen ökonomische Ziele im Hinblick auf Hamburg zu ihren Gunsten durchzusetzen. Und selbst den dänischen Königen war letztlich der Streit um Hamburgs Reichsstadtstatus sehr dienlich, um finanzielle Vorteile für sich zu erzielen. Gleich mehrfach musste sich Hamburg mit exorbitant hohen Geldsummen „freikaufen", um nicht weiteren militärischen Repressionen Dänemarks ausgesetzt zu sein. Der nicht unumstrittene Altmeister der Hamburgischen Geschichte Heinrich Reincke (1881–1960) schrieb dazu: „Es wurde fast zur Methode, die Defizite im dänischen

Staatshaushalt durch Hamburg decken zu lassen." Auch 1768 schloss der dänische König den Gottorfer Vergleich, der Hamburgs Reichsunmittelbarkeit dauerhaft besiegelte, letztlich nur deswegen, weil die Stadt Hamburg im gleichen Atemzug auf Kredite in einer Höhe von 1 Million Reichstalern zugunsten Dänemarks bzw. 300.000 Reichstalern zugunsten Holstein-Gottorfs verzichtete.

Zum Weiterlesen:
Oliver Auge: Zwischen Kaiser und König – Hamburg auf dem Weg zur Reichsstadt, in: Mathias Kälble u. Helge Wittmann (Hrsg.): Reichsstadt als Argument. 6. Tagung des Mühlhäuser Arbeitskreises für Reichsstadtgeschichte, Mühlhausen, 12. bis 14. Februar 2018 (Studien zur Reichsstadtgeschichte, 6), Petersberg 2019, S. 177–194.

40

DIE LÜBECKER FÜRSTBISCHÖFE AUS DER JÜNGEREN GOTTORFER LINIE

Anfang 1803 wurde das Fürstbistum Lübeck im Rahmen des sog. Reichsdeputationshauptschlusses säkularisiert und zum erblichen Fürstentum umgewandelt. Der amtierende Fürstbischof aus der jüngeren Gottorfer Linie, Peter Friedrich Ludwig (1755–1829), legte sein Bischofsamt nieder und nannte sich fortan Fürst zu Lübeck. In Personalunion herrschte er zugleich auch über das Herzogtum, ab 1815 Großherzogtum Oldenburg.

Mit diesem Schritt wurde eine lange Entwicklung abgeschlossen, in deren Verlauf sich das ursprünglich fürstbischöfliche Wahlamt zur erblichen Fürstenwürde wandelte. Die davon betroffene jüngere Linie der Gottorfer nahm ihren Ausgang vom jüngeren Bruder Herzog Christian Albrechts, Christian August. Davor hatte es sich bei den Fürstbischöfen auch schon um nachgeborene Vertreter der Gottorfer gehandelt, die aber keine für das Amt geeigneten männlichen Erben hinterließen.

Reichsfürstliche Dynastien bemühten sich damals auch anderenorts um die Besetzung von Bischofswürden durch nachgeborene Söhne, um sie zu versorgen. Theoretisch vertrugen sich Ehe und Nachwuchs selbst beim protestantischen Bekenntnis nicht mit dem Bischofsamt. Allerdings gingen Theorie und Praxis zuweilen stark auseinander. Der langjährige Lübecker Fürstbischof Hans (1606–1655) z. B. war zweimal verheiratet, wobei er sich von seiner ersten Gemahlin scheiden ließ und mit seiner zweiten eine morganatische Ehebeziehung einging; der ersten Ehe entstammen vier Kinder. Sein Vater Johann Adolf war der erste Lübecker Fürstbischof aus dem Hause Gottorf; er hatte dieses Amt nach seinem Regierungsantritt als Herzog von Schleswig und Holstein noch 17 Jahre inne, weil er sich mit seinem Bruder nicht wegen dessen Erbansprüchen einigen konnte.

Dem Bischof zur Seite gestellt war ein Koadjutor. Es handelte sich um seinen Stellvertreter mit der Anwartschaft auf die fürstbischöfliche Nachfolge. Die Wahl des Fürstbischofs bzw. Koadjutors durch das Lübecker Domkapitel blieb der entscheidende Schritt zum Amt, und diese stand keineswegs von vornherein zugunsten des Hauses Gottorf fest. Wenn es in der Phase von der Reformationszeit bis in die 1640er Jahre hinein dennoch gelang, eine gottorfische Kontinuität in der Amtsnachfolge zu realisieren, war dies eher dem Umstand geschuldet, dass es an ernster

Konkurrenz fehlte. Infolge des Westfälischen Friedens 1648 wurden dann nahezu alle protestantischen Bistümer im Reich säkularisiert; das Fürstbistum Lübeck blieb jedoch erhalten. Und es erlangte 1653 sogar den zur Reformationszeit verlorenen Sitz samt Stimme auf dem Immerwährenden Reichstag zu Regensburg zurück. Die Lübecker Sonderlösung verdankte sich nicht zuletzt der diplomatischen Unterstützung des Gottorfer Herzogs Friedrich III. Dieser wusste sich im Ziel, das Fürstbistum als dynastische Versorgungsoption zu erhalten, mit seinem jüngeren Bruder Fürstbischof Hans einig. Ganz akut ging es Friedrich um die Versorgung seines Sohnes mit der Koadjutorenschaft. In einem auf den 6. Juli 1647 datierten Vertrag ließ sich der Gottorfer Herzog vom Lübecker Domkapitel als Lohn für seine Hilfestellung zusichern, dass die nächstfolgenden sechs Kandidaten für die Fürstbischofswürde auch aus dem Hause Gottorf stammen sollten.

Gemäß dieser Verabredung wurde 1655, als Bischof Hans verstarb, sein bisheriger Koadjutor Hans Georg (1638–1655) zum Bischof postuliert, währenddessen sein ihm im Alter nächstfolgender Bruder Christian Albrecht zum Koadjutor gewählt wurde. Als dann auch Hans Georg noch im selben Jahr verstarb, stieg Christian Albrecht zum Lübecker Bischof auf. Allerdings musste er sich, da er zeitgleich der gottorfische Thronfolger war, in seiner Wahlkapitulation dazu verpflichten, zugunsten seines jüngeren Bruders August Friedrich zu resignieren, wenn er zur Regierung über das Gottorfer Herzogtum gelange. Dieser Bruder amtierte dann seit 1656 als sein Koadjutor und wurde 1666 tatsächlich Bischof. Da freilich weder er noch sein Bruder damals eigene Nachkommen hatten und so außer ihnen nur der geistig beeinträchtigte Sohn von Fürstbischof Hans, Johann August (1647–1686), als Gottorfer zur Wahl stand, schlug Christian Albrecht die unorthodoxe Lösung vor, sich als ehemaliger Fürstbischof wieder zum Koadjutor seines Bruders wählen zu lassen, nur um die Bischofswürde für die eigene Linie zu sichern. Vor die Entscheidung zwischen Christian Albrecht und Johann August gestellt, entschied sich das Domkapitel dann für Ersteren, wobei dieser in seiner neuen Wahlkapitulation garantieren musste, im Fall der Geburt eines passenden Nachkommen zurückzutreten. Obwohl diese Bedingung 1673 mit der Geburt seines zweiten Sohnes Christian August gegeben war, kam es, weil der Konkurrent Johann August immer noch lebte und wegen des fortwährenden Konflikts zwischen Gottorf und Dänemark, einstweilen zu keiner neuen Wahl, sodass Herzog Christian Albrecht bis zu seinem Tod 1694 immer auch Koadjutor blieb.

Mit Christian August setzte dann, wie gesagt, eine ununterbrochene jüngere Linie der Gottorfer ein, die im fürstbischöflichen Eutin residierte. Das Domkapitel legte weiter Wert auf seine Wahlfreiheit, wie die konfliktträchtigen Wahlereignisse von 1701 und 1756 zeigen, als die Gottorfer Prädominanz zugunsten königlich-dänischer Kandidaten gebrochen zu werden drohte. Das Gefahrenpotenzial, das vom selbstbewussten Domkapitel für die Etablierung einer Gottorfer Sekundogenitur im Fürstbistum ausging, wurde erst mit der Säkularisation beseitigt.

Zum Weiterlesen:

Oliver Auge u. Anke Scharrenberg (Hrsg.): Die Fürsten des Bistums. Die fürstbischöfliche oder jüngere Linie des Hauses Gottorf in Eutin bis zum Ende des Alten Reiches. Beiträge zum Eutiner Arbeitsgespräch im April 2014 (Eutiner Forschungen, 13), Eutin 2015.

41

EIN GOTTORFER WIRD RUSSISCHER ZAR: KARL PETER ULRICH ALIAS PETER III.

Im Frieden zu Frederiksborg vom Juli 1720 konnte sich der dänische König, wie bereits beschrieben, den Besitz der Gottorfer Anteile am Herzogtum Schleswig sichern. Gottorf ging somit dauerhaft für die Gottorfer verloren. Dieser herbe Verlust veranlasste jene in der Folge zu einer politischen Neuorientierung in Richtung Russland, die schon 1714 eingeleitet worden war und 1725 in die Eheschließung Karl Friedrichs mit der älteren der beiden Töchter Zar Peters des Großen, Anna Petrowna (1708–1728), mündete. Im Ehevertrag sicherte das Zarenhaus dem Gottorfer explizit Unterstützung bei der Realisierung seiner Ansprüche auf den schwedischen Königsthron und der Wiedererlangung seines verlorenen Schleswiger Besitzes zu.

Die obendrein avisierte Hochzeit zwischen dem „jüngeren" Gottorfer Karl August (1706–1727) mit Elisabeth Petrowna (1709–1762), der jüngeren Tochter des Zaren, kam nicht zustande, weil der ebenfalls nach Russland gereiste Bräutigam vorher an den Pocken verstarb. Allerdings zeigte sich Elisabeth, die seither unverheiratet blieb, dem Herkunftshaus ihres Verlobten weiterhin zugetan. Sie erkor als russische Zarin den im Alter von elf Jahren verwaisten Sohn ihrer Schwester Anna, ihren Neffen Karl Peter Ulrich (1728–1762), zu ihrem Erben und Nachfolger und holte ihn aus Holstein nach Sankt Petersburg, wo er zum Großfürsten ernannt wurde. Karl Peter Ulrich musste im Gegenzug den russisch-orthodoxen Glauben annehmen. Nach Elisabeths Tod wurde der in Kiel geborene Gottorfer 1762 dann tatsächlich russischer Zar und nannte sich Peter III.

Lange haftete ihm kein besonders guter Ruf an: eine Sicht, die vor allem durch die Memoiren seiner Frau bzw. Witwe, der Zarin Katharina II. (1729–1796), die aus eigenem Interesse kein gutes Haar an ihrem Gemahl lassen wollte, geprägt wurde. Mittlerweile ist das schlechte Bild von Peter III. als einem inkonsequenten und bizarren Militärfanatiker, der nur seinen Hass auf Dänemark im Kopf hatte und seine Frau aus dem Weg räumen wollte, um seine Mätresse heiraten zu können, angemessen revidiert worden. Demnach entfaltete er in Russland während seiner kurzen Zeit als Zar ein ambitioniertes Reformprogramm im Geiste des aufgeklärten Absolutismus. Die Maßnahmen betrafen die Einführung der Glaubensfreiheit genauso wie die Abschaffung der Folter. Auch bekämpfte er die Korruption in der Verwaltung und führte eine Luxussteuer ein. Sofort sorgte er als glühender Bewunderer König Friedrichs II. „des Großen" (1712–1786) auch für ein Ende russischer Kriegshandlungen, was in Preußen als „Mirakel des Hauses Brandenburg" gefeiert wurde, da dies Preußen vor Niederlage und Untergang im Siebenjährigen Krieg (1756–1763) bewahrte. Stattdessen ließ Peter III. seine Truppen gegen Dänemark aufmarschieren, das selbst sein Heer gegen Russland mobilisierte. Die Gottorfer Frage sollte jetzt auf dem Schlachtfeld entschieden werden.

Allerdings kam es doch nicht zu einem neuen Krieg, da Peter III. vorher, nach nur sechsmonatiger Regierung, gestürzt wurde. Offenbar handelte es sich bei seinem Sturz weniger um einen innenpolitischen Widerstand – Adel, Militär, Kirche und Bauernschaft standen eigentlich auf seiner Seite – als vielmehr um eine familiäre Intrige, an der seine eigene Frau Katharina nicht unbeteiligt war. Katharina, die selbst eine Gottorferin zur Mutter hatte, übernahm die Alleinregierung im Zarenreich. Ihr Sohn aus der Ehe mit Peter III. namens Paul (1754–1801) wurde noch 1762 Herzog von Holstein-Gottorf. Er übernahm nach Katharinas Tod 1796 auch die Regierung im Zarenreich. Seine Dynastie, deren offizieller Name Romanow-Holstein-Gottorf lautet, sollte Russland bis 1917 regieren und, von Peter III. an gezählt, insgesamt sieben Zaren und eine Zarin stellen.

Im Übrigen ist die russische Karriere der Gottorfer nur ein Aspekt ihrer dynastischen Erfolgsgeschichte nach 1720, die sie nach der schweren Niederlage im Nordischen Krieg mit dem Totalverlust Schleswigs wie den sprichwörtlichen Phoenix aus der Asche aufsteigen ließ. Denn in etwa zeitgleich mit Karl Peter Ulrichs Umzug an den Hof der Zarin Elisabeth wurde sein Großonkel Adolf Friedrich aus der jüngeren, fürstbischöflichen Linie 1743 zum König von Schweden gewählt, als welcher er dann 1751 den Thron bestieg. Sein Haus sollte noch bis 1818 die schwedische und von 1814 bis 1818 auch die norwegische Königswürde innehaben. Adolf Friedrichs Sohn Gustav (1746–1792), wie sein Vater König von Schweden, heiratete 1766 Sophie Magdalene von Dänemark (1746–1813). Dessen Enkelin Carola (1833–1907) sollte einmal Königin von Sachsen werden. Der auch aus der jüngeren Gottorfer Linie stammende Peter Friedrich Ludwig, der zum Großherzog von Oldenburg aufstieg, verheiratete sich 1781 mit Friederike Elisabeth Amalie Auguste von Württemberg (1765–1785). Diese Eheverbindung war Teil einer ambitionierten Heiratsstrategie der Zarin Katharina II., die darauf abzielte, die dynastisch-politischen Beziehungen zu den Mittelmächten im Reich als Gegenpol zu den deutschen Großmächten Preußen und Österreich aufzubauen. Das Herzogtum Württemberg spielte in diesem russischen Plan eine zentrale Rolle, was 1776 die prestigeträchtige Eheschließung zwischen Paul I., Katharinas Sohn und Thronfolger, mit Sophie

Dorothee von Württemberg (1759–1828) manifestierte. Als heiratspolitisches Pendant zu dieser Eheverbindung kam nun 1781 die von Zarin Katharina nachweislich gutgeheißene Eheschließung zwischen Peter Friedrich Ludwig und der Württembergerin zustande. So wird die Komplexität und „internationale" Reichweite des Konnubiums der Gottorfer deutlich.

Zum Weiterlesen:
Bernhard Mager: Der Zar aus Schleswig-Holstein. Zar Peter III. als Landesherr von Holstein im Spiegel historischer Dokumente, Husum 2018.

42

DER TAUSCHVERTRAG VON ZARSKOJE SELO 1773 UND DIE GEBURT DES DÄNISCHEN GESAMTSTAATS

Katharina II. verfolgte im Gegensatz zu ihrem Gemahl und Vorgänger strikt die Politik eines Ausgleichs mit Dänemark, um endlich die immer noch schwelende Gottorfer Frage zu lösen. Caspar von Saldern (1711–1786), der bereits in Peters III. Diensten gestanden hatte, wurde mit seinem Programm der „Ruhe des Nordens" zu ihrem unentbehrlichen Berater. Ein erstes Ergebnis dieser Ausgleichspolitik war der dänisch-russische Freundschafts- und Garantie-Tractat vom 11. März 1765. Er sollte durch einen provisorischen Tauschvertrag ergänzt werden, in dem Russland Holstein-Gottorf an Dänemark abtreten und den endgültigen Verzicht auf Schleswig aussprechen und dafür von Dänemark die Übernahme aller holsteinischen Schuldenlasten sowie im Tausch die Abtretung der Grafschaften Oldenburg und Delmenhorst zugesichert erhalten sollte.

Schon seit den Tagen Herzog Christian Albrechts war ein solcher Tausch diskutiert worden, um zu einem befriedigenden Ausgleich zu gelangen. Provisorisch war die Vereinbarung zunächst deswegen, weil die Rechte an Holstein-Gottorf auf den 1765 noch unmündigen Sohn Peters III. und Katharinas II., Paul, übergegangen waren. Erst mit Pauls Volljährigkeit konnte der Vertrag volle Gültigkeit erlangen. Zum russischen Chefunterhändler wurde fast zwangsläufig Saldern erkoren, und ihm gelang es, die Verhandlungen zu einem erfolgreichen Abschluss zu führen: Der Vertrag wurde am 22. April 1767 geschlossen. Bei den Verhandlungen erwarb er sich auch das tiefe Vertrauen des dänischen Königs. Saldern erhielt so jederzeit ungehinderten Zutritt zum König, bekam den Elefantenorden als höchste dänische Auszeichnung verliehen und wurde 1768 für seine Verdienste in den dänischen Lehnsgrafenstand erhoben. Nicht von ungefähr wirkte er auch bei der Planung von Christians VII. (1749–1808) großer Auslandsreise mit, auf der der König mit dem jungen Altonaer Stadtphysicus Johann Friedrich Struensee (1737–1772) in Kontakt kam. Christian VII. ließ es sich natürlich nicht nehmen, sich bei Saldern als Logiergast auf dessen Gut Schierensee einzuladen. Am 29. Mai 1768 traf der König dort ein und war so angetan von dem warmherzigen Empfang und der ganzen Gutsanlage, dass er gleich drei ganze Tage zu Gast blieb.

In der Folgezeit brachte sich Saldern mit zahlreichen Innovationen in die Verwaltung seiner Heimat Holstein ein, der er schon von Amts wegen verbunden blieb: Bereits Peter III. hatte ihn zum Minister seines Statthalters Georg Ludwig ernannt, und Katharina II. berief ihn dann zum Wirklichen Geheimen Rat und Mitglied des Regierungsconseils. So regte Saldern 1766 die Schaffung eines General-Land-und-Ökonomie-Verbesserungs-Direktoriums an, um die maroden Staatsfinanzen zu sanieren, und wurde dessen Präsident. Ebenfalls verfolgte er tiefgreifende Reformen auf dem Agrarsektor. Er arbeitete der Aufhebung der Leibeigenschaft unmittelbar vor, die unter Andreas Peter von Bernstorff (1735–1797) dann landesweit vorangetrieben werden sollte. Auch an der Reform der Rechtsprechung im Land sowie an der Wiederherstellung und dem Umbau des Kieler Schlosses war er beteiligt und nicht zuletzt am neuerlichen Aufschwung der Kieler Universität. Diese hatte 1765 einen Tiefststand an Immatrikulationen erreicht, da sich nur elf Studenten eingeschrieben hatten. Die Universitätsgebäude waren so baufällig, dass auf die eigentlich vorgesehene Hundertjahrfeier der Universitätsgründung ganz verzichtet werden musste. In den russisch-dänischen Tauschvertrag von 1767 wurde auf Drängen Salderns eigens die Bestimmung aufgenommen, dass alle künftigen herzoglichen Beamten, auch diejenigen im königlichen Anteil der Lande, ein zweijähriges Studium an der Universität absolvieren sollten. Dieses akademische Biennium füllte die leeren Hörsäle rasch wieder; die Universität wurde zur gut frequentierten Landesuniversität.

Eine gewisse Krönung von Salderns Lebenswerk, das stets um das Bemühen kreiste, seine Heimat Holstein aus den weit gespannten Konflikten der europäischen Großmächte herauszuhalten, stellte dann die endgültige Unterzeichnung des russisch-dänischen Tauschvertrags dar, zu der es am 1. Juni 1773 in Zarskoje Selo kam. Der russische Thronfolger Paul verzichtete darin auf alle Ansprüche auf den ehemals Gottorfer Anteil an Schleswig und auf seinen Anteil an Holstein und bekam dafür die Grafschaften Oldenburg und Delmenhorst, die er an die jüngere Gottorfer Linie in Eutin weitergab. Am 16. November 1773 fand in Kiel die feierliche Übergabe an den dänischen König statt. Zuvor noch hatte Saldern einen weiteren diplomatischen Erfolg errungen, indem er sich gegen dänischen Widerstand mit seinen Plänen zur Organisation der Deutschen Kanzlei in Kopenhagen und damit zur Bewahrung einer schleswig-holsteinischen Sonderstellung innerhalb der dänischen Monarchie, die von nun an Gesamtstaat („Helstaten") hieß, durchzusetzen wusste.

Im selben Jahr fiel Saldern am Zarenhof allerdings in Ungnade, ohne je ein offizielles Entlassungsschreiben zu erhalten. Auch am dänischen Hof galt er bald nichts mehr, wenngleich er bis zu seinem Lebensende eine stattliche dänische Pension ausbezahlt bekam. So verbrachte er seinen Lebensabend ab 1774 verbittert auf Gut Schierensee. Die Gottorfer Frage war jedenfalls gelöst, auch wenn beileibe nicht alle Holsteiner, insbesondere aufseiten des Landesadels, zufrieden damit waren, nun Untertanen des dänischen Königs zu sein.

Zum Weiterlesen:

Oliver Auge u. Stefan Brenner (Hrsg.): Der Vertrag von Zarskoje Selo 1773. Der Inhalt und die Akteure (Kieler Werkstücke, Reihe A), Lausanne 2024 (im Druck).

43

SCHLESWIG-HOLSTEIN UND DER ATLANTISCHE DREIECKSHANDEL

Die Westindien-Fahrt aus Schleswig-Holstein nahm in enger Verbindung mit Kopenhagener Unternehmen ihren Anfang. Später wurde sie in Eigenregie von Glückstadt aus betrieben.

Auf der Überfahrt steuerten die Schiffe zunächst die dänischen Stützpunkte an der afrikanischen Goldküste an. Hier wurden von arabischen Händlern Sklaven im Austausch gegen Waffen erworben, die dann zu den dänischen Westindischen Inseln Saint Thomas, Saint Jan und Saint Croix gebracht wurden. Von Westindien transportierten die Schiffe Rohrzucker zur Rumverarbeitung zurück nach Schleswig-Holstein.

In diesem atlantischen Dreieckshandel zwischen Europa, Afrika und Amerika war Heinrich Carl von Schimmelmann (1724–1782) besonders erfolgreich. Er begann seine Karriere nach einigen Fehlschlägen als Kaufmann in Dresden und wurde gemeinsam mit Joseph von Bolza Pächter der kursächsischen Generalakzise. Während des Siebenjährigen Krieges fungierte Schimmelmann als Getreidelieferant des preußischen Heeres. Er kaufte vom Preußenkönig Friedrich II. für 120.000 Taler die von Preußen beschlagnahmten Lagerbestände der Königlich-Sächsischen Porzellan-Manufaktur Meißen. Diese Ware ließ er 1757 nach Hamburg bringen, wo er im Juli 1758 im Rahmen einer spektakulären Versteigerung einen so großen Gewinn erzielte, dass er ein Handelshaus eröffnen konnte. 1761 versuchte er an der Prägung minderwertigen Kriegsgeldes in der Münze zu Rethwisch zu verdienen. Nachdem er 1761 auf einer Reise nach Kopenhagen am dänischen Königshof eingeführt und unmittelbar zum dänischen Generalkommerzintendanten ernannt worden war, stoppte er seine Münzgeschäfte. Stattdessen erwarb er 1763 vier große Baumwoll- und Zuckerrohrplantagen in Dänisch-Westindien, eine Zuckerraffinerie in Kopenhagen und eine Gewehrfabrik in Hellebaek auf Seeland und nutzte seine holsteinischen Güter in Ahrensburg und Wandsbek sowie Gut Lindenborg in Jütland für die Produktion von Branntwein und bedruckten Kattunstoffen. Gewehre, Branntwein und Textilien waren für den afrikanischen Markt bestimmt, die landwirtschaftlichen Produkte von den Gütern belieferten die Gewehrfabrik und die Plantagen, zu denen von Afrika aus Sklaven transportiert wurden. Dafür standen 14 Transportschiffe in seinem Besitz. Die Plantagen produzierten Zucker für den europäischen Markt. Durch den Kauf der Plantagen gingen etwa 400 bis 500 Sklaven in sein Eigentum über, deren Zahl er in den folgenden 20 Jahren auf rund 1000 erhöhte. Schimmelmann besaß damit mehr Sklaven als jeder andere dänische Plantagenbesitzer.

Die Erträge aus dem atlantischen Dreieckshandel machten ihn zu einem der reichsten Männer ganz Europas. Dabei wurde er auch zum größten Sklavenhändler Dänemarks. 1759 erwarb er von den Rantzaus das Schloss Ahrensburg. Ebenso gehörte ihm das Gut Wandsbek, wo er 1762 ein Schloss erbauen und einen großzügigen Park anlegen ließ. Für seine Verdienste um Dänemark erhielt er zahlreiche Auszeichnungen. Unter anderem wurde er 1762 zunächst in den dänischen Freiherren- und 1779 in den dänischen Grafenstand erhoben. Damit war er auf dem Höhepunkt seines Ruhms und Erfolges angelangt.

Die bedeutende Rolle, die Schimmelmann für die Finanzgeschäfte Dänemarks gewann, war die Grundlage für den Aufstieg seines Sohnes Ernst Heinrich von Schimmelmann (1747–1831) zum dänischen Finanzminister. Schimmelmanns Vermögen ging übrigens zu einem guten Teil beim Bankrott des dänischen Gesamtstaats 1813 verloren.

Flensburg erlebte im gerade skizzierten Dreieckshandel einen spürbaren ökonomischen Aufwärtstrend und nahm im Rahmen der schleswig-holsteinischen Städte bald sogar eine Sonderrolle ein. 1755 fuhr die „Neptunus" als erstes Flensburger Schiff nach Westindien zur dänischen Insel Saint Croix; elf Jahre später nahm die erste Zuckerraffinerie an der Flensburger Förde ihren Betrieb auf. Zwischen 1779 und 1806 erreichte die Zuckereinfuhr nach Flensburg ihren Höhepunkt. Vier Zuckerraffinerien produzierten dort. Eine davon verarbeitete um 1780 jährlich zwischen 200.000 und 500.000 Pfund Rohrzucker. Den größten Teil des Zuckers bezog die Raffinerie aus Kopenhagen, aber auch über Frankreich. Eine wichtige Voraussetzung für die florierende Flensburger Zuckerindustrie mit ihrem wichtigen Zweig der Rumherstellung war die 1786 erfolgte Freigabe des Zuckerbezugs aus Westindien für alle Städte im Gesamtstaat mit Raffinerien.

Doch ging es auch um andere Waren. Im Ostseehandel segelten die Schiffe mit Hering und Stockfisch aus Norwegen und Dänemark, französischem Wein und einheimischen Agrarprodukten wie Käse beladen ins Baltikum und nach Russland, von wo sie dann Flachs, Hanf, Talg, Häute, Teer mitbrachten, die man weiter nach Bordeaux exportierte. Für Eisen und Kupfer fuhren sie nach Norwegen und Schweden. Der Norwegenhandel mit Lebensmitteln, Branntwein und Handschuhen stand lange sogar im Vordergrund der Flensburger Handelsaktivitäten. Mit dem Kieler Frieden von 1814 verlor Dänemark jedoch Norwegen an Schweden, sodass der Flensburger Handel dorthin deutlich abnahm. Dagegen wurde die Westindienfahrt weiter intensiviert. Dabei spielten neben Rohrzucker natürlich auch Kaffee, Tee, Tabak, Reis, Rum und Kupfer als Handelswaren eine wichtige Rolle.

Zum Weiterlesen:

Julian zur Lage: Heinrich Carl von Schimmelmann. Transatlantischer Kolonialunternehmer und Symbolfigur des Versklavungshandels, in: Kim Sebastian Todzi u. Jürgen Zimmerer (Hrsg.): Hamburg: Tor zur kolonialen Welt. Erinnerungsorte der (post-)kolonialen Globalisierung (Hamburger Beiträge zur Geschichte der kolonialen Globalisierung, 1), Göttingen 2021, S. 503–516.

44

REFORMEN IM GEIST DER AUFKLÄRUNG

Wie andere Länder in Europa wurde auch der dänische Gesamtstaat von der geistigen Bewegung der Aufklärung erfasst und wegen der dadurch in Gang kommenden Reformpolitik gar zum Vorzeigeland derselben. „Rationalität und Humanität, Aufklärung und Veredelung, Pflichtbewußtsein und Toleranz, das waren die Triebfedern bei den großen Reformen, durch die der Dänische Gesamtstaat sich ein hohes Ansehen in Europa erwarb", meinte der kundige Christian Degn.

Die Reformen betrafen nicht zuletzt den Agrarsektor. In den Herzogtümern wurde damit begonnen, das Land zu vermessen, die althergebrachte Feldgemeinschaft mit ihren rückständigen Zwangsvorschriften über Saat- und Erntezeiten durch Aufteilung der Allmenden zu beseitigen und die sog. Verkoppelung vorzunehmen. Die neuen Landanteile wurden im Zuge dessen eingefriedet und mit Knicks besetzt. Dabei wurden auf den Ackergrenzen Erdwälle angelegt und bepflanzt, weil die Anlage von Zäunen Unmengen an kostbarem Holz erforderlich gemacht hätte. So entstanden die Wallhecken oder Knicks in einer Gesamtlänge von etwa 80.000 Kilometern. Sie grenzten nicht nur die Wirtschaftsflächen voneinander ab, sondern lieferten auch rares Brennholz. In nur wenigen Jahrzehnten änderte die schleswig-holsteinische Landschaft so vollkommen ihr Erscheinungsbild. Um mehr Land unter den Pflug nehmen zu können und die Erträge zu steigern, bemühte man sich zudem um eine verstärkte Heide- und Moorkolonisation auf der Geest. Die großen Moore wurden dazu trockengelegt. Überdies wurden in der Marsch neue Köge eingedeicht.

Bei alledem ging der Raubbau an der Ressource Holz ungebremst weiter. Für den Haus-, Schiff-, Kanal- oder Deichbau benötigte man wahre Unmengen an Holz. Schleswig-Holstein wurde jetzt vollends zur waldärmsten Region Deutschlands. Mit der Anlage von speziellen Baumschulen und Forstlehranstalten zur „Beförderung der Verbreitung nutzbarer Holzpflanzen in den Forsten des Landes" versuchte man aber endlich gegenzusteuern. Noch heute zeugt die Forstbaumschule als große Parkanlage in Kiel vom damaligen Bemühen. Die Verkoppelung mit der Anlage der Knicks hatte ihren Grund in dem stetigen Bevölkerungswachstum, was die Entwicklung einer effektiveren Landwirtschaft nötig machte. In der Tat stellten sich die erhofften Mehrerträge ein. Das hing auch damit zusammen, dass man sich auf neue Anbautechniken und neue Agrarprodukte verlegte. Die Kartoffel wurde damals z. B. zum neuartigen Volksnahrungsmittel.

Doch veränderten die Reformen ganz grundsätzlich das Zusammenleben der Menschen auf dem Land. Denn mit dem Wechsel von gemeinsamer zu individueller Landwirtschaft kam Konkurrenz unter den schlechter und besser wirtschaftenden Bauern auf. Eng mit alldem verbunden waren die Bauernbefreiung und die Aufhebung der als immer drückender empfundenen Leibeigenschaft. Eigenes Land, so das Kalkül, würde intensiver genutzt. In Dänemark selbst wurde bereits 1788 die Bauernbefreiung offiziell verfügt, doch in den Herzogtümern war die Regierung vorsichtiger. Hier gab es eine starke Ritterschaft, deren heftiger Protest befürchtet wurde. Unter den adeligen Gutsbesitzern gab es heftige Diskussionen über das Für und Wider. Doch zu einer aufgeklärten Gesellschaft wollte die Leibeigenschaft nicht mehr passen; auch war das im 16. Jahrhundert entstandene System adeliger Leibherrschaft zwischenzeitlich gar nicht mehr rentabel. Einige der Gutsbesitzer begannen daher schon in Eigenregie mit Reformen. Im Dezember 1804 wurde schließlich die „Verordnung wegen Aufhebung der Leibeigenschaft für die Herzogtümer Schleswig und Holstein" veröffentlicht. Deren erster Artikel schaffte die Leibeigenschaft zum 1. Januar 1805 „gänzlich und auf immer" ab.

Auch wenn so Tausende Menschen endlich ihre persönliche Freiheit gewannen, verbesserte sich nicht zwangsläufig ihre wirtschaftliche Lage. Im Gegenteil ging es vielen der Befreiten nun sogar weitaus schlechter als davor. Die Gutsherren waren ihren Leibeigenen gegenüber sozial verpflichtet gewesen; die befreiten Bauern wurden zu sozial nicht mehr abgesicherten Landarbeitern. Die neue Freiheit war mit ökonomischer Unsicherheit zu bezahlen.

In den Städten der Herzogtümer entstanden gleichzeitig etliche Salons, in denen geraucht, Kaffee oder Tee konsumiert und aufgeklärtes Schrifttum gelesen und diskutiert wurde. Es entwickelte sich so eine – zahlenmäßig erst einmal kleine – kritische Öffentlichkeit, die sich mit den politischen und sozialen Fragen der Zeit auseinandersetzte und sich ihrer mit eigenen Initiativen, z. B. mit der Gründung gemeinnütziger Vereine wie 1812 der Schleswig-Holsteinischen Patriotischen Gesellschaft, annahm.

Den Reformen zur Seite traten staatliche Infrastrukturprojekte wie der Bau des Eider-Kanals, der zwischen 1777 und 1784 angelegt wurde, um eine unmittelbare Verkehrsverbindung zwischen Ost- und Nordsee zu schaffen. Ursprünglich war die Benutzung des Kanals lediglich für gesamtstaatliche Schiffe vorgesehen. Doch bereits 1785 wurde die Kanalfahrt für alle ausländischen Schiffe freigegeben. Nach einem stotternden Beginn wurden in den 1790er Jahren 2000 Durchfahrten pro Jahr verzeichnet, während der britischen Seeblockade zwischen 1802 und 1806 sogar über 3000. Zu seiner Blütezeit war der Eider-Kanal die meistgenutzte Kanalstrecke der Welt. Für das Finanzwesen bedeutsam war die Anfang 1788 erfolgte Gründung der Schleswig-Holsteinischen Speciesbank als staatliche Notenbank in Altona. Sie sollte dazu dienen, die stark angeschlagenen Staatsfinanzen zu reorganisieren. Die Speciesbank bestand bis zu ihrer Aufhebung anlässlich des dänischen Staatsbankrotts 1813.

Zum Weiterlesen:
Wolfgang Prange: Die Anfänge der großen Agrarreformen in Schleswig-Holstein bis 1771. (Quellen und Forschungen zur Geschichte Schleswig-Holsteins, 60), Neumünster 1971.

45

DIE SCHLESWIG-HOLSTEINISCHE RITTERSCHAFT – KRISE UND REFORM

Im 18. Jahrhundert befand sich die einstmals so mächtige schleswig-holsteinische Ritterschaft, die sich 1460 entgegen aller bisherigen Regeln einen Landesherrn gewählt und 1523 durch das sog. Große Privileg eine umfassende Privilegierung und damit einhergehende politische, ökonomische und soziale Machtstellung von der Landesherrschaft erwirkt hatte, schon längst auf dem „Rückzug", da ihre privilegierte Stellung bei Hofe und in der Politik und Verwaltung der Lande allenthalben angefochten wurde. Die Durchsetzung der zugesicherten Privilegien, etwa des Indigenats oder des Wahl- und Steuerbewilligungsrechts oder der exklusiven Besetzung der Damenstifte, die fortwährend durch sog. Erste Bitten des Landesherrn unterlaufen wurde, gelang immer weniger.

Auch der adelige Gerichtsstand wurde seitens der Landesherrschaft infrage gestellt. Bürgerliche Räte und Beamte traten als ernste Konkurrenz im Fürstendienst auf. Bereits der bürgerliche gottorfische Rat Andreas Cramer (vor 1620–1679) hatte Herzog Christian Albrecht zur dezidierten Anti-Adels-Politik geraten. Kriege und konjunkturelle Entwicklungen wirkten sich zudem negativ auf die Situation der Ritterschaft aus. Güterkonkurse waren die Folge. Die Zahl der Adelsgeschlechter verringerte sich weiter.

Nach dem allgemeinen Landtag 1675 fand letztmalig ein Landtag als politische Bühne der Ritterschaft 1711/12 statt. Der „Rückzug“ der Ritterschaft spiegelte sich in den Kieler Verhältnissen wider. Kiel hatte während der frühen Neuzeit die Funktion einer inoffiziellen Hauptstadt der Ritterschaft eingenommen. 1631 befanden sich 77 Häuser und damit ein Großteil der Altstadt in adeliger Hand. Seit 1682 sank die Zahl der adeligen Freihäuser – Freihäuser, da sie von sonst üblichen Abgaben und Pflichten befreit waren – auf 16 im Jahr 1768. Offenkundig war die Macht des Rates im Verhältnis zu derjenigen des Adels angewachsen und hatte sich die bürgerliche Mehrheit gegenüber den adeligen Interessen behauptet. Auffallenderweise hatte auch die Zahl der einzelnen Wohneinheiten, die 1768 für die adeligen Freihäuser notiert wurden, im Vergleich zu früher stark zugenommen. Der Adel musste jetzt also den vorhandenen Wohnraum weit intensiver für Vermietung nutzen, als es zuvor der Fall gewesen war – Ausdruck einer grundsätzlichen wirtschaftlichen Krise in dieser Zeit.

Gesellschaftlich blieb der Adel in sich weitgehend abgeschlossen und pflegte diese Separation durch eine abgesonderte Lebensführung auf seinen Herrenhäusern auch weiterhin ganz bewusst. Dies reichte so weit, dass die Heiratskreise der betreffenden Familien bis weit in das 19. Jahrhundert hinein geradezu strikt auf Schleswig-Holstein bezogen blieben. Zur wachsenden Distinktion gehörte es, dass die Ritterschaft 1641 für sich reklamiert hatte, nur alteingesessene Familien, die „Equites Originarii", zählten ursprünglich zu ihr. Neben diesen mehr und mehr zusammengeschmolzenen „Uradel" als Konstrukt eines zeitgenössischen Bedürfnisses nach Exklusivität traten, wie bereits erwähnt, seit 1635 die „Recepti", deren Aufnahme in die Ritterschaft mit Dekret von 1809 königlicher Bewilligung bedurfte. Seither setzte sich die schleswig-holsteinische Ritterschaft aus diesen beiden Gruppen zusammen, wobei das Verhältnis der beiden im 19. Jahrhundert bereits 1:3 betrug. Die Rezeptionen hatten immer dann Konjunktur, wenn sich die Ritterschaft unter Druck befand. Sie dienten nicht nur dem Auffüllen durch Aussterben alter Geschlechter entstandener Lücken. Sie konzentrierten sich vielmehr auch auf Personenkreise, die wirtschaftlich potent waren und aus deren Zugehörigkeit die Ritterschaft als Korporation eigene Vorteile ziehen konnte.

Die Herrenhäuser der Ritterschaft, die teils architektonisch sehr prächtig ausgeführt und in ihrem Innern mit enormem Kulturgut versehen wurden, sind Ausdruck der Kulturbereitschaft und -fähigkeit ihrer Besitzer. Mit der Vereinigung ganz Schleswigs und Holsteins unter dänischer Führung im Gesamtstaat 1773 stellte sich die Frage einer Neuaufstellung der Ritterschaft. Denn sie wurde dänischerseits mehrheitlich als unzuverlässig angesehen, wiewohl etliche ihrer Angehörigen in führender Position in Diensten des Königs standen. Auf Ersuchen der Ritterschaft kam es 1775 zur Bildung ihrer Fortwährenden Deputation, die seither eine Art geschäftsführenden Ausschuss darstellt. Seit 1778 hatte die Fortwährende Deputation ihren eigenen Sekretär.

Die Ritterschaft setzte sich vehement für eine Wiederherstellung der alten Landesrechte, was ihre Privilegien meinte, und damit verbunden für die Einheit der beiden Lande Schleswig und Holstein ein. Wortführer wurde Friedrich Christoph Dahlmann (1785–1860), der kurz nach der Übernahme einer Kieler Geschichtsprofessur 1815 auch zum Sekretär der Fortwährenden Deputation gewählt worden war. Nicht aus nationalen Motiven, sondern wegen ihres postulierten „Nexus socialis", ihrer sozialen Verbindung, machte sich die Ritterschaft anfangs für die dauerhafte Zusammengehörigkeit Schleswigs und Holsteins in der umstrittenen Verfassungsfrage stark. 1815 wurden Schleswig zu Dänemark und Holstein zum Deutschen Bund geschlagen. Die dänische Krone anerkannte zwar die Gültigkeit des „Nexus socialis", war aber nicht zum Erlass einer für beide Lande gemeinsamen Verfassung bereit.

Zum Weiterlesen:

Peter Wulf: Zur Sozialgeschichte des schleswig-holsteinischen Adels, in: Zeitschrift der Gesellschaft für Schleswig-Holsteinische Geschichte 141 (2016), S. 93–139.

46

GLEICH ZWEIMAL „WEIMAR DES NORDENS" IN SCHLESWIG-HOLSTEIN?

Der Gesamtstaat wurde zwischen 1766 und 1808 von einem geistig beeinträchtigen Monarchen regiert: Christian VII. Der König geriet unter den Einfluss seines ehrgeizigen Leibarztes Struensee, der ab 1770 mit diktatorischen Vollmachten versehen einen wahren Reform-Tsunami im Geiste der Aufklärung auszulösen versuchte. Doch wegen seiner Liebschaft mit der Königin wurde Struensee 1772 gestürzt und grausam hingerichtet.

Ein Zirkel einflussreicher Persönlichkeiten und ihrer untereinander verbundenen Familien übernahm daraufhin für den kranken König das Staatsruder. Diesem „Familienkreis des Gesamtstaates" ist es nach Christian Degn zu verdanken, „daß der Dänische Gesamtstaat während der Regierungszeit eines geistig und charakterlich minderwertigen absoluten Herrschers seine höchste Blüte erreichte und wegen seiner großen Reformen sich hoher Achtung in der Welt erfreute". Zu diesem Kreis zählten im engeren Sinne die Reventlows, Schimmelmanns, Bernstorffs, Stolbergs und Schubarts. Durch Heirat wurden weitere wichtige Adelsfamilien daran angeschlossen, wie die Familien Rantzau, Ahlefeldt, Qualen, Luckner, Moltke, Blücher oder Hardenberg. Andreas Peter Bernstorff, der von 1773 bis zu seinem Tod nahezu durchgehend dänischer Außenminister war, hatte z. B. nacheinander Henriette Friederieke (1747–1782) und Augusta Louise (1753–1835) zu Ehefrauen, die beide Schwestern der Goethe-Freunde Christian (1748–1821) und Friedrich Leopold (1750–1819) zu Stolberg-Stolberg waren. Heinrich Carl Schimmelmanns Tochter Friederike Juliane (1762–1816), kurz Julia, wurde die Gemahlin von Friedrich Karl „Fritz" von Reventlow (1755–1828).

Die Herrenhäuser dieses adeligen Familienkreises entwickelten sich zu Zentren des geistigen Lebens und waren als solche seinerzeit wesentlich bedeutsamer als der Königshof in Kopenhagen. In etwa gleichauf zog in kultureller Hinsicht die fürstbischöfliche Residenz in Eutin, der bis heute der schmückende Beiname eines „Weimars des Nordens" anhaftet, wiewohl dieses Epitheton mittlerweile zu Recht hinterfragt wird. Jedenfalls spielte das geistige Leben an diesem Hof zeitweilig eine große Rolle. Julia von Schimmelmanns reiches Erbe erlaubte es ihr, sich auf seinem Gut Emkendorf ganz der Pflege der Kultur zu widmen. 1783 und 1795 bis 1797 reiste das Ehepaar gemeinsam nach Italien, von wo sie Künstler und Kunstgegenstände zur Ausstattung ihres Gutshauses mitbrachten. Nach der klassizistischen Neugestaltung des Hauses empfingen sie dort zeitgenössische Geistesgrößen wie Friedrich Gottlieb Klopstock (1724–1803), Heinrich Christian Boie (1744–1806), Matthias Claudius (1740–1815), Johann Caspar Lavater (1741–1801), Johann Heinrich Voß (1751–1826) und Friedrich Heinrich Jacobi (1743–1819). Die gelehrten Runden werden „Emkendorfer Kreis" genannt. Dem Schauplatz Emkendorf brachten sie gleichfalls den Ruf eines „Weimars des Nordens" ein. Es wirkte als kultureller Magnet, der die gebildete Gesellschaft anzog. Doch Goethe blieb dem Gut trotz Einladung fern. Er als „sündiger Mensch" wolle nicht „die Zuchtrute der adligen Damen" über sich ergehen lassen, womit er auf Julias stark ausgeprägten christlichen Glauben anspielte, der sie dem Dichterfürsten genauso wie Schiller eigentlich ablehnend gegenüberstehen ließ. Insofern ist auch für Emkendorf die Charakterisierung als „Weimar des Nordens" eher fragwürdig.

Der Emkendorfer Kreis steht jedenfalls sinnbildlich für eine zeitweilig sehr synergetische Verbindung, die der sog. Uradel, zu denen die Reventlows zu rechnen sind, mit dem Briefadel, also in den Adelsstand erhobenen Familien wie den Schimmelmanns, und Vertretern eines Geistesadels, zu denen die genannten Gelehrten zählten, pflegte. Zudem unterhielt Julia einen regen Briefwechsel u. a. mit Lavater, unter dessen Einfluss ihre streng orthodoxe Frömmigkeit einen mystischen Einschlag erhielt. Sie setzte sich auch für eine Verbesserung der Lebensbedingungen der Sklaven auf den dänischen Plantagen ihrer Familie in Westindien ein, denen sie ihren großen Reichtum verdankte, und ließ Herrnhuter Missionare dorthin aussenden. Sie unterstützte ihren Mann im

Kampf gegen den theologischen Rationalismus und gehörte zu den Förderern der Deutschen Christentumsgesellschaft.

Dahinter stand die Herausforderung, die die damaligen revolutionären Geschehnisse in Frankreich an den Emkendorfer Kreis stellte: Mehr und mehr ging es darum, das eigene orthodoxe Luthertum gegen den „gottlosen" Rationalismus zu verteidigen, was einer anfangs toleranten geistigen Aufgeschlossenheit gegenüber der Revolution und ihren Zielen ein Ende setzte. Voß bewertete Emkendorf daher bald auch als „Schmiede für Geistesfesseln". Umgekehrt war sich Fritz Reventlow mit dem zum Katholizismus konvertierten Friedrich Leopold Stolberg und dem Dichter Claudius, der die Aufklärung immer stärker ablehnte, einig. Als er im Jahr 1800 Kurator der Kieler Universität wurde, begann er eine reaktionäre Kulturpolitik. In dieser Funktion zwang er den beliebten Leiter des Kieler Lehrerseminars Heinrich Müller (1759–1814) 1804 zum Rücktritt. Zum Nachfolger machte er den 73-jährigen Hermann Daniel Hermes (1734–1807), einen erzkonservativen preußischen Oberkonsistorialrat.

Wie hoch her die Debatten über die Französische Revolution und ihre Errungenschaften in den Landen gingen, zeigen die Ereignisse um den Kieler Professor Carl Friedrich Cramer (1752–1807), der einen französischen Girondisten trotz seiner Beteiligung an der Hinrichtung Ludwigs XVI. (1754–1793) als menschenfreundlichen Geist betitelt hatte. Cramer verlor darauf seine Professur. Die Öffentlichkeit beurteilte den Fall konträr – im konservativen Emkendorf wurde die Entlassung begrüßt.

Zum Weiterlesen:

Oliver Auge u. Anke Scharrenberg (Hrsg.): Auf dem Weg zum „Weimar des Nordens"? Die Eutiner Fürstbischöfe und ihr Hof im 18. Jahrhundert (Eutiner Forschungen, 15), Eutin 2019.

47

DAS ENDE DES HEILIGEN RÖMISCHEN REICHES DEUTSCHER NATION 1806

Die auf die Französische Revolution folgenden Koalitions- oder Napoleonischen Kriege versetzten ganz Europa in einen fast permanenten Kriegszustand. Auch der Gesamtstaat blieb davon nicht verschont. Zwar bemühte sich dessen Außenminister Christian Günther von Bernstorff (1769–1835) um eine bewaffnete Neutralität. Doch Großbritannien waren die damit verbundenen großen Profite dänischer Handelsschiffe bei gleichzeitiger Gefahr einer doch irgendwie möglichen Instrumentalisierung der mächtigen dänischen Kriegsflotte für Napoleons Eroberungsziele ein Dorn im Auge. Es entschloss sich zum Präventivschlag, indem Lord Horatio Nelson (1758–1805) mit über 50 Schiffen vor Helsingør erschien und den Dänen am Gründonnerstag 1801 in der Schlacht auf der Reede eine schwere Niederlage zufügte.

Doch auch ohne militärischen Geleitschutz betrieben die unter dänischer Flagge segelnden Schiffe weiter ihren gewinnträchtigen Handel. Zu diesem Zeitpunkt war indes keinesfalls klar, auf welcher Seite Dänemark in einen Krieg eintreten werde. Als Napoleon Hannover und Lauenburg besetzen ließ, rückten beispielsweise 20.000 dänische Soldaten zum Schutz der gesamtstaatlichen Neutralität nach Holstein ein. Kurze Zeit später überschlugen sich aber die Ereignisse: Nach der schweren Niederlage der Russen und Österreicher bei Austerlitz im Dezember 1805 kam es unter französischem Protektorat im Juli 1806 zur

Gründung des Rheinbundes. Im August legte der römisch-deutsche Kaiser Franz II. (1768–1835) seine Krone nieder und erklärte das Heilige Römische Reich für aufgelöst. Die preußische Armee wurde von den Franzosen zwei Monate später bei Jena und Auerstedt vernichtend geschlagen, sodass Napoleon triumphierend in Berlin Einzug hielt.

Noch im August 1806 hatte der französische Außenminister vorgeschlagen, das mit dem Ende des Alten Reiches „herrenlose“ Herzogtum Holstein unmittelbar der dänischen Krone zu inkorporieren. Ganz offensichtlich sollte Dänemark mit diesem Angebot für die französische Sache geködert werden. Der Schwager des Kronprinzen, Herzog Friedrich Christian II. von Schleswig-Holstein-Sonderburg-Augustenburg (1765–1814), plädierte demgegenüber für ein selbstständiges und nur in Personalunion mit der dänischen Krone verbundenes Herzogtum, da er hoffte, sein Haus könne einmal die Königslinie in Holstein beerben. Der Kronprinz zeigte sich erbost über diese Haltung und warf dem Schwager mangelnden Patriotismus und mit der Muttermilch eingesogenen Hass gegen das dänische Königshaus vor. Dies war der Anfang eines tiefen Zerwürfnisses des dänischen Königshauses mit der Augustenburger Herzogslinie, die bis dahin treu in seinen Diensten gestanden hatte.

Und ganz im Gegenteil wurde Holstein dann tatsächlich am 9. September 1806 durch königliche Deklaration mit der dänischen Monarchie „als ein in jeder Beziehung völlig untrennbarer Teil derselben“ vereint. Die bisherigen Gesetze und Privilegien sollten einstweilen ihre Geltung behalten. Die Deutsche Kanzlei, von der aus die Herzogtümer verwaltet wurden, hieß fortan Schleswig-Holsteinische Kanzlei. Die Eider war nicht länger die formale Grenze zwischen Deutschland und Dänemark-Schleswig – faktisch war sie dies ja wegen der dänischen Personalunion mit Schleswig und Holstein schon seit dem Mittelalter nicht mehr. Neuer Grenzfluss war jetzt die Elbe. Folgerichtig ließ man den Eiderstein von 1670 mit der demonstrativen Inschrift „Eidora Romani Terminus Imperii – Die Eider ist die Grenze des Römischen Reichs" aus dem Rendsburger Holstentor entfernen und nach Kopenhagen ins Zeughaus schaffen.

Am 21. November 1806 verhängte Napoleon dann die sogenannte „Kontinentalsperre", um durch diese europaweite Blockade Großbritannien in die Knie zu zwingen. Der Handel mit dem Königreich und jeglicher Verkehr sollten unterbunden werden. Großbritannien reagierte darauf 1807 mit einer Gegenblockade der Elbe. Der neutrale Gesamtstaat war zunächst kein Teil der Handelssperre, und gerade über die ebenfalls 1807 von den Engländern besetzte Insel Helgoland begann ein reger Schmuggel mit Kolonialwaren an die Westküste der Herzogtümer, insbesondere nach Tönning, das eine große wirtschaftliche Blüte erlebte. Es bestand freilich die fortlaufend größere Gefahr, dass der neutrale Gesamtstaat unter Napoleons Einfluss gerate und ihm seine wieder aufgerüstete Flotte zur Verfügung stelle. Also griffen die Briten am 16. August 1807 die Dänen nochmals präventiv an, nachdem ihr diplomatischer Vorschlag, die dänische Flotte im Austausch für Subsidien treuhänderisch an sie zu übergeben, von diesen abgelehnt worden war. Diesmal wurden neben Kriegsschiffen auch 17.000 Landsoldaten eingesetzt, die Kopenhagen belagerten. Vom 2. bis 5. September 1807 wurde die Stadt schwer bombardiert; 2000 Zivilisten kamen ums Leben. Schließlich kapitulierte der dänische Befehlshaber, und die dänische Flotte wurde an Großbritannien ausgeliefert. Seit dem Ereignis meint der englische Ausdruck „to copenhagen" einen Flottenangriff auf eine im Hafen vor Anker liegende, weitgehend wehrlose Flotte.

Einmütig groß war bei allen Einwohnern des Gesamtstaats die Empörung über den britischen Überfall. Als Reaktion darauf schloss die dänische Seite am 31. Oktober 1807 ein Bündnis mit Frankreich. Dänemark wurde zum treuesten Verbündeten der Franzosen und blieb bis zu Napoleons Untergang an dessen Seite. Vorher noch erlitt der Gesamtstaat Anfang 1813 aber wegen der Kriegsfolgen einen Staatsbankrott, der bei vielen Schleswigern und Holsteinern die Sympathien für den Gesamtstaat verspielte, weil die Herzogtümer dadurch finanziell verhältnismäßig stärker belastet wurden als das dänische Kernland.

Zum Weiterlesen:
Carsten Walczok u. William Boehart (Hrsg.): Sturm über Schleswig-Holstein. Der Krieg von 1813/14 in Schleswig-Holstein und Hamburg, Neumünster/ Hamburg 2013.

48

DER KIELER FRIEDEN VON 1814

Anfang Dezember 1813 waren Schleswig und Holstein unmittelbarer Kriegsschauplatz geworden, als die Nordarmee der Alliierten unter dem schwedischen Kronprinzen Karl Johann, besser bekannt unter seinem früheren Namen Jean Baptiste Bernadotte (1763–1844), in die Herzogtümer eingedrungen und durch einen Vorstoß nach Norden bald zur Bedrohung für das dänische Kernland geworden war. Bernadotte ging es um die Durchsetzung schwedischer Machtpolitik, die seit 1812 in Abstimmung mit Russland auf den Erwerb Norwegens von Dänemark ausgerichtet war, um so den 1809 erfolgten Verlust Finnlands an Russland zu kompensieren.

Dänemark wusste von dieser Übereinkunft auf seine Kosten und war so zwangsläufig an Napoleons Seite gebunden. Gerade für den seit 1808 regierenden dänischen König Friedrich VI. war der Verbleib Norwegens unter seiner Krone eine conditio sine qua non. Im Juli 1813 schloss Dänemark daher ein neues Bündnis mit Napoleon, im Oktober 1813 erklärte es Russland und Preußen den Krieg. Aufgrund des reibungslosen Feldzugs wurden Bernadottes Ziele noch ambitionierter: Vom Buchwaldschen Hof in Kiel als seinem Quartier aus ließ er bekannt geben, dass Schleswig-Holstein aus dem Gesamtstaat herausgelöst werden und den neuen Staat „Königreich Cimbrien“ bilden sollte. Er selbst bot sich den Ständen als Kandidat für die Königswürde Cimbriens an. Die Mehrheit der Ritterschaft der Lande zeigte jedoch kein Interesse und war von der „Hoffart des abtrünnigen Napoleoniden“ Bernadotte eher abgestoßen. Doch letztlich ausschlaggebend für das Scheitern der Idee wird der Druck des verbündeten Großbritanniens gewesen sein, das unmissverständlich die Verlegung aller Truppen der Nordarmee nach Westen forderte, um dort Napoleon endgültig zu besiegen, und ultimativ mit der Sperrung aller Hilfszahlungen für Schweden drohte. Gegen die Garantie, dass binnen Tagesfrist ein Friedensvertrag mit Dänemark zustande komme, erreichte der schwedische Staatsminister Wetterstedt (1776–1837) die Geheimhaltung dieses Ultimatums für die Dauer von 24 Stunden, um einen Verhandlungserfolg nicht zu gefährden.

Von diesen Misshelligkeiten unter den Verbündeten ahnte die dänische Seite tatsächlich nichts. Zwar hatte der König nach langem Zögern eine aktive Gegenwehr eingeleitet und beorderte 15.000 Mann nach Middelfart, Kolding und Schleswig. Doch dann ließ er die Truppen wieder nach Hadersleben zurücknehmen, wo nun eine Verteidigungslinie aufgebaut werden sollte. Als schließlich Kosaken am 9. Januar 1814 vor Hadersleben und Christiansfeld erschienen und fast gleichzeitig in Ripen auftauchten, war der dänischen Seite klar, dass ein Sieg gegen die Alliierten unmöglich war. Schon seit dem 7. Januar hatte man daher in Kiel Friedensverhandlungen aufgenommen und zwei Tage später für die Einstellung der Kampfhandlungen gesorgt. Am 14. Januar willigte der König schließlich in die harten Friedensbedingungen ein, sodass der Vertrag noch in derselben Nacht im Buchwaldschen Hof zwischen Dänemark einerseits und Schweden und Großbritannien andererseits unterzeichnet werden konnte.

Der Vertrag ging als Kieler Frieden in die Geschichte ein. Dänemark musste das mit ihm seit 1387 fest verbundene Norwegen an Schweden abtreten und sollte dafür im Tausch Schwedisch-Pommern mit der Insel Rügen und als weitere Entschädigung eine Million schwedische Taler empfangen. Die Norweger waren aber ganz und gar nicht bereit, sich den Schweden zu unterwerfen, sondern erklärten ihre Unabhängigkeit. Im Mai gaben sie sich eine freiheitliche Verfassung. Schweden war letztlich gezwungen, diese Verfassung anzuerkennen. Auch wurde Norwegen nicht Teil des schwedischen Staatsgebiets, sondern mit Schweden bis 1905 nur in Personalunion verbunden.

Weiter wurde festgelegt, dass das seit 1807 von England besetzte Helgoland kompensationslos britisch blieb, ebenso wie die von England geraubte dänische Flotte. Dänemark verpflichtete sich, ein Korps in einer Stärke von 10.000 Soldaten unter Bernadottes Befehl für den Endkampf gegen Napoleon bereitzustellen.

Diese Friedensbedingungen trafen Dänemark besonders hart, und es gilt gar als einer der größten Verlierer in der damaligen Neuordnung Europas: Mit Norwegen verlor es den größten Teil seines Reichsgebiets, insgesamt nahezu 85 Prozent, und mehr als ein Drittel seiner Bevölkerung, d. h. rund 36 Prozent. Das Machtgefüge im Norden Europas änderte sich damit drastisch; die bisherige nordeuropäische Mittelmacht Dänemark war fortan lediglich ein Kleinstaat, der außenpolitisch vom Gutdünken der europäischen Großmächte abhängig war. Freilich besaß es im Rahmen des Gesamtstaats noch weiter einen multiethnischen Charakter, indem in den Herzogtümern überwiegend deutsch- und friesischsprachige Untertanen lebten.

Indes war es durchaus ein Verhandlungserfolg, dass die atlantischen Kolonien, also Grönland, Island und die Färöer-Inseln, bei Dänemark verblieben. Auch erlangte Dänemark seine überseeischen Kolonien in Westindien und die im Kattegat gelegene Insel Anholt zurück. Mit Preußen tauschte es zudem noch im Jahr 1815 Rügen und Vorpommern gegen das Herzogtum Lauenburg. Lauenburgs Ritterschaft protestierte vergeblich dagegen.

Seither bildeten jedenfalls die drei Herzogtümer Schleswig, Holstein und Lauenburg sowie das dänische Kernreich den erheblich verkleinerten Gesamtstaat. Durch den Verlust Norwegens verringerte sich das skandinavische Bevölkerungselement im Gesamtstaat von 75 auf 60 Prozent, wohingegen durch den Erwerb Lauenburgs der Anteil deutschsprachiger Untertanen entsprechend zunahm.

Zum Weiterlesen:

Sonja Kinzler (Hrsg.): Der Kieler Frieden 1814. Ein Schicksalsjahr für den Norden, Neumünster 2013.

49

EINE WATERLOO-REDE VOM JULI 1815 UND DER AUFKEIMENDE NATIONALISMUS

Bei manchen Schleswig-Holsteinern kamen infolge des Kieler Friedens Zweifel auf, ob die Politik des Gesamtstaats während der napoleonischen Ära die richtige gewesen war und ob sein absolutistischer Herrscher selbst klug gehandelt hatte. Allerdings hielt die Masse der deutschsprachigen Bevölkerung in den ersten Nachkriegsjahren nach wie vor fest zu ihrem König und zum Gesamtstaat. Nicht von ungefähr wurde der König damals auf seiner Rückreise von Wien allseits begeistert begrüßt.

Auch die Angehörigen der Ritterschaft pochten als Gegner demokratischer und zugleich absolutistischer Vorstellungen „nur" auf die Wahrung ihrer ständischen Privilegien und forderten die Einberufung eines Landtags; sie dachten zunächst aber nicht an einen deutschen Nationalstaat. Stimmen wie die Barthold Georg Niebuhrs (1776–1831), der vor seiner Tätigkeit als Geschichtsprofessor in Berlin im dänischen Staatsdienst gearbeitet hatte, bildeten noch die Ausnahme. Niebuhr beurteilte den Gesamtstaat als widernatürliches Gebilde, das auseinanderfallen werde. „Möge denn wieder zusammenkommen, was durch Natur zusammengehört: Deutsche zu Deutschen." Er riet den holsteinischen Ständen, Holstein sowie den deutschen Teil Schleswigs dem Königreich Preußen anzuschließen.

Freilich sollte sich die Haltung der deutschen Untertanen durch die politische Situation allmählich ändern: Nach dem

Ende des Alten Reichs 1806 war Holstein dem Königreich Dänemark als „ungetrennter Teil" inkorporiert und aus der Deutschen eine Schleswig-Holsteinische Kanzlei gemacht worden, wie gesagt. Zentralisierungs- und Vereinheitlichungsmaßnahmen waren angedacht, aber wegen der Kriegsereignisse nicht durchgeführt worden. So war auch die Realisierung eines Sprachreskripts vom 15. Dezember 1810 unterblieben, demzufolge die deutsche Sprache beim Gottesdienst, im Schulunterricht und in der Rechtsprechung durch die dänische ersetzt werden sollte, da die Sprache des „gemeinen Mannes" Dänisch sei. Die Inkorporation Holsteins wurde 1815 im Kontext des Wiener Kongresses wieder rückgängig gemacht. So verblieb Holstein zwar unter der angestammten Herrschaft des dänischen König-Herzogs, wurde aber Teil des anstelle des untergegangenen Heiligen Römischen Reichs neu geschaffenen Deutschen Bundes. Als Fürst desselben hatte sich der dänische König-Herzog der Bundesakte zu unterwerfen, was für Holstein einen Rechtsanspruch auf eine Verfassung mit zeitgemäßen bürgerlichen Freiheiten bedeutete.

Ein solches verbrieftes Anrecht hatte Schleswig, das sich im Gesamtstaat jenseits der Grenze des Deutschen Bundes befand, nicht. Tatsächlich gestand der dänische König, der mittlerweile der reaktionären Heiligen Allianz vom September 1815 beigetreten war, 1816 lediglich Holstein eine Verfassung zu und anerkannte die alten Privilegien der Ritterschaft. Obwohl der König zuvor auch den „Nexus socialis", also die schon berührte enge gesellschaftliche Verbindung zwischen Holstein und Schleswig, für die Ritterschaft bestätigt hatte, blieb Schleswig trotz eines entsprechenden ritterschaftlichen Gesuchs in der Verfassungsfrage unberücksichtigt. Mehrere schleswigsche Verfassungspetitionen waren erfolglos, aber die politische Debatte war angestoßen und wurde auf publizistischer Ebene intensiv geführt.

Aus dieser angespannten Situation musste sich ein Problem von großer Sprengkraft ergeben, sobald die diffizile Verfassungsfrage mit der aufkeimenden nationalen Frage verbunden wurde.

Das war in Akademikerkreisen bereits 1814/15 der Fall. Hatte der Kieler Geschichtsprofessor Friedrich Christoph Dahlmann schon im Frühjahr 1814 in seiner unveröffentlichten Erstlingsschrift „Über die letzten Schicksale der deutschen Untertanen Dänemarks und ihre Hoffnungen auf die Zukunft" einen deutschen Nationalstaat als politisches Ziel auch für die Schleswig-Holsteiner propagiert, so forderte er, seit Kurzem zusätzlich Sekretär der schleswig-holsteinischen Ritterschaft, am 7. Juli 1815 bei der universitären Feier aus Anlass des Sieges über Napoleon in seiner bekannten Waterloo-Rede nun ganz offen und leidenschaftlich eine Verfassung für Schleswig und Holstein gemeinsam unter dem Dach des Deutschen Bundes, freilich nicht ohne dabei natürlich auch des dänischen Königs zu gedenken: „Heil auch unserem König Friedrich dem Sechsten, welchem es vorbehalten ward, seine Deutschen in den alten Bund ihrer Väter zurückzuführen. ... Heil Blüchern und den Streitern für das deutsche Vaterland." Als historisches Argument für seine Forderung diente ihm der Vertrag von Ripen vom März des Jahres 1460, in dem festgelegt worden war, dass Schleswig und Holstein „ewich tosamende vngedelt" bleiben sollten.

Anfangs waren das Vorstellungen, die außerhalb der Universität kaum für Gesprächsstoff sorgten. Selbst die Kieler Studenten waren zwischen Gesamtstaatspatriotismus, der sie im Fackelzug des dänischen Siegs bei Sehestedt vom 10. Dezember 1813 gedenken und deutschem Nationalismus, der sie als eine der zahlenmäßig stärksten Delegationen beim Wartburgfest 1817 dabei sein ließ, noch hin- und hergerissen. Doch nach und nach verdrängte die nationale Idee den zuvor breit, auch in der deutschsprachigen Bevölkerung und bei den Akademikern in Kiel verankerten Gesamtstaatspatriotismus. Die zwischen 1815 und 1819 unter der Ägide Dahlmanns sowie seiner Professorenkollegen Nikolaus Falck (1784–1850), Karl Theodor Welcker (1790–1869) und Franz Hermann Hegewisch (1783–1865) erscheinenden „Kieler Blätter" spielten ihre wichtige publizistische Rolle dabei. Die Zeit der nationalen Auseinandersetzung zwischen Dänemark und Deutschland um Schleswig und Holstein war gekommen.

Zum Weiterlesen:
Utz Schliesky u. Wilhelm Knelangen (Hrsg.): Friedrich Christoph Dahlmann (1785–1860) (Demokratie. Köpfe. Schleswig-Holstein), Husum 2012.

50

HEGEWISCH UND HARRING: ZWEI EUROPÄER AUS SCHLESWIG-HOLSTEIN

„Liebet euer Vaterland über alles, und was ist euer Vaterland? Alle Länder des Königs: Dänemark, Norwegen, Holstein und Island, kein einziges ausgenommen. Lasset den törichten Unterschied unter einem Dänen, Norman oder Holsteiner aufhören; freilich sind eure Sprachen unterschieden, aber Gott versteht euch alle. Ein König beherrscht euch alle." Mit diesen Worten des dänischen Historikers Peter Suhm (1728–1798) hatte der im niedersächsischen Quakenbrück zur Welt gekommene Kieler Professor Dietrich Hermann Hegewisch (1740–1812) 1784 seine kleinere Betrachtung „Über die gegenseitigen Pflichten verschiedener unter einem Oberhaupt vereinigten Nationen" eröffnet.

Das Zitat entsprach Hegewischs eigenem Gesamtstaatspatriotismus und seinen weltbürgerlichen Idealen. Hegewisch ging aber sogar noch einen Schritt weiter und über den Gesamtstaat hinaus, indem er als früher Vordenker Europas die Idee einer europäischen Einigung vertrat. Insbesondere sprach er sich für eine enge politische und ökonomische Kooperation im Rahmen der europäischen Mächte aus. So wollte er einen „ewigen Frieden" in Europa realisieren. In solchen Dimensionen zu denken und zu publizieren, war zu Hegewischs Zeit alles andere als üblich, wie allein schon die reserviert-ablehnende Haltung seines Mentors, des Hamburger Mathematikers und Ökonomen Johann Georg Büsch (1728–1800), diesen Vorstellungen gegenüber nahelegt: Dies alles betrachtete jener nämlich als einen „frommen unerfüllten Wunsch". Und wenn Hegewischs Gedanken schon in seiner eigenen Gegenwart reichlich aus ihrer Zeit zu fallen drohten, so ereilte sie dieses traurige Schicksal in der nachfolgenden, von Nationalismus, Protektionismus und Separation gekennzeichneten Phase der europäischen Geschichte umso mehr. So wurden Hegewisch und seine progressiven Ideen einer europäischen Einigung und Einheit erst einmal aus dem allgemeinen Bewusstsein verdrängt.

Als ein Europäer ganz anderer Art entpuppte sich dagegen der gebürtige Nordfriese Harro Paul Kasimir Harring (1798–1870). Früh zum Halbwaisen geworden, machte er zunächst eine Lehre als Schreiber. Dann studierte er, um Maler zu werden, an den Kunstakademien von Kopenhagen und Dresden. Hier kam er mit dem radikalen Flügel der deutschen Burschenschaften in Kontakt, was sein politisches Denken nachhaltig beeinflusste: Harring wurde Berufsrevolutionär zur Befreiung der Völker Europas. Als Erstes trat er 1821 der Philhellenischen Legion bei, um am Freiheitskampf der Griechen gegen die türkischen Osmanen teilnehmen.

Doch wandte er sich, von der Passivität der Griechen enttäuscht, schnell nach Rom. Nach einer Begegnung mit dem englischen Dichter Lord Byron (1788–1824) versuchte Harring dann in München eine bürgerliche Existenz aufzubauen und schrieb Theaterdramen. Danach war er von 1826 bis 1827 Dramaturg in Wien, wo er durch die Regierung Metternich als Demagoge ausgewiesen wurde. Bald musste er nach München fliehen, weil ihm die Befreiung des griechischen Freiheitskämpfers Alexander Ypsilantis (1792–1828) aus der Festung Theresienstadt misslang. Hier machte er die Bekanntschaft von Heinrich Heine (1797–1856) und des Vormärz-Politikers Georg Fein (1803–1869).

1828 reiste Harring dann nach Warschau, um als Offizier im Heer des Großfürsten Konstantin (1779–1831), des Militärgouverneurs in Kongresspolen, am polnischen Freiheitskampf gegen Russland teilzunehmen. Obwohl er Ausländer war, wurde er in die geheimen Pläne zum Novemberaufstand eingeweiht. Doch bevor dieser – vergebliche – Aufstand losbrach, überredete ihn die polnische Führung zur Flucht, weil er bereits von der russischen Geheimpolizei verfolgt wurde und in Deutschland von der Lage in Polen Bericht erstatten sollte. Bei Ausbruch der Julirevolution 1830 kehrte er also nach Deutschland zurück und war dann 1832 einer der 30.000 Teilnehmer des Hambacher Fests. Danach floh er ins Elsass. Eine Wahl in den deutschen Nationalkonvent blieb ihm verwehrt, da er als Nordfriese von jenseits der Eider offiziell gar kein Deutscher sei, was ihn sehr verbitterte.

Mit zahlreichen Zeitungsbeiträgen, Pamphleten, Gedichten und Romanen setzte er sich weiter für unterdrückte Völker ein. Seine Schriften wurden teilweise verboten, er selbst mehrfach verhaftet und ausgewiesen. Aber Harring verfolgte unbeirrt seinen Traum von der Befreiung der Völker aus ihrer Knechtschaft. 1840 verschlug es ihn gar nach Rio de Janeiro, wo er sich für das Schicksal der dortigen Sklaven einsetzte. Als Mitkämpfer von Giuseppe Garibaldi (1807–1882) war er außerdem am Plan einer Gründung der Vereinigten Staaten von Südamerika beteiligt. Als ihn die Nachricht vom Beginn der Märzrevolution 1848 in Deutschland erreichte, kehrte er nach Europa zurück.

In einem Brief an den dänischen Nationalliberalen Orla Lehmann bot er den Eiderdänen seine Hilfe an, der aber unbeantwortet blieb. Im Juli 1848 ließ er in Tönning sein Europa-Bekenntnis drucken: „Sei laut gegrüßt am alten Cymbrer-Strande, / Symbol Europa's – goldner Freiheit-Stern / Dein Strahl durchbricht die Nacht der Sclavenschande, / Der Eintracht Sühnungs-Morgen ist nicht fern! / Volk neben Volk zerreißt der Knechtschaft Bande! / Erkennend ihren Herrscher: – Gott den Herrn! / Erstehn Europa's mächtige Nationen, / Auf Trümmern der zerfallnen Fürstenthronen!" In einer Rede an die Nordfriesen auf dem Bredstedter Marktplatz versuchte er am 23. Juli 1848 vergeblich, einen nordfriesischen Freistaat auszurufen. Um einer erneuten Verhaftung zu entgehen, entwich Harring nach Norwegen, aber auch hier konnte er nicht lange bleiben. Die letzten Jahre seines Lebens verbrachte er in völliger Armut und Isoliertheit auf der britischen Kanalinsel Jersey. Im Alter von 71 Jahren beging er hier Selbstmord.

Zum Weiterlesen:

Peter Mathews: Harro Harring – Rebell der Freiheit: Die Geschichte des Dichters, Malers und Revolutionärs 1798–1870, München 2017.

51

DAMPFSCHIFF UND EISENBAHN KOMMEN NACH SCHLESWIG-HOLSTEIN

Krieg als Dauergeschehen, Wirtschaftskrise, Staatsbankrott: Das alles zeitigte längerfristig nachwirkende Konsequenzen, die bei den Zeitgenossen den ab 1814/15 erlangten Frieden ebenfalls negativ erscheinen ließen. Der in Holstein geborene Schriftsteller und dänische Diplomat Johann Georg Rist (1775–1847) schrieb: „Ich gestehe, daß nach den Erfahrungen, die ich über unsere innere und moralische Wehrlosigkeit in dieser Zeit gemacht hatte, mein Gefühl als Holsteiner und die Freude über den Frieden an die Stelle einer schmerzlichen Demütigung trat, die doch einmal nicht mehr abzuschütteln war."

Die Wirtschaft in den Herzogtümern kam nur stotternd in Fahrt, litt sie doch auch seit Längerem an einer schweren Strukturkrise, die durch die staatliche Finanzmisere und die damit einhergehende hohe Steuer- und Zollbelastung weiter verschärft wurde. Den heimischen Produzenten machten die Einfuhren aus dem Ausland, vor allem die Konkurrenz hochwertiger Waren aus Großbritannien, und der folgende Preisverfall schwer zu schaffen. Handwerk und Handel litten enorm darunter, zumal für sie angestammte Exportmärkte wegbrachen. Das galt vor allem für Norwegen, das Hauptabnehmer des schleswig-holsteinischen Getreides gewesen war, sich nun aber handelsmäßig neu ausrichtete. Dazu traten 1815 noch ein britisches Getreideeinfuhrverbot und ein neuer Zoll auf Viehimporte. So war es den schleswig-holsteinischen Bauern fast unmöglich, ihre Produkte außerhalb der Landesgrenzen zu verkaufen. Das schlug sich auf ihre eigene Kaufkraft nieder. Auch zahlreiche Kaufleute gingen wegen Zahlungsunfähigkeit bankrott. Der Viehbestand war durch die Kriegsauswirkungen stark dezimiert worden und erholte sich nur allmählich.

Vor allem fehlte es den Gutsbesitzern und Landpächtern an Geld für Investitionen. Geldmangel, Steuerlast und Kreditunwürdigkeit, dazu ein kaum kalkulierbares Auf und Ab bei den Preisen für Agrarprodukte bedrängten manche von ihnen so schwer, dass sie den Betrieb einstellen mussten. Für etliche Hofstellen fand sich kein Käufer, weil es an Kreditmöglichkeiten mangelte; andere Höfe wurden zu Spottpreisen verschleudert. Arbeiter auf dem Land und in den Städten litten unter der Depression, die 1825 ihren Höhepunkt erreichte, da ihre Löhne sanken oder sie ihre Arbeit ganz verloren, sodass sie sich nicht mehr das Lebensnotwendige leisten konnten. Die hohe Schuldenlast der öffentlichen Hand machte die Situation nicht einfacher. Nach einer Schätzung vom Juni 1814 wurde der Gesamtkriegsschaden für beide Herzogtümer mit einer Summe von etwa zehn Millionen Reichsbanktalern beziffert. Der Regierung blieb nur das Mittel der Zwangseintreibung, und sie setzte dazu ab Ende 1814 gar das Militär ein. Den einfachen Bauern und Bürgern wurde mit der Versteigerung ihres Besitzes gedroht. Etliche Dörfer und Kirchspiele blieben jahrzehntelang hoch verschuldet, weil sie während des Krieges versucht hatten, die Einquartierung von Soldaten über Kredite zu finanzieren. Eine zusätzliche Belastung stellte die Beseitigung der Kriegsschäden durch Reparaturen und Instandsetzungen dar, wie sie etwa für die Schleusen des Schleswig-Holsteinischen Kanals belegt sind.

Die Ärmsten im Land traf die ruinöse Situation in den Landen besonders hart. Lebensmittel waren knapp und teuer, Arbeit rar, die medizinische Versorgung mangelhaft. Im Winter fehlte es an Heizmaterial. Krankheiten und Seuchen brachen aus. Organisationen wie die bereits erwähnte Patriotische Gesellschaft und Einzelpersonen wie Johann Daniel Lawaetz (1750–1826) nahmen sich der vielfältigen sozialen Probleme, die der neuartige Pauperismus in den früher wohlhabenden Herzogtümern mit sich brachte, an und engagierten sich für die Armen. Lawaetz gründete 1821 die Armenkolonie Friedrichsgabe in Norderstedt.

In dieser ökonomisch schweren Lage konnten der Ausbau der Infrastruktur durch die Ausweitung des Straßennetzes und die zusätzliche Einrichtung eines Eisenbahnnetzes gewiss kein Fehler sein. 1832 wurde die 92 Kilometer lange Kiel-Altonaer Chaussee mit einer macadamisierten, also geteerten Straßendecke angelegt, was den Überlandverkehr erheblich von bisher 24 auf nunmehr zehn Stunden Reisezeit verkürzte. Wichtiger war aber die Anlage einer Bahnverbindung zwischen Kiel und Altona, die am 18. September 1844, dem Geburtstag des dänischen Königs, als „Christians VIII. Ostseebahn“ eingeweiht wurde. Schon ein Jahr später wurde das Eisenbahnnetz um die Nebenstrecken Elmshorn – Glückstadt, 1857 noch bis Itzehoe verlängert und Neumünster-Rendsburg ausgeweitet. Es folgte bis 1854 die Eisenbahnlinie Flensburg – Tönning, womit auch der Schleswiger Landesteil infrastrukturell weiterentwickelt wurde. Über eine Abzweigung nach Rendsburg wurde diese „Friedrichs VII. Südschleswigsche Eisenbahn“ sinnvollerweise an die holsteinischen Bahnstrecken angeschlossen. Der König erlaubte den Hamburgern 1845/46 auch den Bau einer Bahnlinie durch lauenburgisches Territorium nach Berlin, die bei Büchen die 1851 von den Lübeckern nach Lauenburg errichtete Bahnstrecke kreuzte. Somit waren alle wichtigen Wirtschaftszentren der Zeit ans Bahnnetz angeschlossen.

Bereits 1819 wurde mit der 1815 in Schottland gebauten „Caledonia“ auch der erste Raddampfer für eine regelmäßige Verkehrsverbindung zwischen Kiel und Kopenhagen eingesetzt. Die Überfahrt dauerte 16 Stunden. Insgesamt machte der Einsatz von Dampfschiffen den Seeverkehr von Windstärke und Windrichtung unabhängig, was den betreffenden Warenverkehr vereinfachte und beschleunigte. Die „industrielle Revolution“ hielt in den Landen ihren Einzug.

Zum Weiterlesen:
Erich Staisch: Der Zug nach Norden – 150 Jahre Eisenbahnverkehr in Schleswig-Holstein, Hamburg 1994.

52

VORBOTEN DER INDUSTRIALISIERUNG

Die Industrialisierung nahm zum Ende des 18. Jahrhunderts von England aus ihren Anfang. Das stark landwirtschaftlich geprägte Schleswig-Holstein erreichte sie trotz der relativen Nachbarschaft zu Großbritannien jedoch vergleichsweise spät. Ein Grund dafür war neben dem Mangel an industriell nutzbaren Rohstoffen mit Ausnahme von Torf als Brennstoff, Ton für Ziegel und Kreide für den sog. Portlandzement vor allem die wirtschaftlich schlechte Ausgangslage nach dem Staatsbankrott von 1813. Zudem befand sich der Gesamtstaat in einem starken Umbruch von der überkommenen merkantilistischen Staatswirtschaft zu einer frühliberalen Individualwirtschaft, sodass es noch ein verwirrendes Nebeneinander von staatswirtschaftlichen Regelungen, zünftischer Reglementierung für Handwerk und Handel und Ausnahmebestimmungen für die neuen Industriebetriebe gab.

Trotzdem erreichten die Vorboten der industriellen Revolution auch die Herzogtümer, zumal es natürlich durchaus Gegenden in selbigen gab, die zum industriellen Take-off längst bereit waren. Dazu zählte das zwischen den beiden Hansemetropolen Hamburg und Lübeck gelegene Stormarn, wo sich in der frühen Neuzeit eine ungemein dichte Mühlenlandschaft entwickelt hatte. Es handelte sich in der Hauptsache um Getreide-, Kupfer-, Loh-, Obst-, Öl-, Papier-, Pulver-, Säge-, Schrot-, Waid- oder Walkmühlen. Diese Mühlen waren frühe Technik- und Gewerbezentren sowie wesentliche Bausteine der Rohstoffverarbeitung und Nahrungsmittelerzeugung. Sie stellten Knotenpunkte in einer sich immer stärker entfaltenden Gewerbelandschaft dar und boten vielen Menschen Lohn und Brot.

Zu den Vorboten zählten neben den Mühlen natürlich sinnbildlich auch Eisenbahnverkehr und Dampfschifffahrt, von denen schon die Rede war. 1824 nahm eine erste Dampfmaschine mit acht PS in der Textilfabrik Renck in Neumünster ihren Betrieb auf. Damit wurden zwölf Spinn-, drei Walk- und 17 zusätzliche Maschinen angetrieben. Neumünster entwickelte sich rasch zu einem Hauptort des Tuchmachergewerbes. Um 1830 waren hier 37 Meister und rund 800 Arbeiter in der industriellen Tuchherstellung tätig. Die Jahresproduktion belief sich auf fast 94.000 Ellen Tuch. 1841 wurde dann eine neue Dampfmaschine besorgt, die schon über 33 PS verfügte.

Ab 1827 entstand mit der Eisengießerei „Carlshütte" in Büdelsdorf bei Rendsburg der erste industrielle Großbetrieb in den Herzogtümern. Sie sollte für den Straßen- und Eisenbahnbau, zudem für die Landwirtschaft und die privaten Haushalte wichtiges Eisengerät liefern. Ihr Gründer war Marcus Hartwig Holler (1796–1858). Am 22. Januar 1828 nahm die nach dem königlichen Statthalter Carl von Hessen (1744–1836) benannte Carlshütte den Betrieb auf. Es handelte sich um das erste derartige Unternehmen in Dänemark und den Herzogtümern überhaupt. Da sich die bereits vorgeschichtlich praktizierte Verhüttung von im Land vorhandenem Raseneisenerz als unwirtschaftlich erwies, stellte Holler den Betrieb auf Gusseisen um. In den 1830er Jahren erweiterte er sein Eisenwerk um eine Eisenkunstgussabteilung und kaufte 1843 150 Hektar Moorland im Dellstedter Birkwildmoor, um dort Torf zu gewinnen. Vier Jahre später ließ Holler neben der Carlshütte eine Werft zum Bau von Schiffen, die für die Befahrung des Eider-Kanals geeignet waren, errichten. Damals dachte er auch über einen Ausbau des Kanals und eine Verbindung zur Elbe nach. In den 1850er Jahren gründete Holler darum das „Rendsburger Kanal-Komitee", dessen Arbeit er größtenteils finanzierte und dessen „technischen Bericht zur Herstellung einer Wasserstraße für Kriegs- und Handelsschiffe von der Ostsee nach der Elbe" dem König von Preußen vorgelegt wurde. Kein halbes Jahrhundert später sollte die Idee realisiert werden.

Neben unternehmerischer Zielstrebigkeit zeichnete sich Holler stets auch durch soziales Engagement aus. So bot er Sozialleistungen für seine Arbeiter, die in anderen Unternehmen erst Jahrzehnte später einführt wurden. Und als das deutsche Sozialversicherungswesen in der Kaiserzeit entstand, zog man hierfür die Erfahrungsgrundlage der Carlshütte heran. 1833 schuf Holler eine Betriebskrankenkasse mit Arbeitgeber- und Arbeitnehmeranteil zu deren Finanzierung, 1840 gründete er eine Pensionskasse. Eine nach seiner Frau benannte Wohnsiedlung „Marienstift“ richtete er 1842 ein. Es handelte sich um eine der frühesten Werksiedlungen in Deutschland überhaupt. Obendrein bemühte er sich um die Verbesserung der Volksbildung und befand sich unter den Gründern der 1842 ins Leben gerufenen „Höheren Volksschule“ in Rendsburg, an der vor allem Bauernsöhne eine allgemeine Bildung erwerben sollten, um Berufe jenseits der Landwirtschaft zu erlernen.

In Kiel setzte die Industrialisierung ein, als der Kaufmann und Reeder Johann Schweffel (1796–1865) zusätzlich zu seinen drei Segelschiffen das Dampfschiff „Løven“ erwarb, als dessen Maschinenmeister er den Braunschweiger Mechaniker August Ferdinand Howaldt (1809–1883) engagierte. Um Schiffsreparaturen vor Ort durchführen zu können, schlug Howaldt dem Reeder vor, in der südlichen Vorstadt Kiels eine gemeinschaftliche Maschinenbauanstalt einzurichten. Schweffel gab dazu das Geld, Howaldt sein technisches Know-how. Zunächst wurden Haushaltswaren und landwirtschaftliche Gerätschaften hergestellt. Doch bald schon machte die Firma den englischen Schiffbauern Konkurrenz. Aus dieser Maschinenbauanstalt sollte sich rund 50 Jahre später eine der größten deutschen Werften entwickeln. In Itzehoe wiederum begann man ab 1840, den ersten Zucker industriell zu raffinieren.

Zum Weiterlesen:

Jürgen Brockstedt (Hrsg.): Frühindustrialisierung in Schleswig-Holstein, anderen norddeutschen Ländern und Dänemark (Studien zur Wirtschafts- und Sozialgeschichte Schleswig-Holsteins, 5), Neumünster 1983.

53

DAHLMANN, FALCK UND LORNSEN: VOM ABSOLUTISMUS ZUM KONSTITUTIONALISMUS

Die Verfassungsfrage entwickelte sich nach 1815 zum Grundproblem Schleswig-Holsteins in seinem Verhältnis zu Dänemark. Holstein hatte nach Artikel 13 der Bundesakte als Mitgliedsstaat des Deutschen Bundes Anspruch auf eine landständische Verfassung. Schleswig hingegen stand außerhalb des Deutschen Bundes und hatte damit auch – wie schon gesagt – keinen gleichgearteten Verfassungsanspruch. Doch die schleswig-holsteinische Ritterschaft und weite Teile des Bildungsbürgertums forderten eine für Schleswig und Holstein gemeinsam gültige Ständeverfassung, wie sie zu alten Zeiten geherrscht habe. Als historisches Argument diente ihnen die Bestimmung des Ripener Vertrags von 1460, dass Schleswig und Holstein auf immer ungeteilt und zusammenbleiben sollten. Aus dem eher beiläufig formulierten Vertragsartikel „dat se bliven ewich tosamende ungedeelt" wurde mehr und mehr die politische Kampfparole „up ewig ungedeelt".

Friedrich Christoph Dahlmann trat in seiner Funktion als Sekretär der Ritterschaft mit allem erdenklichen Nachdruck für diese Position ein und geriet damit in Opposition zur gesamtstaatlichen Regierung. Der erzkonservative dänische König hatte nämlich bereits im September 1815 jegliche Debatte über die staatsrechtliche Stellung der beiden Herzogtümer verboten. Die königliche Kasse drohte gar mit einer Zwangsexekution, was die Ritterschaft mit einem Steuerstreik beantworten wollte. Die Steuern seien nämlich vom König allein festgesetzt worden, obwohl die Steuerbewilligung ein „uraltes" ständisches Privileg sei. Unterstützt wurde Dahlmann von Nikolaus Falck, dem Konsulenten der nichtadligen, „rezipierten" Gutsbesitzer. Falck verwies auf die große Bedeutung von Geschichtskenntnissen in der Streitfrage. „Unkunde der Geschichte ist das Grab aller Verfassungen", schrieb er. Ganz in diesem Sinne ergriff er im Jahr 1818 die Initiative zur Gründung einer friesischen Geschichtsgesellschaft, die aber in den Anfängen stecken blieb. Stattdessen engagierte Falck sich in der 1833 gegründeten Schleswig-Holstein-Lauenburgischen Gesellschaft für Vaterländische Geschichte – seit 1879 Gesellschaft für Schleswig-Holsteinische Geschichte – und wurde deren erster Präsident. Die Gesellschaft sollte die Einwohner der Lande für die eigene Geschichte interessieren und begeistern und auf diese Weise ein von Dänemark unabhängiges Bewusstsein und Selbstgefühl generieren.

Falck meinte auch, gegen den König-Herzog gerichtet, dass kein Recht ohne Zustimmung der Berechtigten gelöscht oder verändert werden könne. Der König-Herzog und seine Regierung versuchten die Diskussion auszusitzen und zu ignorieren. Doch Dahlmann verfasste 1822 für die Ritterschaft eine Denkschrift an die Deutsche Bundesversammlung, in der er sich in Fortführung von Falcks Argument auf den Artikel 56 der Wiener Schlussakte von 1820 berief, der „alle in anerkannter Wirksamkeit bestehenden Verfassungen" unter den Schutz des Deutschen Bundes stellte. Der König war empört über diese Unbotmäßigkeit. Doch wies die deutsche Fürstenversammlung das Anliegen ohnehin zurück, da die Verfassung in Schleswig-Holstein nicht mehr „in anerkannter Wirksamkeit" sei. Tatsächlich war sie de facto seit dem Ausgang des 17. Jahrhunderts außer Kraft gesetzt.

Damit war der schleswig-holsteinische Verfassungsstreit erst einmal abgeebbt, nur um acht Jahre später unter dem Eindruck der französischen Julirevolution von 1830 wieder an Fahrt aufzunehmen. Damals veröffentlichte der gebürtige Keitumer Uwe Jens Lornsen (1793–1838) seine 14-seitige Schrift „Ueber das Verfassungswerk in Schleswigholstein", in der er schon durch das Weglassen des typischen Bindestrichs die Zusammengehörigkeit Schleswigs und Holsteins programmatisch zum Ausdruck brachte. Seitdem galt Lornsen als Freiheitskämpfer für ein vereintes und von Dänemark weniger abhängiges Schleswig-Holstein. Im Prinzip sollten ihm zufolge nur noch „König und Feind" gemeinsam bleiben. Doch der von Lornsen erhoffte „Petitionssturm" und die durch den politischen Druck der Bevölkerung beabsichtigte Umwälzung des Gesamtstaats blieben aus.

Trotz des kläglichen Scheiterns von Lornsens Initiative hielt es König Friedrich VI. unter dem Eindruck der revolutionären Ereignisse in Frankreich und Europa aber für angeraten, im Mai 1831 anzukündigen, für die vier Teile des Gesamtstaates – die dänischen Inseln, Jütland, Schleswig und Holstein; für das Herzogtum Lauenburg galt eine eigene ständische Verfassung – nun doch Ständeversammlungen einzurichten. So betonte er die Gleichberechtigung aller Teile bei Wahrung der Einheit des Gesamtstaates. Dem Wunsch der Schleswig-Holsteiner nach einer gemeinsamen Vertretung entsprach er damit aber nicht. Auch wollte er nach preußischem Vorbild den Versammlungen nur eine beratende Funktion gewähren. Die Wahl der wenigen Abgeordneten, die nicht vom König ernannt wurden, war zudem nicht geheim. Wahlberechtigt war, wer über Besitz und Vermögen verfügte. Das liberale Bürgertum blieb außen vor und Frauen und Juden ebenfalls.

Die holsteinische Ständeversammlung tagte ab 1835/36 in Itzehoe, die Schleswiger in der Stadt Schleswig. Beide Versammlungen lösten sich 1846 unter Protest selbst auf. Auslöser war ein „Offener Brief" König Christians VIII. (1786–1848), in dem er mitteilte, dass Dänemark und Schleswig zusammengehören würden. Dies konnte als Frontalangriff des Königs auf die Haltung der Mehrheit der Schleswig-Holsteiner aufgefasst werden, die meinten, Schleswig und Holstein seien „auf ewig" miteinander verbunden.

Zum Weiterlesen:
Zum 150. Jahrestag der holsteinischen Ständeversammlung. 1. Oktober 1835 – Itzehoe – 1. Oktober 1985, hrsg. v. Präsidenten des Schleswig-Holsteinischen Landtages, Neumünster 1985.

54

„WANKE NICHT, MEIN VATERLAND": WACHSENDE FRONTSTELLUNG GEGEN DÄNEMARK

1832/37 antwortete der Kieler Juraprofessor Christian Paulsen (1798–1854) auf Lornsens Schleswigholstein-Schrift von 1830 mit zwei Publikationen, in denen er die Lehnsbindung Schleswigs an Dänemark hervorhob. Wie Lornsen forderte er zwar eine Modernisierung des absolutistischen Gesamtstaats, betonte jedoch zugleich die Rechte der dänischsprachigen Schleswiger. Auch forderte er eine stärkere Position der dänischen Sprache in Schleswig ein. Die Nationalitätendebatte war damit vollends im Gang.

Denn eigentlich ging es bereits längst nicht mehr ausschließlich um das Problem einer für Schleswig und Holstein gemeinsamen Verfassung, vielmehr wurde von der deutschen Bevölkerungsmehrheit mit immer stärkerem Nachdruck eine Vereinigung beider Lande unter dem Dach des Deutschen Bundes verlangt. Auf dänischer Seite propagierte man mit der von Orla Lehmann kreierten Devise „Dänemark bis zur Eider" eine für Königreich und Schleswig gemeinsame Verfassung. Im November 1842 kam es zum Schlagabtausch zwischen Deutschen und Dänen in der Schleswiger Ständeversammlung, als der nordschleswigsche Abgeordnete Hiort Lorenzen (1791–1845) im Ständesaal Dänisch sprach, um seinem Wunsch nach sprachlicher Gleichberechtigung Nachdruck zu verleihen. Bisher war dort nur Deutsch gesprochen worden. Entsprechend groß war der Protest der deutschgesinnten Abgeordneten. Lorenzen hatte sich zuerst auch für eine gemeinsame Verfassung ausgesprochen, ohne jedoch Schleswigs Aufnahme in den Deutschen Bund zu fordern. Die Herzogtümer sollten in einer Konföderation mit Dänemark verbunden bleiben. 1838 hatte Lorenzen dann eine Karte veröffentlicht, die Schleswig als Teil Dänemarks präsentierte, was einen ersten Widerspruch deutschgesinnter Abgeordneter erregte.

Die zunehmende Nationalisierung der liberalen Bewegung in den Herzogtümern hatte ihn zum Bruch mit den deutsch orientierten Liberalen und zur Niederlegung seines Mandats in der Ständeversammlung veranlasst. Unter Annäherung an die dänischen Nationalliberalen war Lorenzen aber 1841 in die Ständeversammlung zurückgekehrt und stand fortan in deutlicher Opposition zur Forderung nach einer Aufnahme Schleswigs in den Deutschen Bund, die die deutsch gesinnten Deputierten verfochten. Ende 1842 folgte schließlich also seine Sprachprovokation. Aus dem Protokoll der Ständeversammlung stammt das zum geflügelten Wort gewordene Zitat: „Er fuhr fort, Dänisch zu sprechen."

In der Folge gab der dänische König in einem „Sprachpatent" vom 29. März 1844 beschwichtigend bekannt, dass nur die Mitglieder der Schleswiger Ständeversammlung Dänisch sprechen dürften, die nicht ausreichend Deutsch sprechen könnten. Das reichte Lorenzen und vier weiteren dänisch-schleswigschen Deputierten aber nicht, und sie boykottierten die nächsten Sitzungen. Schon 1840 war Dänisch aber als Rechts- und Verwaltungssprache überall dort in Schleswig verfügt worden, wo es auch Kirchen- und Schulsprache war.

Die Sprachenfrage war freilich schon länger virulent. Bereits 1807 hatte ein Gesetz von allen Beamten der Herzogtümer die Beherrschung sowohl von Deutsch als auch Dänisch verlangt. Alle Erlasse sollten ab sofort zweisprachig veröffentlicht werden. Und im Dezember 1810 hatte Friedrich VI. ein Gesetz veröffentlicht, nach dem Dänisch überall dort Verwaltungs-, Gerichts-, Schul- und Kirchensprache sein sollte, wo die Bevölkerung im Alltag Dänisch spreche. Die deutschen Beamten der Deutschen Kanzlei und in den Ämtern hatten sich der Verfügung widersetzt, weil sie erstens selbst kein Dänisch beherrschten und zweitens das in Mittelschleswig gesprochene „Rabendänisch" vom Hoch- oder Reichsdänischen so weit entfernt sei wie vom Hochdeutschen. Immerhin wurde seinerzeit an der Kieler Universität ein Lehrstuhl für dänische Sprache eingerichtet, um von allen künftigen Beamten in den Herzogtümern die Beherrschung der dänischen Sprache fordern zu können.

Der Kieler Frieden wirkte in der Entwicklung erst einmal retardierend. Aber nachdem in den 1830er Jahren die Debatte, u. a. vom genannten Juristen Paulsen befeuert, wieder hochgekocht und 1838 in Kopenhagen sogar ein Verein zur Förderung dänischer Lektüre in Schleswig gegründet worden war, bedeutete das neuerliche Gesetz von 1840 doch eine wesentliche Verschärfung des Sprachkonflikts. Als Reaktion auf den deutschen Protest versammelten sich die Anhänger der dänischen Bewegung ab 1843 zur Stärkung ihrer eigenen Identität und Sprache zu regelmäßigen Kundgebungen und Volksfesten im nordschleswigschen Skamlingsbanken. Eine wichtige Rolle spielten dabei nationale Symbole wie Fahnen und Wappen sowie Lieder. 1844 sangen hier Studenten das Lied „Es liegt ein lieblich Land", das dadurch populär wurde. Heute fungiert es als dänische Nationalhymne.

Auch auf der deutsch gesinnten Seite wurden in den 1840er Jahren eine Reihe großer Versammlungen und Paraden organisiert, um die Bevölkerung für die nationale Sache zu mobilisieren. Beim Schleswiger Sängerfest 1844 wurde erstmalig das Schleswig-Holstein-Lied „Wanke nicht, mein Vaterland" als inoffizielle Landeshymne vorgestellt. Die Melodie komponierte Carl Gottlieb Bellmann (1772–1862), Kantor des St.-Johannis-Klosters vor Schleswig. Der Text stammt weitgehend vom Schleswiger Advokaten Matthäus Friedrich Chemnitz (1815–1870). In insgesamt sieben Strophen wird in offener Fronstellung gegen Dänemark („Doch wenn ... drohend sich der Nord erhebt ...") der Wunsch nach einem geeinten, unabhängigen und deutschen Schleswig-Holstein besungen.

Zum Weiterlesen:

Henning Unverhau: „Gesang, Feste und Politik". Deutsche Liedertafeln, Sängerfeste, Volksfeste und Festmähler und ihre Bedeutung für das Entstehen eines nationalen und politischen Bewußtseins in Schleswig-Holstein 1840–1848 (Kieler Werkstücke Reihe A, 25), Frankfurt a. M. 2000.

55

AUSWANDERUNG NACH ÜBERSEE

Bereits in der frühen Neuzeit waren Menschen aus Schleswig-Holstein ausgewandert, wenn sie keine Chancen mehr sahen, hier auskömmlich existieren zu können. Ganz andere Dimensionen nahm aber die Auswanderungsbewegung nach Übersee im 19. Jahrhundert an. Schlechte Erwerbsmöglichkeiten, Hungersnöte und Kriege waren die Hauptursachen; Werbekampagnen von Reedereien, die an der Überfahrt verdienten, und Landverkäufern in der Neuen Welt taten ihr Übriges. Auch Berichte von Ausgewanderten wirkten als Lockmittel für die Daheimgebliebenen.

Erstmalig kam es in der nachnapoleonischen Zeit ab 1814/15, die, wie gezeigt, von Staatsbankrott, Hunger und Arbeitslosigkeit geprägt war, zu einem Bevölkerungsexodus. Eine schwere Wirtschaftskrise verursachte auch die zweite große Welle von 1845 bis 1855, die durch Nachrichten über sagenhafte Goldfunde in Kalifornien ab 1848 weiter angeheizt wurde. Parallel waren viele in die Schleswig-Holsteinische Erhebung verwickelte Schleswig-Holsteiner nach deren Niederschlagung 1851/52 aus politischen Gründen zur Auswanderung gezwungen, wie Theodor Olshausen (1802–1869), der Mitglied der Provisorischen Regierung gewesen war und sich dann bis 1865 als Journalist und Zeitungsverleger in den Vereinigten Staaten aufhielt.

Nach dem Deutsch-Dänischen Krieg von 1864, in dessen Folge Schleswig, Holstein und Lauenburg für den Gesamtstaat verloren gingen und dem Königreich Preußen inkorporiert wurden, verließen weitere Schleswig-Holsteiner – zwischen 1871 und 1884 handelte es sich um fast 47.000 – ihre Heimat in Richtung Amerika. Viele von ihnen wollten einfach keine preußischen Untertanen werden und sich dem dreijährigen preußischen Militärdienst entziehen. Besonders hoch war die Abwanderungsrate in Nordfriesland und Nordschleswig. Der Kreis Tondern verlor damals z. B. rund 13 Prozent seiner Einwohnerschaft. Doch ging die Auswanderung auch danach weiter. Indes wandelte sich die Zusammensetzung der auswandernden Menschen. Denn jetzt dominierten Einzelpersonen, und auch der Frauenanteil stieg merklich an.

Ab 1900 verlor die Auswanderung spürbar an Dynamik, auch wenn sie nie ganz verschwand. In den Vereinigten Staaten war jetzt alles Land verteilt; gleichzeitig gewann die Industrialisierung in Deutschland immer mehr an Fahrt, sodass die Arbeitskräfte, die durch die Mechanisierung in der Landwirtschaft freigesetzt wurden, nicht mehr auswandern mussten, sondern in die florierenden Industriezentren und Großstädte abwandern konnten.

Die Auswandererschicksale verliefen natürlich ganz individuell. In Einzelfällen kam es zur sprichwörtlichen sagenhaften Karriere vom Tellerwäscher zum Millionär. Ein gutes Beispiel hierfür bietet Ludwig Nissen (1855–1924), der als sechstes von zehn Kindern des Reepschlägers Hans Friedrich Nissen (1767–1848) in Husum geboren wurde, 1872 nach New York auswanderte und seinen Lebensunterhalt zunächst als Schuhputzer und Tellerwäscher verdiente, dann aber als Diamantenhändler ein Millionenvermögen machte, das ihm nicht nur ein stattliches Leben in den Vereinigten Staaten, sondern auch ein mildtätiges Mäzenatentum zugunsten seiner Heimatstadt ermöglichte. Die meisten Auswanderer waren nicht so erfolgreich, gelangten aber immerhin zu Arbeit, Auskommen und eigenem Besitz, sodass sie besser dastanden als in ihrer alten Heimat. Manch einer wurde jedoch in seinen Hoffnungen bitter enttäuscht und kehrte sogar in die Heimat zurück.

Die in großer Zahl ausgewanderten Schleswig-Holsteiner prägten die junge Gesellschaft in den Vereinigten Staaten stark mit und hielten schleswig-holsteinisches Leben in ihrer neuen Heimat ein Stück weit lebendig. Ganze Stadtteile von New York und auch anderen Städten waren zeitweilig von den Auswanderern dominiert. Sie pflegten die Gemeinschaft und den Zusammenhalt und hielten an heimischen Traditionen fest. So wurde in New York ein eigener Föhrer und Amrumer Krankenunterstützungsverein gegründet, in dem viele Ausgewanderte organisiert waren. Er existiert heute noch. In Davenport im US-Staat Iowa wiederum gab es von 1872 bis 1914 einen „Verein der Kampfgenossen der Schleswig-Holsteinischen Freiheitskriege von 1848, 1849 und 1850“. Ein weiteres anschauliches Beispiel ist die von Charley Lindemann 1852 im Staat Wisconsin gegründete und nach der Heimatstadt seiner Ehefrau benannte Siedlung Kiel.

Eine Auswanderung bedeutete dabei immer ein Wagnis für Leib und Leben. So konnte man schon in den Massenunterkünften, die in den wichtigsten Auswanderungshäfen in Bremen und Hamburg eingerichtet waren, wegen schlechter hygienischer Bedingungen an Cholera oder anderen Epidemien erkranken. Weitaus gefährlicher aber war die Überfahrt über den Atlantik, die mit den traditionellen Segelschiffen sechs bis zehn Wochen dauerte. Durch die ab den 1880er Jahren eingesetzten Dampfschiffe konnte sie immerhin auf drei bis fünf Wochen verkürzt werden. Bis zu 300 Reisende nahmen die Schiffe auf. Die Bedingungen an Bord waren hart. Anfangs waren die Auswanderer während der Reise sogar unter Deck eingepfercht. Auch der große Konkurrenzkampf unter den Reedereien führte zur Gefährdung der Auswanderer, weil Überfahrten auch bei ungünstigen Wetterbedingungen unternommen wurden. Allein zwischen 1847 und 1853 sanken 49 Auswandererschiffe. Das größte Schiffsunglück ist mit dem Namen der „Cimbria" verbunden, die im Januar 1883 von Hamburg aus kommend bei eisigem Wind und schlechter Sicht nördlich von Borkum mit einem englischen Dampfer kollidierte und unterging. 437 Menschen verloren ihr Leben. Zahlreiche Rettungsboote waren wegen Überfüllung gekentert.

Zum Weiterlesen:
Oliver Auge: Schleswig-Holstein und die Welt. Globale Bezüge einer Regionalgeschichte, Kiel/Hamburg 2021, S. 33–70.

56

DIE SCHLESWIG-HOLSTEINISCHE ERHEBUNG 1848–1851

Am 20. Januar 1848 starb König Christian VIII. Das Ziel seines Sohnes und Nachfolgers Friedrich VII. (1808–1863), einen Kompromiss zwischen eiderdänischen und schleswig-holsteinischen Interessen zu erzielen, wurde durch die damals von Frankreich ausgehende und in weiten Teilen Europas ausbrechende Revolution von 1848 rapide ein- und überholt. Um den revolutionären Forderungen entgegenzukommen, erlaubte der König die Ausarbeitung einer dänischen Verfassung. Die deutsch gesinnten Schleswig-Holsteiner fürchteten, im Zuge dessen könnten die Eiderdänen die Oberhand gewinnen und die Einverleibung Schleswigs in das Königreich durchsetzen. Um die Zusammengehörigkeit der Herzogtümer zu wahren, hofften sie auf ein selbstständiges, vollkommen von Dänemark unabhängiges Land unter dem Dach des Deutschen Bundes.

Am 18. März 1848 beschlossen die in Rendsburg gemeinsam versammelten deutsch gesinnten Vertreter der Ständevertretungen Schleswigs und Holsteins infolgedessen, eine Deputation zum König mit der ultimativen Forderung einer freien Verfassung zu senden. Damit verbunden sein sollten Schleswigs Aufnahme in den Deutschen Bund und die Bildung einer schleswig-holsteinischen Volksarmee. Diese Forderung hätte die Lande faktisch von Dänemark getrennt, lediglich der dänische König wäre als gemeinsamer Monarch erhalten geblieben. Am 20. März interpretierte eine große öffentliche Versammlung in Kopenhagen diese Botschaft als Aufruhr in den Herzogtümern. Bis heute spricht man in Dänemark von den nun folgenden Ereignissen als „Oprør". Unter dem Druck einer großen Menschenmenge gab der König bekannt, ein neues Kabinett mit mehreren nationalliberalen Eiderdänen als Mitgliedern ernannt zu haben. Daraufhin verbreitete sich am 23. März in Kiel das Gerücht, der König sei handlungsunfähig und dem Druck des Pöbels ausgeliefert. Ein Kreis aus schleswig-holsteinisch gesinnten Prominenten ergriff nun die Initiative und bildete am 24. März eine provisorische Regierung, die im Namen ihres vermeintlich bedrängten Königs handeln und seine Interessen verteidigen wollte. Sie forderte die Vereinigung Schleswigs und Holsteins, wollte jedoch die Personalunion mit dem Königreich Dänemark bewahren.

Der explizit nichtrevolutionäre Ton trug dazu bei, dass fast alle Beamten und Städte der Herzogtümer die provisorische

Regierung als legitim anerkannten. Die selbsternannte Kieler Regierung rechnete indes mit einer gewaltsamen Reaktion der Kopenhagener Regierung, weswegen sie die Festung Rendsburg als strategischen Dreh- und Angelpunkt durch den neuartigen Einsatz der Eisenbahn im Handstreich besetzen ließ. Nach der Überrumpelung der Rendsburger Garnison drangen die schleswig-holsteinischen Verbände nach Norden vor, wurden aber im verlustreichen Gefecht bei Bau am 9. April 1848 zurückgeschlagen. Den so rasch bedrängten Schleswig-Holsteinern eilten aber preußische Truppen im Namen des Deutschen Bundes zu Hilfe. In einem wechselvollen Kampfgeschehen gelang es diesen unter dem Befehl des Feldmarschalls Friedrich von Wrangel (1784–1877), nach Dänemark vorzudringen, bis die europäischen Großmächte Großbritannien, Frankreich und Russland von Preußen die Einwilligung in einen am 26. August 1848 zu Malmö geschlossenen Waffenstillstand erzwangen.

Weder die Interessen der Schleswig-Holsteiner noch das Votum der Frankfurter Paulskirche, deren Abgeordnete einmütig auf der Seite der Schleswig-Holsteiner standen, wurden bei dem Waffenstillstand berücksichtigt. Dänemark kündigte den Waffenstillstand zum 22. Februar 1849 auf, sodass die Kämpfe neu aufflammten. Die gesamtdeutsche Regierung in Frankfurt setzte als Reaktion im März eine Statthalterschaft für Schleswig-Holstein ein und führte den Krieg unter Führung Preußens weiter. Nach siegreichen Gefechten bei Eckernförde und Kolding gelang ein Vorstoß bis nach Fredericia, das von Mai bis Juni 1849 belagert wurde. Im Juli schloss Preußen unter dem erneuten Druck Großbritanniens und Russlands einen weiteren Waffenstillstand und ein Jahr später im Namen des Deutschen Bundes am 2. Juli 1850 einen Sonderfrieden mit Dänemark. Während Holstein weiterhin von der Statthalterschaft regiert wurde, wurde

Schleswig unter die Verwaltung einer Gemeinsamen Regierung, bestehend aus einem dänischen, preußischen und britischen Vertreter, gestellt.

Auch ohne die Hilfe Preußens und des Deutschen Bundes wollten die Schleswig-Holsteiner allein gegen Dänemark weiterkämpfen, erlitten jedoch in der Schlacht bei Idstedt am 24. und 25. Juli 1850 eine schwere Niederlage. Die Verluste beliefen sich auf 3800 dänische und 2800 schleswig-holsteinische Verletzte und Tote. In der Folge brachten die dänischen Truppen ganz Schleswig wieder unter ihre Kontrolle. Im Oktober 1850 unternahmen die Schleswig-Holsteiner einen letzten Angriff auf Friedrichstadt, der zum Fiasko wurde. Denn die Kleinstadt wurde fast völlig zerstört. So blieb Schleswig unter dänischer Kontrolle. Holstein wurde durch preußische und österreichische Bundestruppen besetzt, die schleswig-holsteinische Armee am 1. April 1851 aufgelöst. Viele Beamte und Offiziere der schleswig-holsteinischen Regierung und des Militärs mussten das Land aus Furcht vor dänischer Repression verlassen.

Den diplomatischen Schlusspunkt setzte das Londoner Protokoll vom 8. Mai 1852. Es garantierte den Fortbestand des Gesamtstaats als „europäische Notwendigkeit“, garantierte jedoch auch die verfassungsrechtliche Eigenständigkeit der Herzogtümer. Schleswig durfte nicht enger mit Dänemark verbunden werden als Holstein.

Zum Weiterlesen:

Oliver Auge: Die schleswig-holsteinische Erhebung vor 175 Jahren als europäisches und globales Ereignis, in: Zeitschrift der Gesellschaft für Schleswig-Holsteinische Geschichte 149 (2024), S. 77-91.

57

DER DEUTSCH-DÄNISCHE KRIEG 1864

Dem Geist der Verabredungen des Londoner Protokolls von 1852, das eigentlich keine Konfliktpartei zufriedenstellen konnte, widersprach die Kultur- und Verwaltungspolitik der dänischen Seite, die in den Folgejahren ganz bewusst darauf abzielte, Schleswigs Verbindung zu Dänemark doch zu stärken. Gerichts- und Regierungsbehörden, der Bischofssitz sowie die Ständeversammlung wurden so aus der Stadt Schleswig in das als loyaler empfundene Flensburg verlegt. Innerhalb der Beamtenschaft fand eine rigide Säuberungspolitik statt. Pfarrstellen wurden mit Pastoren besetzt, die in der Kopenhagener Universität ausgebildet worden waren. Ähnliches geschah in der Lehrerschaft und Professorenschaft.

Für Aufregung sorgten vor allem die Sprachenreskripte von 1851, die in knapp 50 mittelschleswigschen Gemeinden Anwendung finden sollten, wo das Dänische noch Umgangssprache war. Gottesdienste waren künftig abwechselnd auf Deutsch oder Dänisch zu halten, während als Schulsprache fortan Dänisch galt; Deutsch hingegen wurde zum Hauptunterrichtsfach degradiert. Gerade die Tatsache, dass die Sprachreskripte auch auf Landstriche ausgedehnt werden sollten, wo das Dänische als Umgangssprache längst verschwunden war, erregte zusammen mit dem teilweise offenkundig ungeschickten Verhalten dänisch gesinnter Amtsträger großen Unmut bei der zu Deutschland tendierenden Bevölkerung und beschwor eine antidänische Stimmung im benachbarten Deutschland herauf. Die europäischen Garantiemächte von 1852 mahnten die dänische Seite zur Einhaltung ihrer Zusagen. Selbst auf dänischer Seite wurden Stimmen laut, die Kritik an den Reskripten übten. Nach Protesten im Innern und unter dem publizistischen Druck von außerhalb erfolgte 1861 deren Lockerung, indem Eltern wenigstens die Sprache bestimmen konnten, in der ihre Kinder konfirmiert werden sollten. Sinnfälliger Ausdruck der dennoch weiter national aufgeheizten Stimmung war die Aufstellung des Idstedt-Löwen im Jahr 1862 in Flensburg als nachträgliche Siegesdemonstration am Jahrestag der schweren schleswig-holsteinischen Niederlage gegen dänische Truppen bei Idstedt vom Juli 1850.

Die keine eineinhalb Jahre später erfolgende Annahme der sog. Novemberverfassung, die für Dänemark und Schleswig ausgearbeitet worden war und einen konkreten Schritt hin zur Aussonderung Holsteins aus dem Gesamtstaat bedeutete, beschwor neue deutsche Proteste und im Dezember 1863 die militärische Besetzung Holsteins durch Bundestruppen zur, wie es hieß, Wahrung der Rechte des Deutschen Bundes herauf. Der durch das Londoner Protokoll zum Nachfolger des söhnelosen Friedrich VII. erkorene Glücksburger „Protokollprinz" Christian IX. (1818–1906) hatte eigentlich gar keine Wahl gehabt, als man ihm, kaum dass er zum König Dänemarks gemacht worden war, die umstrittene Novemberverfassung zur Unterschrift vorlegte. Entweder würde er bei einer Verweigerung als Deutschlandfreund verschrien und seines Thrones schon wieder verlustig gehen oder aber bei einer Unterzeichnung einen Krieg mit Deutschland heraufbeschwören, wozu es ja auch kam.

Da die dänische Seite in der diffusen Hoffnung auf eine erneute Unterstützung durch die europäischen Großmächte nicht bereit war, der preußisch-österreichischen Forderung nach Zurücknahme der Novemberverfassung nachzukommen, wurden schließlich am 1. Februar 1864 von preußischen und österreichischen Verbänden ohne Zustimmung des Deutschen Bundestages die Kampfhandlungen durch Überschreiten der Eider eröffnet. Die dänische Armee, die sich am Danewerk verschanzt hatte, räumte am 6. Februar 1864 die Stellung kampflos, um einer Umfassung durch die feindlichen Truppen zu entgehen, und zog sich unter Zurücklassung schwerer Artillerie und nach einem blutigen Gefecht bei Oeversee an die gegenüber Sonderburg am Alsensund gelegene Festungsanlage Düppel zurück. Die kampflose Aufgabe des Danewerks, das aufgrund seiner langen Geschichte als Verteidigungsbollwerk gegen Süden in der im 19. Jahrhundert aufgekommenen dänischen „Nationalmythologie" eine ganz zentrale Rolle spielte, löste in Dänemark einen Schock aus.

An den Düppeler Schanzen kam es im April 1864 zum militärischen Showdown. Nach heftiger Beschießung konnte die preußische Armee die dänischen Stellungen verlustreich einnehmen. Die Niederlage der dänischen Truppen war vollständig, der Kriegsausgang damit auch eigentlich entschieden. Der taktische Sieg der dänischen Flotte in einem Seegefecht vor Helgoland konnte das Blatt jedenfalls nicht mehr wenden. Auf der von April bis Juni 1864 dauernden Londoner Konferenz, die vergeblich eine diplomatische Friedenslösung herbeizuführen suchte, wurde die Teilung Schleswigs nach Nationalitäten auf Höhe der Linie Apenrade-Tondern vorgeschlagen, was Dänemark aber als undurchführbar ablehnte. Da es in London zu keiner Einigung kam, wurden die Kampfhandlungen wieder aufgenommen. Bald war das gesamte dänische Festland von Preußen und Österreichern besetzt. Also musste die dänische Regierung nun unter wesentlich ungünstigeren Bedingungen erneut wegen eines Friedensschlusses verhandeln und schließlich im Frieden von

Wien vom 30. Oktober 1864 in die Abtretung ganz Schleswigs sowie Holsteins und Lauenburgs an die Siegermächte Österreich und Preußen einwilligen. Erst nach dem Totalverlust Schleswigs erkannte Dänemark eine Teilung als realistische Option zur Lösung des Schleswiger Nationalitätenproblems an.

Zum Weiterlesen:
Oliver Auge, Ulrich Lappenküper u. Ulf Morgenstern (Hrsg.): Der Wiener Frieden 1864. Ein deutsches, europäisches und globales Ereignis (Otto-von-Bismarck-Stiftung, Wissenschaftliche Reihe, 22), Paderborn 2016.

58

1867: SCHLESWIG-HOLSTEIN WIRD ZUR PREUSSISCHEN PROVINZ

Nach dem Ende des Deutsch-Dänischen Krieges 1864 wurden die Herzogtümer Schleswig, Holstein und Lauenburg an Preußen und Österreich gemeinsam übergeben. Doch bestand zwischen den beiden deutschen Großmächten Uneinigkeit über das weitere Vorgehen. Während Österreich die Bildung eines vereinigten Schleswig-Holsteins als unabhängiger Staat innerhalb des Deutschen Bundes befürwortete, wünschte Preußen dessen Eingliederung als Provinz in das eigene Staatsgebiet. Die schleswig-holsteinische Bevölkerung wurde dazu gar nicht um ihre Meinung gefragt, unterstützte aber anscheinend mehrheitlich die Ambitionen des Augustenburgers Friedrich VIII. (1800–1865), der mit der Parole „Mein Recht ist eure Rettung“ für sein Ziel warb, Schleswig-Holstein als eigenen Bundesstaat unter seiner herzoglichen Regierung in den Deutschen Bund zu führen. Vor allem Bismarck wollte dies verhindern und war damit erfolgreich.

Schließlich verständigten sich Preußen und Österreich auf die Einrichtung einer gemeinsamen Herrschaft über die Herzogtümer. Diese Lösung beseitigte die Spannungen zwischen den beiden deutschen Großmächten in der Schleswig-Holstein-Frage aber nicht, sodass rasch eine Neuregelung erforderlich wurde. Diese brachten der preußische Ministerpräsident Otto von Bismarck (1815–1898) und der österreichische Gesandte Gustav von Blome (1829–1906) im August 1865 im österreichischen Bad Gastein zustande. Mit der Vereinbarung wurde die gemeinsame Administration beider Herzogtümer wieder aufgegeben. Vielmehr erhielt nun Preußen ganz Schleswig zur Verwaltung, Österreich hingegen Holstein. Da Schleswig von Preußen zu Lande nur über Holstein zu erreichen war, wurde diesem auch das Durchzugsrecht auf zwei Heerstraßen durch Holstein zugesichert. Zudem durfte es einen Kanal und eine Telegrafenleitung durch Holstein bauen. Kiel sollte zum Bundeshafen unter preußischer Oberhoheit ausgebaut werden. Es wurde so gewissermaßen zur geteilten Stadt erklärt. Eine Kommission aus preußischen und österreichischen Offizieren sorgte für die Umsetzung der Vereinbarung und bestimmte, dass in Kiels Westteil österreichische, in seinem Osten preußische Truppen stationiert werden durften. Die Trennlinie verlief entlang der Straßen Hamburger Chaussee, Sophienblatt, Klinke, Vorstadt, Holstenstraße, Schlossstraße, Kattenstraße und weiter bis zur Wasserallee. Der Exerzierplatz, das Exerzierhaus beim Schloss, der zwischen Knooper Weg und Schreventeich befindliche Schießstand sowie die Badeanstalt in Düsternbrook standen für eine gemeinschaftliche Nutzung offen. Auf dem Marktplatz hatten die Österreicher das Sagen. Zudem erhielten die preußischen Truppen am Ostufer der Förde alle Orte von Gaarden bis Laboe zugesprochen, auf dem Westufer noch Düsternbrook und Wik. Damit befand sich der unmittelbare Fördebereich zum größten Teil in preußischer Hand. Allerdings gab es damals keine Demarkationslinie, an der z. B. Personenkontrollen durchgeführt wurden, auch die städtischen Bezirke wurden nicht unterschiedlich verwaltet. Während der preußische Gouverneur für Schleswig, Edwin von Manteuffel (1809–1885), seinen Amtssitz auf Schloss Gottorf einrichtete, übernahm der verdiente österreichische General Ludwig Freiherr von Gablenz (1814–1874), an den in Kiel die Gablenzbrücke und die darüber führende Gablenzstraße erinnern, aufseiten der Österreicher das Statthalteramt mit Sitz in Kiel. Im Volksmund wurde der schnell populäre Mann als „Fürst von Kiel" betitelt.

Der Vertrag von Gastein begünstigte freilich Preußen und erleichterte es Bismarck, die Spannungen zwischen den beiden Mächten weiter zu verschärfen. Zudem trat zwischen Österreich und den Klein- und Mittelstaaten des Deutschen Bundes, die traditionell zu Österreich hielten, eine Entfremdung ein, weil die versprochene Bildung eines neuen Bundesstaates Schleswig-Holstein mit Österreichs Zutun ausblieb. Auch außenpolitisch rief die Konvention heftige Reaktionen hervor, vor allem seitens Frankreichs und Großbritanniens. Mit der Gasteiner Konvention unternahmen die beiden deutschen Großmächte jedenfalls den letzten Versuch zu einer friedlichen Einigung im Zusammenhang mit der seit Langem schwelenden Deutschen Frage, wie eine deutsche Einheit zustande zu bringen sei. Österreichs Entschluss vom Frühjahr 1866, die Entscheidung über Schleswig-Holstein doch der Bundesversammlung in Frankfurt zu übertragen, wurde dann von Bismarck als Bruch des Gasteiner Vertrages und als feindseliger Akt bewertet. Am 7. Juni 1866 rückten schließlich preußische Truppen von Schleswig aus in

Holstein ein, und am 14. Juni begann der sog. Deutsch-deutsche Krieg, den Preußen durch seinen Sieg bei Königgrätz am 3. Juli 1866 rasch gewann. Österreich schied aus Deutschland aus und verzichtete auf seine Ansprüche auf Holstein.

Der Deutsche Bund wurde aufgelöst und stattdessen ein Norddeutscher Bund ins Leben gerufen. Noch während der Kriegshandlungen war Carl Freiherr von Scheel-Plessen (1811–1892) preußischerseits zum Oberpräsidenten für die beiden Herzogtümer Schleswig und Holstein mit Dienstsitz in Kiel eingesetzt worden. Bald nahm er im Mitteltrakt des Kieler Schlosses seinen Amtssitz. Kiel wurde damit 1866 zur Hauptstadt Schleswigs und Holsteins. Dementsprechend fand im großen Saal des Kieler Schlosses am 24. Januar 1867 die feierliche Inbesitznahme der Herzogtümer durch genannten Scheel-Plessen im Namen des preußischen Königs Wilhelm I. (1797–1888) statt, nachdem genau einen Monat vorher, am 24. Dezember 1866, ein spezielles Annexionsgesetz für die Herzogtümer erlassen worden war. Mit dem Besitzergreifungspatent vom 12. Januar 1867 wurden sie als neue Provinz Schleswig-Holstein in den preußischen Staat integriert. Die Provinz Schleswig-Holstein gliederte sich zunächst in die Regierungsbezirke Schleswig und Holstein. Ab 1868 war der Regierungsbezirk Schleswig für die gesamte Provinz zuständig.

Zum Weiterlesen:
Oliver Auge u. Caroline E. Weber (Hrsg.): Pflichthochzeit mit Pickelhaube. Die Inkorporation Schleswig-Holsteins in Preußen 1866/67 (Kieler Werkstücke Reihe A, 57), Berlin 2020.

59

DIE INTEGRATION DES HERZOGTUMS LAUENBURG IN PREUSSEN

Das Herzogtum Sachsen-Lauenburg hatte eine von Schleswig und Holstein lange unabhängige Geschichte. Hervorgegangen aus der 1143 geschaffenen Grafschaft Ratzeburg, wurde das zwischen Hamburg und Lübeck gelegene Gebiet nach der Schlacht von Bornhöved 1227 zum nördlichen Kernstück des askanischen Herzogtums Sachsen. Dieses wurde 1295/96 in die Herzogtümer Sachsen-Wittenberg und Sachsen-Lauenburg zweigeteilt. Letzteres spaltete sich im 14. Jahrhundert weiter in die Teilherrschaften Bergedorf-Mölln und Ratzeburg-Lauenburg auf und versank in regionaler Bedeutungslosigkeit. Sachsen-Lauenburg und Sachsen-Wittenberg drifteten zudem immer weiter auseinander, was dazu führte, dass beim Aussterben der Wittenberger Askanier 1422 nicht ihre Lauenburger Verwandten als Erben zum Zuge kamen, sondern die Wettiner. Das war umso bitterer, als die sächsische Kurwürde an das Wittenberger Herzogtum gebunden war. Da kurz vorher, 1420, nach verlorener Fehde mit Bergedorf und dem „halben" Sachsenwald Sahnestücke des Herzogtums an die Hansestädte Hamburg und Lübeck gefallen waren, war damals der absolute Tiefpunkt in der Geschichte der Sachsen-Lauenburger Herzöge erreicht.

Die beiden Sachsen blieben fortan voneinander getrennt. Spätere Anläufe, die Diskussion um Erbansprüche nochmals in Gang zu bringen, verliefen zaghaft und erfolglos, bis der letzte Lauenburger Herzog aus askanischem Haus, Julius Franz (1641–1689), nach einem über vierjährigen Prozess mit Kursachsen 1671 immerhin einen Vergleich erwirkte, der ihm auf Lebenszeit die Führung der sächsischen Kurschwerter im Wappen erlaubte. Aus einem anfänglichen Rechts- und Machtkonflikt war jedoch eine bloße Prinzipien- und Ehrenfrage geworden. Mit Julius Franz' Tod 1689 erloschen die sächsischen Askanier zu Lauenburg im Mannesstamm, und damit hatte sich für sie der Streit um das Wittenberger Erbe gleichfalls faktisch erledigt. Die Geschichte ging über ihren Erbstreit hinweg, und das askanische Herzogtum war nun selbst Geschichte.

In einem langwierigen Erbgang fiel das Gebiet 1702 an das Kurfürstentum Braunschweig-Lüneburg bzw. Kurhannover, um dann zur Zeit Napoleons als Teil des Départements des Bouches de l'Elbe kurzzeitig zu Frankreich geschlagen zu werden. Im Zuge des Wiener Kongresses kam das Herzogtum dann an das dänische Königtum, das es mit Preußen gegen Rügen und Vorpommern eingetauscht hatte. Staatsrechtlich wurde es aber wie die Herzogtümer Schleswig und Holstein nicht ein Teil Dänemarks, sondern es blieb in Personalunion mit der dänischen Krone verbunden.

Wie in Schleswig-Holstein existierten auch im Herzogtum Lauenburg Landstände. Ihre politische Partizipation war durch die 1585 geschlossene „Ewige Union der Ritter- und Landschaft" sichergestellt. Wegen der machtpolitischen und persönlichen Abwesenheit der Herzöge konnte die ständische Macht auch in der Epoche des Absolutismus aufrechterhalten werden. Der dänische König anerkannte 1815 die traditionellen Rechte der Ritter- und Landschaft. 1848 wurde die Ritter- und Landschaft im Zuge des allgemeinen revolutionären Geschehens um sechs städtische und zwölf ländliche, aus Wahlen der Bürger und ländlichen Grundbesitzer hervorgegangene Vertreter ergänzt, um so der Forderung nach einer zeitgemäßen Landesrepräsentation nachzukommen. Das neue Gremium nannte sich Landesversammlung. Mit dem Staatsgrundgesetz vom 14. Mai 1848 und dem darauf fußenden Wahlgesetz vom 8. März 1849 wurden die Grundlagen zur Wahl einer wirklichen Volksvertretung gelegt. Unter dem Druck der Ereignisse der Schleswig-Holsteinischen Erhebung, bei der das Herzogtum Lauenburg außen vor blieb, hatte der dänische König der verfassungsmäßigen Neuerung zugestimmt. Die Landesversammlung tagte in zwei Sessionen jeweils im November 1849 und 1850. Durch Verordnung vom 16. Januar 1850 wurde indes die Tätigkeit der Landesversammlung beendet; keine zwei Monate später wurden auch das Staatsgrundgesetz und das Wahlgesetz wieder aufgehoben – die Königliche Regierung erlangte im Erhebungsgeschehen wieder die Oberhand. Stattdessen berief sie eine Kommission aus sechs achtbaren lauenburgischen Männern, die einen Entwurf für eine neue Verfassung erarbeiten sollten. Mit Verfügung vom 7. Februar 1852 wurde die alte Ritter- und Landschaft von vor 1848 einberufen, um die Entwürfe zu beraten. Ein landesherrliches Patent vom 20. Dezember 1853 schrieb den Sieg der Reaktion fest. Die Ritter- und Landschaft sollte aus fünf Vertretern der Ritterschaft bestehen.

Nach dem Deutsch-Dänischen Krieg 1864 wurde das Herzogtum kurzzeitig von Österreich verwaltet, aber 1865 für 2,5 Millionen dänische Taler an die preußische Krone abgetreten. Der preußische König Wilhelm I. wurde neuer Herzog von Lauenburg, sein Ministerpräsident Bismarck übernahm das Amt eines Ministers für Lauenburg. Die Eingliederung des Herzogtums in die preußische Provinz Schleswig-Holstein wurde schließlich zum 1. Juli 1876 vollzogen. Schon im Juni 1871 hatte Bismarck in Anerkennung seiner Verdienste den Fürstentitel und den landesherrlichen Anteil am Herzogtum erhalten, wodurch er zu einem der größten Grundbesitzer im Reich wurde. Er machte den Vorschlag, den neuen Landkreis „Kreis Herzogtum Lauenburg" zu nennen, was dem Wunsch der Lauenburger nach einer gewissen Sonderrolle entgegenkam. So besagte Paragraph 7 des Vereinigungsgesetzes: „An dem provinzialständischen Verbande von Schleswig-Holstein nimmt das Herzogtum nicht teil." Zur stärkeren Integration des Kreises Herzogtum Lauenburg kam es erst durch eine neue Kreisordnung 1882/89.

Zum Weiterlesen:
Eckardt Opitz: Otto von Bismarck und die Integration des Herzogtums Lauenburg in den preußischen Staat (Friedrichsruher Beiträge, 15), Friedrichsruh 2001.

60

DEUTSCHE UND DÄNEN IM KAISERREICH

Das österreichische Engagement nördlich der Elbe blieb also Episode. Denn im schon zwei Jahre später zwischen Preußen und Österreich geschlossenen Prager Frieden von 1866 verzichtete Österreich auf seine Rechte an Schleswig und Holstein. Beide Lande wurden nunmehr – gegen den mehrheitlichen Wunsch der Bevölkerung nach einem selbstständigen Schleswig-Holstein – im Januar 1867 dem Königreich Preußen als neue Provinz Schleswig-Holstein einverleibt. Doch hatte sich Preußen auf Drängen Frankreichs zur Aufnahme des fünften Artikels in den Friedensvertrag bereitfinden müssen, wonach „die nördlichen Distrikte von Schleswig, wenn ihre Bevölkerung durch freie Abstimmung den Wunsch zu erkennen gibt, mit Dänemark vereinigt zu werden, an Dänemark abgetreten werden soll[t]en". Die Berücksichtigung des Prinzips des Selbstbestimmungsrechts der Völker war damals neu und ungewöhnlich. Und die dänische Seite betrachtete den Artikel 5 als verbindliche Verpflichtung Preußens gegenüber der dänischen Bevölkerung in Nordschleswig.

Um wie viele Menschen es sich damals konkret handelte, lässt sich schwer sagen. In Flensburg erfolgten Schätzungen erst Ende der 1880er Jahre, und man kam auf ca. 3000 Menschen mit überwiegend dänischer Umgangssprache, was neun Prozent der Stadtbevölkerung entsprach. Für das gesamte Nordschleswig wurden seinerzeit 25.000 Dänen veranschlagt. Die zwischen Dänen und Deutschen stehende nordfriesische Bevölkerung stand den neuen politischen Verhältnissen mit gemischten Gefühlen gegenüber. Die Verhandlungen zwischen Preußen und Dänemark wegen der Realisierung des Artikels 5 verliefen 1867/68 allerdings ergebnislos, weil die dänische Seite nicht auf die preußische Forderung weitgehender Garantien für die deutsche Bevölkerung in den wieder abzutretenden Gebieten sowie der Einrichtung eines Schiedsgerichts eingehen wollte, um Preußen keine Möglichkeit zur Einmischung in innere Angelegenheiten zu bieten. Preußen wiederum wollte das infrage kommende Abstimmungsgebiet auf das Amt Hadersleben reduzieren, was Dänemark zu wenig war. Die französische Niederlage von 1871 machte die dänischen Hoffnungen auf eine weitere Unterstützung Frankreichs in dieser Sache vollends zunichte.

So konnte sich Dänemark auch nicht wirksam zur Wehr setzen, als 1878 der Artikel 5 durch einen preußisch-österreichischen Vertrag aufgehoben wurde. Vielmehr musste es die Grenzverhältnisse im sog. Optantenvertrag von 1907 zum zweiten Mal nach dem Wiener Frieden von 1864 anerkennen. Artikel 19 des Wiener Friedensvertrags hatte den dänischen Schleswigern das Recht gewährt, bis zum 16. November 1870 für Dänemark optieren zu können, was bedeutete, dass sie die dänische Staatsangehörigkeit erhielten und dorthin übersiedeln durften. Der Besitz dieser Optanten sollte dadurch nicht verloren gehen. Tatsächlich hatten viele diese Möglichkeit wahrgenommen, weil sie auf einen für Dänemark positiven Ausgang der in Artikel 5 des Prager Friedens von 1866 versprochenen Volksabstimmung hofften. Zwei 1869 und 1872 geschlossene Vereinbarungen eröffneten den dänischen Optanten zudem die Möglichkeit, mit dem Status von Ausländern und ohne Wahlrecht dauerhaft in Nordschleswig zu leben. Ein zunehmendes Problem stellte aber der Nachwuchs dieser dänischen Optanten dar, galten die vor 1898 geborenen Optantenkinder – rund 4000 Personen – doch als staatenlos. Der Optantenvertrag von 1907 sorgte nun dafür, dass die zwischen 1871 und 1898 in Schleswig geborenen Kinder dänischer Optanten selbst entscheiden konnten, ob sie die dänische oder die deutsche Staatsangehörigkeit annehmen wollten.

Im Gegenzug erkannte Dänemark, wie gesagt, die Grenzziehung von 1864 an und verzichtete seinerseits auch auf die Forderung nach der 1866 avisierten Volksabstimmung. Umso erstaunter zeigte sich dann natürlich die deutsche Seite, als Dänemark 1918 wieder genau diese Volksabstimmung wünschte, um die Grenze zu Deutschland zu revidieren.

Die Wahlen zum Norddeutschen Reichstag 1867 erbrachten eine Trennlinie zwischen einer mehrheitlich deutschen und einer überwiegend dänischen Bevölkerung nördlich von Tondern und südlich von Flensburg. Die so markierte „Gesinnungsgrenze“ wurde in den folgenden Jahren nach Norden verschoben, was insbesondere Flensburg und die anderen nordschleswigschen

Städte betraf. Die dänischen Stimmenanteile gingen bei den Reichstagswahlen bis 1912 deutlich zurück. Die starke Einwanderung deutscher Arbeiter als Folge der verstärkten Industrialisierung wird dafür ebenso verantwortlich gemacht wie die Tatsache, dass es sich 1867 in Flensburg und Mittelschleswig in der Hauptsache um politisch motivierte „Gesinnungsdänen" gehandelt hatte, die im täglichen Leben aber Deutsch sprachen und die deutsche Kultur pflegten. Überhaupt sorgte der zur Preußenzeit einsetzende starke wirtschaftliche Aufschwung für eine weitreichende Zustimmung zum neuen Herrschaftssystem.

Anders verhielt es sich in Nordschleswig auf dem Land, wo die neuen Machtverhältnisse mehrheitlich weiter als Fremdherrschaft empfunden wurden. Eine immer restriktivere antidänische Sprach- und Personalpolitik, besonders unter dem Oberpräsidenten Ernst von Köller (1841–1928), rief dort als Reaktion ein Erstarken des Dänentums hervor, was sich in einer intensiven Vereinstätigkeit niederschlug, die polizeilich scharf überwacht wurde. Ein neues Reichsvereinsgesetz von 1908 bestimmte, dass bei öffentlichen Treffen die deutsche Sprache verwendet werden musste.

Zum Weiterlesen:

Oliver Auge: Der deutsch-dänische Grenzraum, in: Europäische Geschichte Online (EGO), hrsg. vom Leibniz-Institut für Europäische Geschichte (IEG), Mainz 09.03.2020, http://www.ieg-ego.eu/augeo-2020-de (letzter Zugriff am 9. März 2024).

61

SCHLESWIG-HOLSTEIN IN PREUSSEN: MODERNISIERUNG UND INDUSTRIALISIERUNG

Die Annexion Schleswig-Holsteins durch Preußen wurde dort nicht ohne Verbitterung als „Provinzialisierung" bezeichnet. In Schleswig-Holstein hatte man sich mehrheitlich die Schaffung eines eigenständigen Bundesstaats unter Augustenburger Führung gewünscht. Doch hatte Bismarck dies nicht zugelassen. Die sprunghaft ansteigende Auswanderungsbewegung vor allem nach Amerika wird als Indikator großer Unzufriedenheit und Enttäuschung im ganzen Land über die neuen Verhältnisse gesehen. Doch vergleichsweise schnell nach der Reichsgründung schlug die Stimmung um und verbesserte sich zusehends durch den starken wirtschaftlichen Aufschwung. 1898 wurde so unter preußischer Ägide das 50-jährige Gedenken an die Erhebung von 1848 groß gefeiert, wiewohl Preußen ihr seinerzeit einen, wenn nicht sogar den Todesstoß versetzt hatte. Im ganzen Land wurden Doppeleichen zum Zeichen der ewigen Unteilbarkeit beider Lande gepflanzt. Erster Oberpräsident der neuen preußischen Provinz wurde Carl von Scheel-Plessen. Er hatte bereits in der gesamtstaatlichen Zeit hohe Verwaltungsämter innegehabt.

Mit der Annexion durch Preußen erfolgte für die Herzogtümer nun der Eintritt in die Moderne, wie Frank Lubowitz schreibt. So wurde die Landesverwaltung in allen Instanzen von Grund auf reformiert. Man entschied sich im Juli 1868 für die Schaffung nur eines Regierungsbezirks für die Provinz. Als Sitz des Regierungspräsidiums wurde Schleswig bestimmt, auch wenn der Oberpräsident zunächst in Kiel residieren sollte. In Schleswig errichtete man dazu ein prächtiges Regierungspräsidium, den sog. „Roten Elefanten", gleich gegenüber von Schloss Gottorf, was auch als Wiedergutmachung für die Verlegung der Verwaltung von Schleswig nach Flensburg durch die dänische Regierung ab den 1850er Jahren gedacht war. Am 22. September 1867 löste eine neue Kreisordnung durch Schaffung von 19 Kreisen die bisherige Harden- und Ämtereinteilung ab. Die 1869 eingeführte Städteordnung mit Magistratsverfassung war eine der modernsten ihrer Zeit. Wegweisend war vor allem die Trennung von Verwaltung und Jurisdiktion, die Beseitigung der Privatgerichtsbarkeit und des privilegierten Gerichtsstands, worüber die Gutsherren bisher verfügt hatten. Stattdessen wurden fünf Kreisgerichte und 85 Amtsgerichte etabliert. Die rechtliche Sonderstellung der Ritterschaft wurde dadurch stark reduziert und blieb auf wenige Relikte wie das Klosterrecht in Bezug auf die vier Damenstifte in Itzehoe, Preetz, Uetersen und vor Schleswig beschränkt. 1869 erfolgte auch die Einführung der Gewerbefreiheit. Überdies galt fortan die preußische Wehrpflicht, ebenso eine neue Währung. Ab 1871 war dies die Reichsmark, die den schleswig-holsteinischen Speciestaler ablöste. Im April 1867 wurde zudem das preußische Steuersystem etabliert. Der Anschluss an Preußen und die damit eingeleiteten Maßnahmen lösten rasch einen gewaltigen wirtschaftlichen Boom aus, der seinerseits zu einem starken Bevölkerungswachstum führte.

Insgesamt nahm die Bevölkerung Schleswig-Holsteins bis zum Ersten Weltkrieg, also innerhalb eines halben Jahrhunderts, um 60 Prozent zu – ein bisher nie gekanntes Wachstum. Aber dieser Boom vollzog sich in der ganzen Provinz nicht in demselben Tempo. Das südliche Holstein profitierte überproportional von der neuen Situation. Neumünster wuchs z. B. wegen seiner florierenden Textil- und Lederindustrie schnell und vervierfachte seine Einwohnerzahl zwischen 1867 und 1914. Auch Rendsburg, Altona, Elmshorn oder Itzehoe zogen aus dem nunmehrigen zollfreien Zugang zum deutschen Binnenmarkt großen Nutzen. Im Schleswiger Landesteil gehörten Flensburg und Sonderburg zu den Städten, die, auch wegen der Einrichtung von Marinestützpunkten, vom gründerzeitlichen Boom positiv erfasst wurden, wohingegen die Westküste und Nordschleswig im Windschatten der Industrialisierung verharrten. Ein großer Gewinner hierzulande wurde nicht zuletzt die zivile und militärische Schiffbauindustrie in Flensburg, Apenrade und vor allem in Kiel, wo bald riesige Werftanlagen das Antlitz des ganzen Kieler Ostufers nachhaltig bis heute prägen sollten: die Howaldtswerke in Ellerbek und Dietrichsdorf, die Norddeutsche Schiffbaugesellschaft bzw. Germania-Werft, die ab 1902 zum Essener Krupp-Konzern gehörte, sowie die Kaiserliche Werft, aus der dann die Reichswerft und schließlich die „Deutschen Werke" wurden. Im Jahr 1900 kam mit der Nordwerft bzw. dem „Marinearsenal" ein weiterer Werftkomplex hinzu.

Das ökonomische Wachstum hing eng mit einem nachdrücklichen Ausbau der Infrastruktur zusammen. Dieser betraf vor allem das Eisenbahn- und Straßennetz und natürlich das größte Bauvorhaben jener Tage, den Nord-Ostsee- oder Kaiser-Wilhelm-Kanal. Bis ca. 1900 wurde das Eisenbahnnetz von 610 auf 1700 Streckenkilometer erweitert. Das Straßennetz vervierfachte man in etwa zur selben Zeit. Davon profitierte natürlich auch der beginnende Fremdenverkehr. Während der Anteil der in der Landwirtschaft Tätigen von ca. 50 auf unter 30 Prozent zurückfiel, nahmen die Erträge vor allem der Milcherzeugung dennoch erheblich zu. Bodenverbesserung durch optimierte

Düngung und Entwässerung und die beginnende Motorisierung führten insgesamt zu einer deutlichen Ertragssteigerung im Agrarbereich. Auf dem Land setzte in der Folge eine rege Bautätigkeit ein; neue Stall- und Wirtschaftsgebäude wurden vielfach errichtet. Auch konnten die Holzerträge durch eine planmäßige Forstwirtschaft gesteigert werden. Dieser Aufwärtstrend stimmte die Mehrheit der Schleswig-Holsteiner mit dem neuen Regime zufrieden.

Zum Weiterlesen:
Frank Lubowitz: Reform und Modernisierung der neuen Provinz – Schleswig-Holstein zwischen 1867 und 1890, in: Oliver Auge u. Caroline E. Weber (Hrsg.): Pflichthochzeit mit Pickelhaube. Die Inkorporation Schleswig-Holsteins in Preußen 1866/67 (Kieler Werkstücke Reihe A, 57), Berlin 2020, S. 103–114.

62

MARITIMES WETTRÜSTEN UND DER NORD-OSTSEE- ODER KAISER-WILHELM-KANAL

Mitte des 19. Jahrhunderts genügte der alte Eider-Kanal den rasch zunehmenden Schiffsgrößen nicht mehr. Daher wurde er unter preußisch-deutscher Ägide durch den Nord-Ostsee-Kanal ersetzt. Der in den Jahren 1887 bis 1895 erbaute Nord-Ostsee-Kanal, den Kaiser Wilhelm II. (1859–1941) bei seiner Eröffnung im Juni 1895 handstreichartig in Kaiser-Wilhelm-Kanal umbenannte, kann als das bis heute größte und wichtigste Verkehrsprojekt gelten, das in Schleswig-Holstein jemals realisiert wurde.

Militärstrategische Gesichtspunkte, vor allem die Möglichkeit einer schnellen Verlegung von Flottenverbänden zwischen der Nord- und Ostsee unter Umgehung fremder Gewässer, spielten bei Planung und Bau des Kanals eine mindestens ebenso große, wenn nicht gar größere Rolle als seine nur schwer vorauszukalkulierende wirtschaftliche Bedeutung.

Unter partieller Einbeziehung des alten Eider-Kanals wurde ein Wasserweg auf Meeresniveau zwischen der Kieler Förde und der Elbmündung bei Brunsbüttelkoog angelegt. Nach acht Jahren Bauzeit fanden die pompösen Feierlichkeiten zur Eröffnung des Kanals vom 19. bis 22. Juni 1895 mit vielen ausländischen Gästen statt. Angeführt von der kaiserlichen Jacht „Hohenzollern“, durchfuhren Schiffe aus 14 Nationen den Kanal von Brunsbüttel bis Holtenau. Sie kamen aus Dänemark, Frankreich, Großbritannien, Italien, den Niederlanden, Norwegen, Österreich-Ungarn, Portugal, Rumänien, Russland, Schweden, Spanien, der Türkei und den Vereinigten Staaten. Als die türkische „Fuad“ als letztes Schiff mit dem Halbmond auf ihrer Flagge an der Militärmusikkapelle vorbeifuhr, die bei Sichtung der Schiffe stets die betreffende Nationalhymne anstimmen sollte, spielte diese das Lied „Guter Mond, du gehst so stille“, da sie keine Noten für die türkische Hymne zur Hand hatte.

Auch die zwischen 1907 und 1914 erfolgte Erweiterung des Kanals, die mit einem Aufwand von 223 Millionen Mark erheblich kostspieliger war als der ursprüngliche, 156 Millionen Mark teure Kanalbau, unterstrichen seinen militärischen Zweck. Denn nun konnten auch die ganz modernen Schlachtschiffe ihn durchfahren. Der 98 Kilometer lange Kanal hatte 1903 eine Tiefe von neun Metern, eine Sohlenbreite von 22 Metern und eine Wasserspiegelbreite von 67 Metern. Er konnte wegen seiner beiden Schleusen an den Kanalenden Schiffe mit einer Länge bis zu 120 Metern, einer Breite bis zu 20 Metern und einer Tragfähigkeit bis zu 12.000 Tonnen aufnehmen. Dampfschiffe konnten ihn zu jeder Tages- und Jahreszeit befahren, wegen seiner elektrischen Beleuchtung selbst zur Nacht. Die Fahrtzeit betrug von der Einfahrt bei Brunsbüttel bis zur Ausfahrt in Holtenau durchschnittlich nur sieben Stunden, weil außer den Ein- und Ausgangsschleusen keine weiteren zeitraubenden Schleusengänge mehr nötig waren. Große Schiffe konnten an sechs künstlich angelegten Verbreiterungen des Kanalbetts aneinander vorbeifahren. Als weitere Ausweichstellen fungierten der Schirnauer See und der Audorfer See. Diese Ausweichstellen wurden bei der Erweiterung des Kanals nochmals stark vergrößert. Zudem richtete man drei zusätzliche Ausweichstellen ein. Mit der Erweiterung erhielt der Kanal eine Spiegel- und Sohlenbreite von 102 bzw. 44 Metern und eine Tiefe von 11,3 Metern. In Brunsbüttel und Holtenau gab es im Bereich der Schleusenanlagen Zollamt, Hafenamt sowie neben Betriebshäfen und Kohleladeplätzen noch andere Einrichtungen der Kanalbehörde. Auch zwei Lotsenstationen waren vorhanden, während sich eine dritte, an der ein Lotsenwechsel stattfand, bei Kanalkilometer 57 in der Nähe von Nübbel befand. Wie sein Vorgänger bedeutete auch der Nord-Ostsee-Kanal, der ganz Schleswig-Holstein durchschnitt, für den Landverkehr ein großes Hindernis.

Die von Süden nach Norden verlaufenden Landwege, Eisenbahnlinien und wichtigen Straßen wurden über zwei Hochbrücken bei Grünental und Levensau und fünf Drehbrücken über den Kanal geführt. An den weniger wichtigen Straßen und Wegen verkehrten insgesamt 14 Prahmfähren, die an Drahtseilen liefen und mit der Hand fortbewegt wurden. Dampffähren kamen ab 1907 zum Einsatz. Die Benutzung sämtlicher Fähren war und ist bis heute aufgrund kaiserlicher Zusage kostenlos.

Eng mit dem Kanal verwoben war das kaiserzeitliche Streben nach einem „Platz an der Sonne", was eine größere Weltgeltung Deutschlands meinte. Und da Kaiser Wilhelm II. meinte, Deutschlands Zukunft liege auf dem Wasser, führte dieses Streben zum maritimen Wettrüsten. Mit einem groß angelegten Flottenbauprogramm wollten der Kaiser und sein Großadmiral Alfred von Tirpitz (1849–1930) erreichen, dass Großbritannien, die Seemacht Nr. 1 weltweit, im Streitfall einen Krieg mit einem zur See starken Deutschland für zu riskant halte, bestenfalls sich sogar zu einem Bündnis bereitfinde. Der Plan eines massiven Flottenausbaus bewirkte natürlich rasch ein wechselseitiges Wettrüsten, das längst nicht nur Deutschland und Großbritannien betraf, sondern in der Folge den militärischen Schiffbau anderer Großmächte ankurbelte. Dies wiederum hatte spürbare Auswirkungen auf Schleswig-Holsteins Infrastruktur. Denn nicht nur der 1895 eröffnete Nord-Ostsee- oder Kaiser-Wilhelm-Kanal, sondern die ganze Großwerftindustrie am Kieler Ostufer, überhaupt das rasante Wachstum des Reichskriegshafens und der Stadt Kiel, aber auch der Ausbau von Flensburg-Mürwik oder des Hafens von Sonderburg sind darauf zurückzuführen. Selbst die Gründung des Instituts für Seeverkehr und Weltwirtschaft zum 25-jährigen Thronjubiläum des Kaisers in Kiel 1913 verdankt sich diesem eigentlich doch recht bedenklichen Horizont.

Zum Weiterlesen:

Dietrich Duppel u. Martin Krieger: Nord-Ostsee-Kanal. Biografie einer Wasserstraße, Kiel/Hamburg 2020.

63

KIEL UM 1900 – VON DER KLEINSTADT ZUR MEGACITY

Ohne Marine und Werften wäre aus dem beschaulichen Fördestädtchen mit gerade mal 20.000 Einwohnern im Jahr 1865 wahrscheinlich niemals diese Großstadt geworden, wie man Kiel heute kennt.

Mit Ordre vom 24. März 1865 hatte König Wilhelm I. die preußische Marinestation von Danzig nach Kiel verlegt, bevor die dauerhafte Zugehörigkeit Schleswigs und Holsteins zu Preußen geklärt war. Für Kiel als Stützpunkt sprachen sein natürlicher, für Hochseeschiffe geeigneter Hafen, die gute Eisenbahnanbindung und die schnelle Erreichbarkeit. Schon damals hatte man den Bau eines Kanals im Visier, der den älteren Eider-Kanal als Verbindung zwischen den beiden Meeren ersetzen sollte. 1895 wurde dieser Kanal, wie gerade dargelegt, tatsächlich als Kaiser-Wilhelm-Kanal feierlich eröffnet. Die Entscheidung von 1865 zugunsten Kiels war ohne Kenntnis der Stadtoberen erfolgt, und auch künftig scherte sich die Marineleitung wenig um die Belange Kiels. Im Januar 1866 wies die preußische Hafenkommandantur ein Mitspracherecht der Stadt bei der Anlage der für einen Kriegshafen nötigen Einrichtungen folglich strikt zurück. Allerdings scheint die Stadt Kiel die Entwicklungen auch verschlafen oder nicht im Mindesten erkannt zu haben, obwohl die Marineleitung rasch anfing, reihenweise Gebäude in der Stadt und am Fördeufer aufzukaufen oder zu errichten. Wegen vieler Manöver, Torpedoversuche und Kaiservisiten zu Schiff war die Zufahrt zum Kieler Handelshafen oft nur eingeschränkt möglich. Während aufseiten der kommunalen Selbstverwaltung Kiels also ein gehöriges Maß an Unverstand und auch Hilflosigkeit vorherrschten, zeigten die Kieler Randgemeinden und das Adelige Kloster Preetz umgekehrt einen ausgeprägten Erwerbstrieb, wenn sie dem gut zahlenden Marinefiskus alles Land an der Förde käuflich abtraten, das jener zu haben wünschte.

Mit dem Bau des Nord-Ostsee-Kanals ab 1887 begann sich der Blick der Marineleitung dann auf den Mündungsbereichs desselben in Kiel-Wik zu richten. Ab 1893 wurde hier ein großzügiger Stützpunkt angelegt. Kiel beanspruchte ein Mitspracherecht und berief sich auf die Rechtsverhältnisse, die durch seine Gründungsurkunde von 1242 festgelegt seien. Den sog. Wiker Hafenprozess, der von 1899 bis 1904 dauerte, verlor die Stadt aber in zweiter Gerichtsinstanz, weil sie die entscheidende Urkunde zum Beweis nicht im Original vorlegen konnte. So entstand ein Kriegshafen speziell für Torpedoboote, U-Boote und Minensucher. Der Prozessausgang machte die Zweischneidigkeit der Kieler Stadtentwicklung überdeutlich: Die Bedeutung der zivilen Stadt gegenüber der Marine wurde marginalisiert. Doch die Stadt profitierte andererseits enorm von der Präsenz der Marine, indem sie in rasantem Tempo zur Großstadt anwuchs. Im Schlepptau der Marine erfolgte auch die Ansiedlung großer Industrieunternehmen, besonders von Rüstungsbetrieben und Werften, und damit einhergehend ein enormer Zustrom von Menschen.

Zählte die im 13. Jahrhundert gegründete Stadt im Jahr 1860 lediglich 17.500 Einwohner, handelte es sich nach der Reichsgründung 1871, in deren Zuge Kiel zum offiziellen Reichskriegshafen der jetzt Kaiserlichen Marine erklärt wurde, schon um 31.700 Menschen. 108.000 Einwohner waren es im Jahr 1900, als das weltweite Marinewettrüsten an Fahrt gewann, womit Kiel in den Rang einer Großstadt aufstieg. Bis 1910, auf dem Gipfel der allgemeinen Flottenrüstung, verdoppelte sich die Stadtbevölkerung nahezu auf 211.600 Personen. 1916 machte sie schließlich 226.600 Einwohner aus. Kiel bildete damit diejenige Stadt im Kaiserreich mit der wohl größten Wachstumsdynamik überhaupt.

Für die drastische Bevölkerungszunahme waren auch Eingemeindungen umliegender Dörfer verantwortlich. Doch hauptsächlich schlug der Zuzug von außen zu Buche. Die neue Garnisonskirche in der Wik, der damals modernste Kirchenbau im gesamten Deutschen Reich, fungierte als architektonische Machtdemonstration gegenüber der Stadt, die gerade den Hafenprozess verloren hatte. Ein gewisses Pendant fand das neue Gotteshaus im bis 1911 fertiggestellten neuen Rathaus mit seinem gewaltigen, 106 Meter hohen Turm, das den Anspruch Kiels als Großstadt symbolisierte. Damals lebten rund 100.000 Kieler, also die Hälfte der Stadtbevölkerung, von der Rüstung.

Zu der großen wirtschaftlichen Abhängigkeit trat eine enorme Bevölkerungsfluktuation. Kiel war eine Stadt in Bewegung. Im Jahr 1910 verzeichnete man allein 80.000 Umzüge, wobei 40.000 Menschen in die Stadt bzw. wieder von ihr fortzogen. Wegen der Arbeits- und Verdienstmöglichkeiten vorwiegend beim Militär oder in Rüstungsbetrieben, wo körperliche Schwerstarbeit angesagt war, strömten mehr junge Männer als Frauen in die Stadt. Die junge, männlich dominierte Stadtbevölkerung baute schwer emotionale Bindungen zu Kiel selbst auf. Zur fehlenden Ausbildung oder Verankerung eines Kieler Selbstverständnisses in der rapide anwachsenden und bunt „zusammengewürfelten" Bevölkerung trat der rasche Gesichtsverlust der historisch gewachsenen Stadt. Unter dem enormen Wachstumsdruck, dem sich mittelbar dann doch auch bald die älteren Stadtteile ausgesetzt sahen, wurde die Geschlossenheit und Beschaulichkeit des alten Stadtbildes neuen, funktionalen Bau- und Stilelementen des späten 19. Jahrhunderts geopfert. Alte, traditionsreiche Häuser mussten neuen Geschäfts- und Bürohäusern sowie Straßenzügen weichen. Und das rasante Wachstum stellte eine sinnvolle städtebauliche Planung vor große Herausforderungen. Jedes Mal, wenn ein Bebauungsplan beschlossen wurde, war die Stadt längst schon geradezu tumorartig weitergewachsen.

Zum Weiterlesen:
Oliver Auge: Kiel in der Geschichte. Facetten einer Stadtbiografie, hrsg. von der Gesellschaft für Kieler Stadtgeschichte (Sonderveröffentlichungen der Gesellschaft für Kieler Stadtgeschichte, 86), Kiel/Hamburg 2017, S. 97–118.

64

INNENPOLITIK IM KAISERREICH

Als preußischer Provinz galten für Schleswig-Holstein Normen und Aufbau der preußischen Verwaltung. Es wurden ein Regierungsbezirk gebildet, an dessen Spitze ein Oberpräsident stand, und ein Provinziallandtag eingerichtet, bei dem es sich um eine Versammlung von Repräsentanten der Stadtverordnetenversammlungen und Kreistage handelte. Dieser bestand zuerst aus 57 Vertretern der Großgrundbesitzer, Städte und Landgemeinden. Ab 1875 wählten die Kreistage und Stadtverordnetenversammlungen ihre 38 Vertreter in den Provinziallandtag. Der Provinziallandtag blieb damit aber ein Gremium landständischen Charakters, das sich ab 1875 nur durch indirekte Wahlen der Stadtverordnetenversammlungen und Kreistage halbwegs demokratisch legitimierte.

Der Provinziallandtag tagte in Rendsburg, dann in Schleswig und ab 1905 zweimal pro Jahr in Kiel. Die Geschäfte regelte ein verbeamteter Landesdirektor, der ab 1902 Landeshauptmann hieß. Ein Provinzialausschuss war zwischen den Landtagssessionen für die laufenden Angelegenheiten der Selbstverwaltung zuständig. Auch die Stadtverordnetenversammlungen waren bloß bedingt demokratisch zusammengesetzte Gremien. Laut der Städteordnung von 1869, die bis zum Ende des Ersten Weltkriegs in Kraft blieb und einen liberalen Charakter besaß, war das kommunale Wahlrecht nämlich an das Bürgerrecht in einer Gemeinde gebunden, wozu man erst Zugang hatte, wenn man deutscher Staatsangehörigkeit, volljährig sowie mindestens ein Jahr in der betreffenden Stadt ansässig war und zudem über einen eigenen Hausstand verfügte und gewisse wirtschaftliche und soziale Kriterien erfüllte. In Kiel war etwa ein Mindesteinkommen von 600 Mark als Kriterium verlangt. Frauen und Nichtbürger waren vom Wahlrecht sowieso weiter ausgeschlossen. Konkret bedeutete das, dass 1869 nur 7,8 Prozent der Kieler Einwohnerschaft auch wirklich Kieler Bürger und damit wahlberechtigt waren. 1880 waren es dann 9,6 Prozent, 1890 12,9 und 1910 13,9 Prozent. 1913 wurde eine Quote von schütteren 15,5 Prozent erreicht. 1890 war eine Erhöhung des Wahlzensus durch die bürgerliche Mehrheit in der Stadtverordnetenversammlung von 600 auf 1200 Mark erfolgt. Dies führte dazu, dass abrupt rund 5000 Wähler ihr bisheriges kommunales Wahlrecht einbüßten. Von der Einkommensstruktur her handelte es sich dabei mehrheitlich um SPD-nahe Wähler, sodass es sich bei dem Vorgang um einen gezielten Schlag gegen die Sozialdemokraten handelte.

Eine politische Einflussnahme auf die Geschicke der Provinz war immerhin eingeschränkt über die Zweite Kammer des Preußischen Landtags möglich. Dieser setzte sich aber bis zum Ende des Kaiserreichs nach dem Dreiklassenwahlrecht gemäß der Steuerkraft zusammen. Politisch vertreten war die Provinz Schleswig-Holstein zudem im Reichstag. Dessen Abgeordnete wurden in freier und geheimer Wahl nach dem absoluten Mehrheitswahlrecht bestimmt. Der Preußische Landtag und der Reichstag verfügten mit dem Budgetrecht immerhin über ein ganz zentrales parlamentarisches Machtinstrument.

Die zur Preußenzeit mit Nachdruck einsetzende Industrialisierung hatte die politische Landschaft dahingehend verändert, dass sich Schleswig-Holstein infolge der rasch stark wachsenden Arbeiterschaft zu einer „roten Hochburg" entwickelte. Die Folgen der Industrialisierung waren nämlich nicht bloß ein ökonomisches Wachstum, sondern es kam in ihrem Schlepptau auch zur Entwurzelung, Entfremdung und materiellen Not breiter Bevölkerungsteile. Die Vertreter der neuartigen und zugleich schwächsten Gesellschaftsgruppe, der sog. Arbeiterklasse, pochten seit den frühen 1860er Jahren auf eine eigene Vertretung ihrer Interessen, auf Teilhabe und auf Gleichberechtigung. 1864 gründete sich in Altona die erste Gruppe des Allgemeinen Deutschen Arbeitervereins. Es folgten rasch Vertretungen in weiteren Städten, sodass der „Schleswig-Holsteinische Arbeitertag" im Jahr 1870 schon Delegierte aus 17 Orten zusammenbrachte. Seit 1872 war in Altona eine „Agitationsschule" eingerichtet, mit deren Hilfe Redner für Vortragsreisen ausgebildet wurden, um auf diese Weise weitere Arbeiter für die politische Sache zu gewinnen.

Und in der Tat entwickelte sich die schleswig-holsteinische Sozialdemokratie, wie die Bewegung seit dem Gothaer Einigungsparteitag 1875 hieß, rasant aufwärts, wobei in Schleswig-Holstein wohlgemerkt der moderate Teil des Sozialismus Fuß fasste. Die Behörden scheiterten mit ihrem Versuch, die Ausbreitung des Sozialismus wie auch der gemäßigten Sozialdemokratie zu verhindern. Festnahmen, Hausdurchsuchungen, Versammlungs- und Vereinsverbote sowie die Beschlagnahmung von Drucksachen standen bis September 1878, als die Sozialistengesetze eingeführt wurden, auf der Tagesordnung. Die Sozialistengesetze verboten dann alle sozialdemokratischen Organisationen. Die Partei musste illegal weiterarbeiten, erfuhr aber dennoch einen immer größeren Wählerzuspruch. In den 1880er Jahren wurde durch den Erlass neuer Sozialgesetze, die Einführung einer Rentenversicherung und den Bau von verbesserten Arbeiterwohnheimen der Weg zum modernen Sozialstaat aufgenommen. Die Maßnahmen hatten dabei im Wesentlichen die politische Ruhigstellung der Arbeiterschaft zum Ziel. Deren Interessen vertrat seit dem Ende des Sozialistenverbots 1890 die reorganisierte „Sozialdemokratische Partei Deutschlands" (SPD) im Reichstag. Die Unterstützung der Wähler für diese Partei betrug bei der Reichstagswahl von 1912 schließlich rund 40 Prozent der Stimmen. Die SPD war zur stärksten parlamentarischen Kraft im Reichstag geworden.

Zum Weiterlesen:

Jürgen Hartwig Ibs: Politische Parteien und Selbstverwaltung in der Provinz Schleswig-Holstein (Geschichte Schleswig-Holstein, 8.1, 2. Lief.), Neumünster 2006.

65

AUF DER SUCHE NACH EINER NORDFRIESISCHEN IDENTITÄT

Am 21. Februar eines jeden Jahres werden auf den nordfriesischen Inseln, den Halligen sowie entlang der Festlandsküste zur Abenddämmerung mit allerlei Strauchschnitt, Restholz und nicht mehr gebrauchten Weihnachtsbäumen aufgehäufte Hügel zum sog. Biikebrennen entflammt. In manchen Dörfern wird im Feuer zusätzlich eine Strohpuppe verbrannt, das sog. Petermännchen. Am Folgetag, dem 22. Februar, wird nach dem katholischen Festtagskalender das Fest „Kathedra Petri“ oder „Petri Stuhlfeier“ begangen, das an die Vorrangstellung des päpstlichen Petrusamtes erinnert. Ein ursprünglicher Zusammenhang des Petermännchens im Biikefeuer mit der Ablehnung des Papsttums in Rom und des daran geknüpften christlichen Glaubens liegt nahe. Die Strohpuppe soll darüber hinaus den Winter symbolisieren, der nun ausgetrieben wird.

Seit dem 19. Jahrhundert ist das Biikebrennen – das nordfriesische Biike steht für Bake bzw. Feuerzeichen – auf das Datum des 21. Februar festgelegt. Es wird bis heute als lebendiges Brauchtum gepflegt und wurde im Jahr 2014 sogar offiziell in das Verzeichnis des Immateriellen Kulturerbes in Deutschland aufgenommen. Von Nordfriesland aus hat sich der beliebte Brauch, an den sich noch ein deftiges Grünkohlessen und auf Sylt und Föhr ein schulfreier Tag für die Kinder anschließt, weiter ins Binnenland ausgebreitet, z. B. bis nach Stapelholm, wo es aber schon am 2. Februar als Beekenbrennen stattfindet.

Der Ursprung des Brauchs ist unklar. Wahrscheinlich sollte das Feuer im Mittelalter zur Vertreibung böser Wintergeister dienen und zugleich die Frühjahrssaat schützen. Vor allem der Totengott Wodan soll dabei verehrt worden sein. Selbst als die Insel längst christianisiert war, pflegten die Menschen offenbar noch um die Feuer zu tanzen und auszurufen: „Wodan, zehre!" Auf den Inseln diente das Biikefeuer später zudem zur Verabschiedung der zum gefährlichen Walfang ausfahrenden Seeleute. Die Frauen zündeten die Feuer auf den Stränden an, um ihren Männern auf der harten Seereise noch möglichst lange sicheres Geleit zu geben. Der Beginn der jährlichen Walfangsaison am Petritag (= 22. Februar) hing mit einem Beschluss der Hansestädte aus dem Jahr 1403 zusammen, wonach die Schifffahrt im Zeitraum zwischen Martini (= 11. November) und eben dem Petritag ruhen sollte. Nach einer Sylter Legende war dieses Signal gleichfalls für dänische Männer vom Festland gedacht, um ihnen zu signalisieren, dass die Inselfrauen nun wieder allein auf dem Hof waren und ihre Hilfe bei der Arbeit und anderen Dingen benötigten.

Die Leuchtfeuer bestanden noch im 17. und 18. Jahrhundert aus einfachen Leuchtbaken auf den Stränden zur Navigationshilfe für die Seefahrer. Die heute üblichen großen Haufen zum Entzünden sind dagegen wohl erst um die Mitte des 19. Jahrhunderts entstanden. Auch die einheitliche Festlegung des Biikebrennens auf den Abend des 21. Februar ist offenbar erst Ende des 19. Jahrhunderts eingeführt worden. Für viele Nordfriesen ist das Biikebrennen eine Art „Nationalfest" und damit Kern ihrer Identität.

Dabei können sie auf eine nicht bloß wechselvolle, sondern auch diverse Geschichte zurückschauen. Während die sog. Inselfriesen in deren Verlauf besonders stark erst von der Seefahrt und dann vom Tourismus beeinflusst wurden, waren die Festlandsfriesen vom Deichbau und den Bedingungen der Landwirtschaft in der Marsch geprägt. Trotz dieser unterschiedlichen Voraussetzungen fehlte es nicht an Versuchen, die Friesen zu einer Gemeinschaft zu vereinen. 1845 trat der Pastor Christian Feddersen (1786–1874) mit der Parole „Höret nicht auf, Friesen zu sein!" hervor, womit er seine Vision einer selbstständigen friesischen Nation auf gleicher Ebene mit Deutschen oder Dänen auf den Punkt brachte. Allerdings verhallte dieser Wunsch im Nationalkonflikt um Schleswig, auch wenn 1848 der professionelle Freiheitskämpfer Harro Harring, wie schon berichtet, in Bredstedt eine friesische Republik forderte und seine Worte mit dem friesischen Schlagwort „Lewer duad üs Slaw! – Lieber tot als Sklave!" schloss. Um diese Zeit entstand auch das Nordfriesen-Wappen mit ebendiesem Wahlspruch.

Die wie anderenorts in Bredstedt gefeierten Volksfeste entwickelten sich jedoch mehr und mehr zur Bühne für die deutsch gesinnten Schleswig-Holsteiner. Nach dem Deutsch-Dänischen Krieg von 1864 und dem Übergang ganz Schleswigs inklusive Nordfrieslands an Preußen-Deutschland fanden die Nordfriesen ihren Platz im deutschen Kaiserreich. Die friesische Bewegung entwickelte sich auf Vereinsebene weiter, etwa im Rahmen des „Nordfriesischen Vereins von 1902", der das Ziel verfolgte, die friesische Sprache, Kultur und Landschaft zu bewahren. Der „Nordfriesische Verein" wurde nach und nach zum Dachverband für die zahlreichen lokalen friesischen Vereine.

Die Teilung Schleswigs 1920 führte auch zur Spaltung der friesischen Bewegung, und der deutsch-dänische Gegensatz dominierte die friesische Arbeit über viele Jahre. Während der Friesisch-Schleswigsche Verein sich nämlich für die Anerkennung der Friesen als nationale Minderheit einsetzte und mit der in

Deutschland verbliebenen dänischen Minderheit zusammenarbeitete, bekannte sich der Nordfriesische Verein zum Deutschtum. Deutsche Politiker strebten zwar nach friesischer Unterstützung, setzten sich aber nicht für die Selbstständigkeit der Friesen ein. Im Bereich des Schulwesens kam man den Friesen schließlich zwischen den beiden Weltkriegen in bescheidenem Umfang entgegen. Zur NS-Zeit wurden friesische Wünsche nach größerer Selbstständigkeit unterdrückt, was die Friesen aber nicht davon abhielt, den Nationalsozialismus mit großer Mehrheit zu bejahen.

Zum Weiterlesen:
Thomas Steensen: Die friesische Bewegung in Nordfriesland im 19. und 20. Jahrhundert (1879–1945), 2 Tle. (Quellen und Forschungen zur Geschichte Schleswig-Holsteins, 89), Neumünster 1986.

66

DER HELGOLAND-SANSIBAR-VERTRAG 1890

Im Jahr 1890 war Schleswig-Holstein mittelbar von einem internationalen Abkommen betroffen, das als Helgoland-Sansibar-Vertrag in die Geschichte einging. Diese plakative Bezeichnung trügt, denn de facto ging es in dem Vertrag nicht um den Tausch beider Inseln miteinander. Vielmehr verzichtete das Deutsche Reich gegenüber Großbritannien nicht nur auf das Protektorat Sansibar mit Nebeninseln vor der Küste Ostafrikas, sondern auch auf allen Kolonialbesitz und sämtliche Ansprüche in Witu-

und Somaliland sowie Uganda. Im Gegenzug erkannten die Briten Deutsch-Ostafrika, das heutige Tansania, als deutsche Kolonie an. Zugleich wurden Grenzregulierungen in Zusammenhang mit den anderen deutschen Afrika-Kolonien in Togo, Kamerun und Südwestafrika (Namibia) vereinbart. Im zwölften Artikel des Vertrags trat Großbritannien zudem die Nordseeinsel Helgoland, die es seit 1807 in seiner Hand hielt, an das Deutsche Reich ab.

Helgoland nahm nach Ansicht der deutschen Militärstrategen eine Schlüsselposition bei der Sicherung der Weser- und Elbmündung sowie des Kaiser-Wilhelm-Kanals ein und galt dementsprechend als wichtiger Baustein beim seinerzeit forcierten Ausbau der deutschen See- und Großmachtstellung. Begleitet wurde diese Strategie von einer seit dem frühen 19. Jahrhundert vorhandenen Helgoland-Begeisterung, die anfangs noch gar nicht national aufgeladen gewesen war, seit der Reichsgründung 1871 aber auf die zentrale Forderung hinauslief, dass die Insel deutsch werden müsse.

Aber es gab durchaus auch kritische Stimmen wegen des Tauschs wie die des Kolonialpioniers Carl Peters (1856–1918), der meinte, man habe die „Badewanne“ Helgoland gegen die drei Königreiche Witu, Uganda und Sansibar getauscht. Auch Bismarck stufte den Gewinn Helgolands als zu teuer erkauft ein. Am 2. Dezember 1890 jedenfalls wurde Deutschlands einzige Hochseeinsel Schleswig-Holstein angegliedert. Schon vor 1807 hatte das Eiland zu Schleswig-Holstein gehört, war dabei aber oft aus dem Blick geraten. So hatte man Helgoland z. B. bei der Landesteilung von 1544 zunächst ganz vergessen. Erst später wurde es dem Gottorfer Teil zugeschlagen.

Der „Tauschvertrag“ von 1890 ist mit dem seinerzeitigen Streben nach deutscher Weltmacht in Verbindung zu setzen. In eine ähnliche Richtung wies die kurzzeitig verfolgte Idee, Dänisch-Westindien, bestehend aus den drei kleinen Inseln Saint Thomas, Saint Jan und Saint Croix, die zusammengenommen auf eine Fläche von 360 Quadratkilometern kommen und damit in etwa so groß sind wie die Gesamtfläche der Nordfriesischen Inseln, mit Dänemark gegen Nordschleswig zu tauschen, um so das Problem der dänischen Minderheit in Deutschland zu lösen. 1907 plädierte etwa der deutsche Generalstabschef Helmuth von Moltke (1848–1916) für ein solches Geschäft. Die Vereinigten Staaten bekundeten allerdings ihr Missfallen wegen dieses Plans. Sie verhandelten bereits seit den 1860er Jahren mit Dänemark wegen des Ankaufs Dänisch-Westindiens. Sie wünschten keinen Hafen der deutschen Flotte vor der eigenen Haustür und unmittelbar vor der Einfahrt in den wichtigen Panamakanal. Der Erste Weltkrieg trieb den Kaufpreis dann für Dänemark erfreulich in die Höhe. Denn aus Angst, Deutschland könne die Westindischen Inseln übernehmen und hier einen U-Boot-Stützpunkt einrichten, boten die USA den Dänen 25 Millionen Dollar als Kaufsumme an. In Dänemark fürchtete man, die Verkaufsverhandlungen könnte Deutschland als unfreundlichen Akt auffassen. Nach heftigen Diskussionen und einer Volksabstimmung in Dänemark – nicht auf den betroffenen Inseln – wurde das Geschäft aber gebilligt, und am 31. März 1917 wurde der Dannebrog, der zweieinhalb Jahrhunderte über den Inseln geweht hatte, eingeholt. Nur eine Woche darauf erklärten die Vereinigten Staaten Deutschland den Krieg. Die Nordschleswig-Frage sollte nach dem Krieg auf andere Weise gelöst werden.

Schon früher hatte es übrigens Tauschverträge in der langen Geschichte Schleswig-Holsteins gegeben. 1326 war Graf Gerhard III. von Holstein-Rendsburg zum Schleswiger Herzog gemacht worden, indem sein Neffe und Mündel Herzog Waldemar III. dieses mit dem dänischen Königtum tauschte. Erinnert sei zudem nochmals an den Tauschvertrag von Zarskoje Selo 1773, der dem Norden die lang erhoffte „Ruhe“, d. h. einen dauerhaften Frieden, brachte, indem die Gottorfer ihren Anteil an Holstein mit dem dänischen König gegen die Grafschaften Oldenburg und Delmenhorst tauschten. Der letzte Tauschvertrag datiert auf das Jahr 1945 und ist nach den beteiligten Verhandlungsführern als Barber-Ljaschtschenko-Abkommen bekannt geworden. Generalmajor Colin Muir Barber (1897–1964) handelte als Bevollmächtigter der britischen Rheinarmee, Generalmajor Nikolai Ljaschtschenko (1910–2000) verhandelte für den Oberbefehlshabenden der Roten Armee. Wegen der schlechten Erreichbarkeit war die britische Besatzungsmacht zum Tausch eines Gebiets östlich des Schaalsees gegen einen Bereich östlich des Ratzeburger Sees bereit. So kamen die Gemeinden Ziethen, Mechow, Bäk und Römnitz von der sowjetischen Besatzungszone zur britischen und umgekehrt die Dörfer Dechow, Groß und Klein Thurow sowie Lassahn von der britischen Zone zur sowjetischen. Die Folge war eine Umsiedlung der Bevölkerung aus dem von den Briten aufgegebenen Gebiet. Sie begann am 23. November 1945 und war drei Tage später abgeschlossen.

Der Gebietstausch wurde im Zuge der deutschen Wiedervereinigung 1990 nicht rückgängig gemacht.

Zum Weiterlesen:

Martin Krieger: Die Geschichte Helgolands, Kiel/Hamburg 2015, S. 97–105.

67

DIE KIELER WOCHE

Die jährlich veranstaltete Kieler Woche genießt heute den Ruf, eines der größten Segelsportereignisse der Welt zu sein. Die erste Kieler Woche dauerte aber erst einmal nur einen Kieler Tag lang und fand am 23. Juli 1882, wie berichtet wird, mit „Tausende(n) von Schaulustigen ... aus allen Schichten“ statt. Sie verfolgten eine Segelregatta, an der 20 Mannschaften aus Deutschland und dem Ausland teilnahmen. Auch die kaiserliche Familie war zugegen.

Der große Publikumserfolg und Zuspruch bei den Segelsportlern führte zur Wiederholung, wobei sich bald auch Segler aus weiter entfernten Ländern wie Frankreich, Österreich, Russland oder den USA als Wettbewerber einstellten. 1888 gab es schon 50, vier Jahre später 100 Anmeldungen zu den Wettkämpfen. Ab 1895 nahmen regelmäßig 450 bis 500 Boote daran teil. Die starke Resonanz bewirkte auch, dass die Dauer auf mehrere Tage und die Wettkämpfe auf mehrere Segelklassen ausgedehnt wurden. Seit 1894 lautete der offizielle Name der Veranstaltung in Analogie zur britischen „Week of Cowes“ dann tatsächlich „Kieler Woche“.

Die Kieler Woche war dabei eigentlich von Anfang an nicht nur ein wichtiges Segelsportereignis, sondern bildete wegen der Präsenz und regen Anteilnahme des Kaiserhauses sowie anderer hochgestellter Persönlichkeiten aus Adel und Bürgertum eine wichtige Festperiode innerhalb der Kieler Sommersaison mit internationaler Ausstrahlung – 1889 war erstmalig Kaiser Wilhelm II., selbst ein begeisterter Segler und in Kiel als seiner

„Lieblingsstadt" ohnedies häufig Gast, dabei. Daneben fanden sich auch Oberhäupter anderer Staaten oder sonstige wichtige Staatsmänner zur Kieler Woche ein, so z. B. 1892 Zar Alexander III. von Russland (1845–1894), 1897 König Leopold II. von Belgien (1835–1909) oder 1904 König Eduard VII. von Großbritannien (1841–1910). So wurde zur Kieler Woche auch immer Diplomatie betrieben, und die Kaiserliche Marine, die Deutschlands Anspruch nach Weltgeltung unterstreichen sollte, nutzte natürlich die Aufmerksamkeit der Weltöffentlichkeit, um unter rauchenden Schornsteinen ihre Größe und Kriegstüchtigkeit zur Schau zu stellen. Die Ermordung des österreich-ungarischen Thronfolgers Franz Ferdinand (geb. 1863) am 28. Juni 1914 in Sarajewo führte zum abrupten Abbruch der seinerzeit laufenden Segelwettkämpfe. Der Abschiedsgruß des anwesenden britischen Flottenverbands „Friends for now and friends forever" blieb leider bloß ein frommer Wunsch. Etwas mehr als einen Monat später befand sich Deutschland unter anderem mit Großbritannien im Kriegszustand, der vielen Tausenden Soldaten beider Länder den Tod bringen sollte.

Nach der kriegsbedingten Pause war gleich für 1919 wieder eine Kieler Woche vorgesehen, die jetzt, da die Rolle von deutscher Marine und Seefahrt infrage gestellt war, nicht mehr vom Kaiserlichen Yacht-Club und der Marine wie bisher organisiert und vor allem nicht mehr allein auf den Wassersport ausgerichtet sein sollte. Segeln war ein Sport der Oberschichten. Nun sollte auch die breite Bevölkerung stärker aktiv einbezogen und die Kieler Woche zur Sportwoche mit Volksfestcharakter umgebaut werden, was sie ja heute noch ist. Auch Sport- und Turnvereine sollten sich daher daran beteiligen. Der Kaiserliche Yacht-Club zog sich wegen der gleichzeitig bekannt gewordenen Versailler Friedensbedingungen von der Austragung der Wettkämpfe zurück, sodass die geplante Festwoche dann doch ausfiel. In den beiden folgenden Jahren fand die Kieler Woche im Kontext der damaligen internationalen Isolation Deutschlands nahezu ohne ausländische Beteiligung nur im ganz kleinen Rahmen statt.

Durch eine sportliche Neuausrichtung der Wettkämpfe weg von größeren Schonern hin zu kleineren Segelbooten sowie durch eine Ausweitung des Begleitprogramms gelang der Kieler Woche allerdings nach der Inflationszeit der rasche Wiederaufstieg. 1930 waren erneut über 100 Segler, darunter etliche aus Skandinavien, England und den Niederlanden, zur Teilnahme angemeldet. 1932 konnte das 50-jährige Jubiläum der Kieler Woche festlich begangen werden. Doch noch immer galt die Veranstaltung in weiten Teilen der Bevölkerung als elitär und keinesfalls für jedermann gedacht. Sie wurde mit der kaiserlichen Vergangenheit und der damit einhergehenden strikten Klassengesellschaft in Verbindung gebracht, und tatsächlich waren die Segler und allen voran der Yacht-Club um Kontinuität zu früher bemüht. Um demgegenüber breitere Bevölkerungsgruppen anzusprechen, veranstaltete die Stadt Kiel bis 1927 eine gesonderte Herbstwoche mit großem Kulturprogramm.

Die Nationalsozialisten griffen die ältere Tradition auf, indem sie den militärisch durchorganisierten Segelwettkampf ganz in den Vordergrund rückten. Welche Rolle die Parteiführung der Veranstaltung beimaß, wird daran ersichtlich, dass die Kieler Woche ab 1934 direkt von Berlin aus mit großem propagandistischem Aufwand organisiert wurde. Kiel sollte zum seglerischen Nürnberg Deutschlands werden, wie der damalige Oberbürgermeister verkündete. Der Zuspruch blieb nicht aus. 540 Teilnehmer aus 14 Nationen meldeten sich zur Kieler Woche des Jahres 1934 an, und Deutschland konnte sich erneut als Gastgeber eines international renommierten Segelsportereignisses präsentieren. 100.000 Besucher erschienen zum Eröffnungsfeuerwerk, das die NS-Gemeinschaft „Kraft durch Freude" vorbereitet hatte. Zwar nahm die Zahl der ausländischen Wettbewerber in den Folgejahren dann kontinuierlich ab, doch blieb die Kieler Woche bis zum Kriegsausbruch ein stramm durchorganisiertes Großereignis.

Zum Weiterlesen:
Oliver Auge: Kiel in der Geschichte. Facetten einer Stadtbiografie, hrsg. von der Gesellschaft für Kieler Stadtgeschichte (Sonderveröffentlichungen der Gesellschaft für Kieler Stadtgeschichte, 86), Kiel/Hamburg 2017, S. 220–233.

68

DER TOURISMUS KOMMT NACH SCHLESWIG-HOLSTEIN

Am Beginn touristischen Reisens stand die Grand Tour als adeliges Bildungsideal, was Studien- und Kulturreisen durch Europa meinte. Ende des 18. Jahrhunderts wurde daraus der Begriff Tourismus abgeleitet, als nun auch eine wohlhabende bürgerliche Minderheit begann, Bildungs- und Erholungsreisen zu unternehmen. Die ersten Touristen waren die Briten mit ihren berühmten Seebädern und Urlaubsreisen übers Land und an die See. Bald wurde die Badesaison für die sprichwörtlichen oberen Zehntausend zum gesellschaftlichen Muss, was bis nach Deutschland ausstrahlte, wo die Aufklärung und die folgende Romantik eine große Naturaufgeschlossenheit erzeugt hatten. Von Goethe ist nicht umsonst der Satz überliefert: „Das freie Meer befreit den Geist."

Das erste deutsche Seebad überhaupt entstand so bereits zum Ende des 18. Jahrhunderts in Heiligendamm. Schon 1801 gründeten zehn prominente Lübecker aber dann die „Direction der Seebadeanstalt bey Travemünde“ und eröffneten dort 1802 die erste Saison, die Badeurlauber anzog. Erstes Seebad an der Nordsee wurde – trotz noch schwerer Erreichbarkeit – 1819 Wyk auf Föhr. Seine Gründung sollte der wirtschaftlichen Misere abhelfen, in die die Insel nach dem Aus des Walfangs und mit der napoleonischen Kontinentalsperre geraten war. Seine erste glanzvolle Zeit erlebte das Wyker Seebad ab 1842, als der Landesherr, König Christian VIII. von Dänemark, die Insel zu seiner Sommerresidenz erkor. Jahr für Jahr machte fortan der königliche Hof Urlaub auf Föhr und empfing dabei zahlreiche Gäste. Auch Hans Christian Andersen (1805–1875) gehörte zu den Gästen. Er ließ sich von der Schönheit der Insel und der Wildheit des Meeres beeindrucken und zu neuen Werken inspirieren.

Mit dem Tod des Königs 1848, zwei Großbränden und schließlich dem Deutsch-Dänischen Krieg 1864 war diese erste Wyker Hochkonjunktur vorbei. Die wachsende bürgerliche Badelust und die Anwesenheit von Mitgliedern des preußischen Königshauses brachten jedoch bald einen neuerlichen Aufschwung. Die 1882 erfolgte Gründung eines ersten Sanatoriums für Kinder machte sich Föhrs größtes Kapital, sein gesundes Reizklima, zunutze. 1898 eröffnete schließlich der schwäbische Arzt Dr. Carl Gmelin (1863–1941) das Nordseesanatorium, das rasch eine große Bekanntheit erlangte. Mehr als 10.000 Badeurlauber zählte die Insel so in den Sommermonaten vor dem Ersten Weltkrieg. Sie genossen ein buntes Strandleben mit den typischen Strandkörben und Sandburgen. Als besondere Vergnügung galt der Spaziergang im Watt. Stets wurde beim Baden noch streng auf Sitte und Moral geachtet. So wurde etwa nach Geschlechtern getrennt gebadet. Dabei kamen die bekannten Badekarren zum Einsatz, die ein Pferd samt Reiter vom Strand ins Meer zogen. Dort tauchte man dann nackt und mental gut vorbereitet unterm ausgeklappten Schirm ins Meer. In moralischem Verruf stand zunächst durchaus das im Kaiserreich zur Büsumer Spezialität werdende Wattenlaufen, da man hierbei vergleichsweise viel nacktes Bein zeigte.

Kiel erhielt nächstfolgend 1822 ein Seebad am Düsternbrooker Ufer mit Warm- und Kaltbadehaus, Logierhaus, Steg und Pavillon, Floß und Badekarren und wurde zum Ostseebad. Es folgte 1826 Helgoland mit der Errichtung einer Seebadeanstalt, wobei schon vorher Gäste auf die Insel kamen. 1830 wurde in Borby das erste Seebad in der Eckernförder Bucht geschaffen. Als nächste Seebäder sind Büsum 1837, Scharbeutz 1851 und Westerland auf Sylt 1855 zu nennen. Westerland entwickelte sich rasch zu einem pulsierenden Urlaubszentrum ähnlich wie Wyk auf Föhr, bevor dann 1927 durch die Errichtung des Hindenburgdamms ein richtiger „Massentourismus" einsetzte. Nach einem ersten Anlauf 1837 gelang 1877 auch in Sankt Peter-Ording eine Seebadgründung. Erst 1890 und damit vergleichsweise spät war Amrum mit seiner Hotelanlage Wittdün als Seebad an der Reihe.

Der Weg zu allen Seebädern war indes lang und beschwerlich, was sich erst mit dem verstärkten Ausbau des Straßen- und Eisenbahnnetzes ab der Mitte des 19. Jahrhunderts verbesserte. Wollte man beispielsweise vom Süden des Landes um 1850 an die Nordsee reisen, so verließ man den Zug in Rendsburg, schiffte sich auf der Eider ein bis Friedrichstadt, rollte über die Chaussee bis Husum und nahm dann den Dampfer nach Föhr, was dann insgesamt keine Tagesreise war, sondern mehrere Tage in Anspruch nahm.

Parallel entwickelte sich auch ein Tourismus im Binnenland, insbesondere in der seit Ausgang des 18. Jahrhunderts zur ästhetischen Ideallandschaft stilisierten „Holsteinischen Schweiz". Die Berichte einzelner Reisender, ebenso literarische Texte und Malerei, machten die Gegend als schöne, idyllische Landschaft zur Erholung einem größeren Publikum bekannt, und der forcierte Eisenbahnbau tat ein Übriges, dass sich auch in Ostholstein recht schnell ein Massentourismus einstellte. Den Anfang machte Ascheberg, wo die Bahnstrecken von Neumünster und Kiel zusammenliefen. Es folgte Gremsmühlen, das sich zwischen den 1870er und 1890er Jahren durch zahlreiche Villen- und Hotelbauten zu einem zentralen Tourismusort der Holsteinischen Schweiz entwickelte. Ab 1882 wurden Malente und Eutin ebenfalls zu intensiver erschlossenen Tourismusbereichen. Seit dieser Zeit gehörten z. B. Ausflugsfahrten auf dem Kellersee zum touristischen Angebot. Doch insgesamt überflügelten die Seebäder das binnenländische Tourismusangebot.

Zum Weiterlesen:
Ulrike Wolff-Thomsen (Hrsg.): 200 x Badesaison. Seebad Wyk auf Föhr 1819 bis 2019. Begleitbuch zur gleichnamigen Ausstellung, Köln 2019.

69

EINE GEBURTSSTUNDE DER DEMOKRATIE IN DEUTSCHLAND: DER KIELER MATROSEN- UND ARBEITERAUFSTAND 1918

Schleswig-Holstein beherbergt mit seiner Hauptstadt Kiel gleich in zweifacher Hinsicht einen Geburtsort der Demokratie in Deutschland. Neben den Geschehnissen von 1848 ist dabei insbesondere an den Kieler Matrosen- und Arbeiteraufstand zu denken, der zum Ausgangspunkt der deutschen Novemberrevolution 1918 geworden ist. Der Erste Weltkrieg hatte zu großen Versorgungsengpässen an der sog. Heimatfront geführt. Je länger der erhoffte Sieg ausblieb und der Krieg dauerte, desto mehr kam es zu Hungerunruhen. Ende März 1917 traten die Kieler Werftarbeiter in den Ausstand, wobei sich dieser vom Hungerkrawall zum politischen Streik zu wandeln begann. Denn die über 4000 daran beteiligten Arbeiter forderten neben einer fairen Nahrungsmittelversorgung jetzt auch mehr Rechte. Die Mehrheitssozialdemokraten (MSPD) und die Gewerkschaften spielten als Interessenvertreter der Arbeiterschaft nur eine Nebenrolle. Stattdessen waren vor allem Vertreter der Unabhängigen Sozialdemokratischen Partei (USPD), die sich 1916 von der MSPD abgespalten hatte, in die Proteste involviert. Ende Januar 1918 streikten sogar 30.000 Arbeiter, als ihre Vertrauensleute zum Heer einberufen wurden. Auf dem Kieler Wilhelmsplatz fand eine Massenkundgebung mit konkreten politischen Forderungen statt. Unter anderem sollte ein Friedensschluss nicht länger von Annexionen oder gegnerischen Entschädigungen abhängig gemacht werden. Auch wurden die Einberufung des Reichstages, der seit Kriegsbeginn nicht mehr tagte, und seine Beteiligung an Friedensverhandlungen verlangt, ebenso eine Reform der Volksernährung und eine Auflösung des Preußischen Abgeordnetenhauses samt Neuwahlen.

Dieser Forderungskatalog blieb zunächst unerfüllt. Infolgedessen machte sich im weiteren Jahresverlauf in der Kieler Arbeiterschaft eine Stimmung breit, die von einer Befürwortung des Friedensprogramms des US-amerikanischen Präsidenten Wilson (1856–1924) bei gleichzeitig unwiederbringlichem Vertrauensverlust in die eigene Militärführung gekennzeichnet war.

In diesem explosiven Klima erreichte am 1. November 1918 das Dritte Geschwader der Kaiserlichen Marine seinen Heimathafen Kiel. Schon in Wilhelmshaven, wo die Schiffe zuvor geankert hatten, war es an Bord zu Befehlsverweigerungen gekommen, weil der Plan der Marineleitung bekannt geworden war, trotz der aussichtslosen Kriegslage ein letztes heldenhaftes Gefecht gegen die britische Flotte zu führen. 47 Matrosen wurden als Rädelsführer inhaftiert. Durch die Rückverlegung der Schiffe nach Kiel sollte sich, so die Hoffnung der Marineleitung, die Situation wieder entspannen. Doch erwies sich dies als eine krasse Fehleinschätzung der Stimmung in der Stadt, die schon einem kurz vor der Explosion stehenden Pulverfass glich. Die Kieler Arbeiterschaft solidarisierte sich denn auch umgehend mit den Inhaftierten, nachdem am 3. November weitere 57 Seeleute verhaftet worden waren und ihre Matrosenkameraden deswegen Kontakt zu den Arbeitern und Soldaten in der Stadt aufgenommen hatten. Bereits am Vortag hatte der Oberheizer Karl Artelt (1890–1981) von der USPD zur Entmachtung der herrschenden politischen Klasse und zur Niederringung des Militarismus aufgerufen, während der Kieler Gewerkschaftsvorsitzende Gustav Garbe (1865–1935) zur Besonnenheit mahnte.

In Windeseile wurde nun aus einer kleinen Revolte eine Massenbewegung, die am 3. November knapp 6000 Demonstranten – Matrosen und Kieler Arbeiterinnen und Arbeiter – auf den Großen Exerzierplatz führte. Beim anschließenden Demonstrationszug eröffnete eine militärische Patrouille das Feuer auf die Demonstranten: Sieben Menschen wurden getötet, 29 schwer verwundet. Der unheilvolle Zusammenstoß gilt als der eigentliche Startpunkt der Novemberrevolution. Zwei Tage später musste der in Kiel residierende Kaiserbruder Prinz Heinrich (1862–1929) fluchtartig Schloss und Stadt verlassen, da sich schon ganz

Kiel in der Gewalt der Aufständischen befand. Die kaiserlichen Schiffe hatten die rote Fahne gehisst.

Unter Garbes Vorsitz war ein Arbeiterrat gebildet worden, der ein 14-Punkte-Programm mit weitreichenden Reformforderungen verabschiedete. Um die revolutionäre Lage zu stabilisieren, wurde Gustav Noske (1868–1946) von der MSPD aus Berlin nach Kiel geschickt und am 5. November durch Akklamation zum Vorsitzenden des Obersten Soldatenrats gewählt. Zwei Tage später übernahm er auch die zivile Gewalt in der Stadt. Zur Sicherung der öffentlichen Ordnung setzte er auf die Fortführung der alten Strukturen und erstickte in Kiel alle weiteren revolutionären Impulse im Keim. Allerdings hatten die Kieler Vorgänge längst Vorbildcharakter für andere Städte im ganzen Kaiserreich erlangt. Rasch stand auch nicht mehr Kiel im Mittelpunkt der Ereignisse, sondern Berlin, wo am 9. November 1918 die Republik ausgerufen wurde.

Kiel selbst ging mit seiner 1918 impulsgebenden Rolle lange stiefmütterlich um. Erst spät und schwerfällig setzte ein Umdenken ein, wie die seinerzeit heftig umstrittene Aufstellung des von Hans-Jürgen Breuste (1933–2012) gestalteten Revolutionsdenkmals „Wik – Feuer aus den Kesseln“ im Kieler Ratsdienergarten 1982 sinnfällig zum Ausdruck brachte. Heute steht man in Kiel der wichtigen Rolle der Stadt im Kontext der Novemberrevolution von 1918 aber weitgehend positiv gegenüber. Und es ist sicher nicht übertrieben zu sagen, dass auch nur Kiel wegen seines einmaligen Charakters als Marine- und Industriestandort 1918 diese impulsgebende Bedeutung erlangen konnte.

Zum Weiterlesen:

Sonja Kinzler u. Doris Tillmann (Hrsg.): Die Stunde der Matrosen. Kiel und die deutsche Revolution 1918, Darmstadt 2018.

70

DEMOKRATISCHE VERHÄLTNISSE IN DER WEIMARER REPUBLIK

Durch die Ereignisse vom November 1918 wurde Kiel zu einem Vorort der Demokratie in Deutschland. Denn der Matrosenaufstand und die daraus resultierende Novemberrevolution führten zum Sturz der Monarchie. Sinnbildlich dafür steht die Flucht des in Kiel residierenden Kaiserbruders am 5. November 1918 aus Schloss und Stadt. Am 9. November 1918 wurde in Berlin die Republik ausgerufen.

Doch waren Kiel und Schleswig-Holstein 1918 wohlgemerkt nicht zum ersten Mal demokratische Vorreiter. Schon 1848 war im Zuge der Schleswig-Holsteinischen Erhebung eine konstituierende Landesversammlung in Kiel zur Ausarbeitung einer Verfassung zusammengetreten, die nach dem seinerzeit freiesten und demokratischsten Wahlrecht ganz Deutschlands gewählt worden war. Die Landesversammlung war am 15. August 1848 feierlich in der Kieler Nikolaikirche eröffnet worden und tagte dann mit ihren über 100 Abgeordneten in der ehemaligen Schlosskirche. Im September 1848 legte sie den Entwurf der modernsten und liberalsten Verfassung ganz Deutschlands vor. Zeitgleich vollzog sich auch auf der kommunalen Ebene eine Liberalisierung und Demokratisierung der Kieler Stadtverfassung. Allerdings führte das bereits geschilderte Scheitern der Erhebung ab dem Spätsommer des Jahres 1850 auch zur Zurücknahme dieser kommunalen Reformen, und die Verfassung geriet über das Stadium eines Entwurfs nicht hinaus. Schleswig-Holstein musste in die Gegebenheiten des konservativen Ständestaats zurückkehren.

Nun also aber ab November 1918 die Republik mit dem Volk als Souverän. Zum Volk gehörten natürlich auch die Frauen, was bis dahin stets unter den Tisch gekehrt worden war! Drei Tage nach der Ausrufung der Republik kündigte die Übergangsregierung in Berlin, der sog. Rat der Volksbeauftragten, am 12. November 1918 eine Wahlrechtsreform an, wonach künftig alle Frauen und Männer ab 20 Jahren wahlberechtigt sein sollten. Das wurde zur Geburtsstunde des Frauenwahlrechts in Deutschland, das die Frauenbewegung seit den 1870er Jahren gefordert hatte. Am 19. Januar 1919 fanden dann die freien, gleichen und geheimen Wahlen zur Verfassungsgebenden Nationalversammlung statt, bei der tatsächlich rund 82 Prozent der Frauen ihre Stimme abgaben. Und mit 37 der insgesamt 423 gewählten Abgeordneten lag der Frauenanteil in der in Weimar tagenden Nationalversammlung gleich bei 8,7 Prozent. Bei den anschließenden Reichstagswahlen sank der Anteil allerdings wieder und blieb auch nach 1945 in Westdeutschland verhältnismäßig niedrig. Erst 1987 wurde die 15-Prozent-Marke im Bundestag erreicht. Am 19. Februar 1919 konnte so jedenfalls die SPD-Abgeordnete Marie Juchacz (1879–1956), Gründungsmutter der Arbeiterwohlfahrt, als erste Frau im Parlament das Wort erheben: „Was diese Regierung getan hat, das war eine Selbstverständlichkeit: Sie hat den Frauen gegeben, was ihnen bis dahin zu Unrecht vorenthalten worden ist."

Auch die schleswig-holsteinische Provinzialverwaltung wurde 1919 den neuen demokratischen Verhältnissen angepasst. So wurden die nun 76 Abgeordneten des Provinziallandtages indirekt durch die Kreistage und Stadtverordnetenversammlungen gewählt. Zentrale Voraussetzung für das Stimmrecht war, dass sich die Kreise zuvor dem Kommunalverband der Provinz angeschlossen hatten, was alle Stadt- und Landkreise außer Helgoland taten. Der Kreis Herzogtum Lauenburg wollte kommunale Privilegien der Kaiserzeit für sich bewahren, was zu ständigen Konflikten mit Staatsregierung und Regierungspräsidium führte. Erst ab 1925/26 konnten so die Lauenburger Kreisbewohner ihre Abgeordneten direkt in den Provinziallandtag wählen. Nicht zur Provinz zählten nach wie vor der zum Land Oldenburg gehörende Landesteil Lübeck und das bis 1937 selbstständige Lübeck.

Der Provinziallandtag tagte in der Regel zweimal jährlich in Kiel. Aus seiner Mitte wurden fünf Abgeordnete in den Provinzialrat gewählt, dem auch der Oberpräsident und ein höherer Verwaltungsbeamter angehörten. Gemeinsam übten sie die staatliche Aufsicht über die Gemeinden aus. Die laufenden Geschäfte wurden durch einen zehnköpfigen Provinzialausschuss erledigt. Zudem wählte der Provinziallandtag einen Landeshauptmann als geschäftsführenden Beamten zur Umsetzung seiner Beschlüsse. Der Provinzialverband war für kreisübergreifende Aufgaben wie das Straßennetz, Siedlungs- und Landschaftswesen, Gesundheitswesen, Erwerbslosenfürsorge, Schulwesen und Kultur und zuerst auch für das Steuerwesen zuständig. Überregional bekam der Provinziallandtag in der Weimarer Zeit mehr Gewicht, da ihm die direkte Wahl der drei schleswig-holsteinischen Mitglieder des preußischen Staatsrats oblag.

Indirekt über den Provinzialausschuss wurde auch ein Mitglied für den Reichsrat bestimmt. Von 1921 bis 1933 war dies durchgehend Anton Schifferer (1871–1943) von der Deutschen Volkspartei (DVP). Staats- und Reichsrat nahmen für die Provinz Einfluss auf die preußische und gesamtdeutsche Gesetzgebung und Verwaltung. Durch ein Mitwirkungs- und Einspruchsrecht kam ihnen faktisch die Bedeutung einer Zweiten Kammer neben dem Land- und dem Reichstag zu. Bei den vier Wahlen zum Provinziallandtag der Weimarer Zeit bemühten sich die größeren bürgerlichen Parteien, Einheitslisten zu bilden. Dazu kamen noch die SPD und die KPD, später die NSDAP sowie diverse kleinere Listen aus den Kreisen. Während der gesamten Weimarer Republik bewahrten sich die bürgerlich-konservativen Parteien eine Mehrheit im Provinziallandtag.

Zum Weiterlesen:
Frank Omland: „Wie wähle ich?" – Die Provinziallandtagswahlen in Schleswig-Holstein 1921–1933, in: Detlev Kraack u. Klaus-Joachim Lorenzen-Schmidt (Hrsg.): Brückenschläge aus der Vergangenheit, Festschrift für Peter Wulf zu seinem 70. Geburtstag (Studien zur Wirtschafts- und Sozialgeschichte Schleswig-Holsteins, 44), Neumünster 2008, S. 265–294.

71

1920: GRENZABSTIMMUNG UND TEILUNG SCHLESWIGS

Zum Ende des Ersten Weltkrieges, in dem auch Angehörige der in Nordschleswig ansässigen dänischen Minderheit auf deutscher Seite kämpften, wurde die Nordschleswig-Frage wieder virulent, als Hans Peter Hanssen (1862–1936) am 23. Oktober 1918 im Namen der dänischen Nordschleswiger im deutschen Reichstag die Forderung nach einer Volksabstimmung erhob, wie sie der Artikel 5 des 1866 vereinbarten Prager Friedens in Aussicht gestellt hatte. Freilich war, wie berichtet, diese Nordschleswig-Klausel 1878 durch Vertragsschluss zwischen Preußen und Österreich wieder aufgehoben worden, und Dänemark selbst hatte im sog. Optantenvertrag vom 11. Januar 1907 die Grenzziehung entlang der Königsau nochmals explizit anerkannt und dabei auf die Prager Nordschleswig-Klausel ebenso ausdrücklich verzichtet. Für die deutsche Seite gab es von daher bis zum Herbst 1918 eigentlich keine „Nordschleswig-Frage" mehr. Tatsächlich vermied es die dänische Regierung in Befürchtung einer deutschen militärischen Reaktion während des Krieges möglichst, das Thema überhaupt anzuschneiden.

Das änderte sich aber spätestens Mitte 1918, als sich der deutsche Glauben an einen Sieg als Illusion herausstellte. In einer auf den 17. Oktober 1918 datierten „ganz geheimen" Denkschrift riet daher Graf Ulrich von Brockdorff-Rantzau (1869–1928), der damalige deutsche Botschafter in Kopenhagen und nachgehend der erste Außenminister der Weimarer Republik, der neuen Reichsregierung unter Reichskanzler Prinz Max von Baden (1867–1929), die Lösung der Nordschleswig-Frage selbst in die Hand zu nehmen, bevor die Feinde Deutschlands diese zu seinen Ungunsten entscheiden würden. Der Reichskanzler hatte am 4. Oktober 1918 die Entente um einen Waffenstillstand ersucht und um Friedensverhandlungen auf der Grundlage der 14 Punkte gebeten, die der amerikanische Präsident Woodrow Wilson im Januar 1918 formuliert hatte. Ein zentraler Aspekt des Wilson'schen Programms war die Gewährleistung des Selbstbestimmungsrechts der Völker bei einer künftigen Friedensordnung. Brockdorff-Rantzau empfahl demgemäß die deutsche Zustimmung zu einer Volksabstimmung vor den eigentlichen Friedensverhandlungen. Denn „(d)ass die Ententemächte Nordschleswig an Dänemark zu geben entschlossen sind, steht fest". Deutschland sollte durch eine bilaterale Lösung mit Dänemark eine „peinliche" Verhandlung mit den Ententemächten erspart und die offenkundig unvermeidbare Abstimmung räumlich möglichst minimiert, d. h. auf die tatsächlich mehrheitlich dänisch bewohnten Bezirke Nordschleswigs beschränkt werden. Wie man weiß, hatte ihn kurz zuvor der dänische Außenminister Eric Scavenius (1877–1962) darauf hingewiesen, dass nationalistische dänische Kreise beabsichtigten, die Ententemächte über die Zukunft Nordschleswigs entscheiden zu lassen. Nach Meinung Brockdorff-Rantzaus wurde dadurch die Gefahr heraufbeschworen, dass Deutschland in der Nordschleswig-Frage seiner Handlungsfreiheit beraubt und das fragliche Abstimmungsgebiet weiter ausgedehnt würde.

So sollte es dann auch kommen. Wirklich nur auf den ersten Blick war sich Brockdorff-Rantzau in seiner Idee mit dem Reichstagsabgeordneten H. P. Hanssen einig. Hanssen berief sich – anders als Brockdorff-Rantzau –, wie gesagt, u. a. eben auf die 1878 revidierte Nordschleswig-Klausel des Prager Friedens. Letzteres tat er, weil ihm der liberale Reichstagsabgeordnete Friedrich Naumann (1860–1919) erklärt hatte, er halte eine „Revision der Revision" des Artikels durch die deutsche Regierung durchaus für möglich. Letztlich veranlassten dann aber die Siegermächte im Versailler Vertrag, dass tatsächlich Anfang 1920 eine solche Volksabstimmung in einer ersten Zone in Nordschleswig und einer zweiten in den nördlichen Teilen Mittelschleswigs in Vollzug des Anfang 1919 in Kraft getretenen Versailler Vertrags realisiert wurde.

Der Grenzabstimmung ging der Streit über die Definition voraus, wo überhaupt die Südgrenze Nordschleswigs verlief. Die damaligen Entscheidungsträger sprachen sich für die Festlegung nach dem dänischen Historiker Hans Victor Clausen (1861–1937) im Gegensatz zu der etwas nördlich davon verlaufenden Linie des deutschen Historikers Johannes Tiedje (1879–1946) aus.

In Zone I erfolgte die Abstimmung en bloc. Das Gesamtvotum erbrachte eine Zustimmung von 75 Prozent für Dänemark.

In der zweiten Zone, zu der Flensburg trotz seines vergleichsweise hohen dänischen Bevölkerungsanteils gehörte, wurde im Unterschied dazu gemeindeweise abgestimmt. Rund 80 Prozent der Stimmberechtigten votierten hier für einen Verbleib bei Deutschland. Eine vor allem von Frankreich favorisierte dritte Abstimmung im mittleren Mittelschleswig wurde wegen dieses eindeutigen Votums für Deutschland nicht mehr realisiert. Aufgrund der Abstimmungsergebnisse zog man die neue Staatsgrenze, die in ihrem Verlauf seither bis zum heutigen Tag bestehen blieb, südlich der ersten Abstimmungszone. Am 5. Mai 1920 rückten dänische Truppen in das ca. 4000 Quadratkilometer große Gebiet Nordschleswigs mit seiner Bevölkerung von rund 163.000 Menschen ein; am 15. Juni wurden die Passkontrollen an die neue Grenze verlegt. Keinen Monat später inszenierte man am 10. Juli die sog. Wiedervereinigung („Genforening“) durch den feierlichen Einritt König Christians X. (1870–1947) auf einem Schimmel über die alte Grenze nach Nordschleswig.

Durch die Abstimmung und Grenzziehung gab es nun Minderheiten beiderseits der neuen Staatsgrenze, wobei die deutsche Minderheit in Dänemark in etwa doppelt so groß war wie die dänische in Deutschland. Die nordfriesische Volksgruppe hatte sich im Übrigen mit überwältigender Mehrheit für einen Verbleib bei Deutschland ausgesprochen.

Zum Weiterlesen:

Jan Schlürmann: 1920. Eine Grenze für den Frieden. Die Volksabstimmung zwischen Deutschland und Dänemark, Kiel/Hamburg 2020.

72

KAPP-PUTSCH UND HYPERINFLATION: DIE JUNGE DEMOKRATIE IN DER KRISE

Das neue demokratische System setzte sich in Schleswig-Holstein weitgehend gewaltfrei durch. Die Amtsgeschäfte wurden aus pragmatischen Gründen fast überall mit identischer personeller Besetzung fortgeführt. Die heiße Phase der Novemberrevolution ging hier folglich schnell unter weitgehender Wahrung von Ruhe und Ordnung zu Ende. Zu dem von vielen befürchteten oder erhofften bolschewistischen Umsturz kam es nicht. Allerdings ging es damals nicht überall im Reich unblutig zu. Auch war die Revolution im November 1918 nicht vollends vorbei, sondern sie entwickelte sich um die Jahreswende 1918/19 in Teilen Deutschlands zum Bürgerkrieg weiter, der bis 1920 fortdauern sollte. Der SPD-Mann Gustav Noske ordnete den Einsatz sog. Freikorps zur Niederschlagung der Aufständischen an. In Kiel stürmten am 8. Januar 3000 Arbeiter unter Führung von Funktionären der Unabhängigen Sozialdemokraten (USPD) und Kommunisten (KPD) das Rathaus, um die von Noske befohlene Verlegung der in Kiel stationierten Freikorps nach Berlin zu verhindern.

Zur wirklichen Gefahr für die junge Republik wurden die Freikorps, die in der Masse aus ehemaligen Kriegsteilnehmern zusammengestellt waren, im Kapp-Lüttwitz-Putsch vom März 1920. Der Putsch war eine Reaktion auf den Versailler Vertrag, der verlangte, das deutsche Heer drastisch zu reduzieren, und auf die Anordnung der Regierung, alle Freikorps aufzulösen. Die

Verschwörer Walther von Lüttwitz (1859–1942) und Wolfgang Kapp (1858–1922) erklärten die Reichsregierung für abgesetzt und wurden darin von der Marine-Brigade Ehrhardt unterstützt. Doch sollte der Putsch schon nach viereinhalb Tagen scheitern, weil die legitime Regierung erfolgreich zum Generalstreik aufrief und die Ministerialbürokratie zur Regierung hielt. Die Reichswehr hatte sich hingegen geweigert, gegen die Putschisten vorzugehen. Lüttwitz gelang es den Chef der Admiralität, Vizeadmiral Adolf von Trotha (1868–1940), auf seine Seite zu ziehen. Und von Trothas Befehl folgte der Chef der Marinestation Ostsee in Kiel, Magnus von Levetzow (1871–1939).

Hier nun eskalierte der Umsturzversuch wegen der evidenten Konfliktsituation zwischen rechter Opposition und linksradikalen Teilen der Arbeiterschaft. Noch am Tag des Staatsstreichs in Berlin begann die Arbeiterschaft in Kiel, sich zu bewaffnen und strategisch wichtige Gebäude auf dem Ostufer der Stadt zu besetzen. Der Marinestationschef, der auf Teile der III. Marine-Brigade und auf die örtliche Studentenwehr zurückgreifen konnte, ging entschieden gegen die Streikenden vor. Die gewaltsamen Auseinandersetzungen endeten mit der vorläufigen Niederlage der Arbeiterschaft: Bereits am Abend des 13. März 1920 befanden sich die besetzten Gebäude in der Hand der Marine. Führende Sozialdemokraten waren verhaftet worden. Von Levetzow enthob zudem den Polizeipräsidenten Kiels und den Oberpräsidenten der Provinz Schleswig-Holstein ihrer Ämter; sozialistische Presseorgane wurden verboten, Zeitungsgebäude besetzt. Das Gros der städtischen Beamtenschaft verweigerte den Putschisten allerdings auch in Kiel die Gefolgschaft. Mit dem Zusammenbruch des Staatsstreichs in Berlin wurde dann auch von Levetzows Position unhaltbar: Am 18. März 1920 erfolgte seine Absetzung. Doch konnte dies blutige Straßengefechte nicht mehr aufhalten:

Während nämlich der militante Teil der Arbeiterschaft die Reste der Kieler Militärdiktatur endlich stürzen wollte, meinte die radikale Rechte, einen bolschewistischen Aufstand abwehren zu müssen. Fast 24 Stunden dauerten die Kämpfe an, die zahlreiche Todesopfer, darunter etliche unbeteiligte Zivilisten, forderten. In der Folge des gescheiterten Putsches erfolgte zwar die Auflösung der berüchtigten Marine-Brigade Ehrhardt wie auch anderer Freikorpsverbände, doch wurden zahlreiche Angehörige derselben zu signifikanten Trägern gegenrevolutionärer und republikfeindlicher Ideen und Unternehmungen, was für die junge Weimarer Republik eine schwere Hypothek darstellen sollte.

Zur politischen Krise trat das Problem der galoppierenden Geldentwertung. Die Inflation wuchs seit dem Ersten Weltkrieg immer rascher und erreichte ab August 1923 einen Höhepunkt. Am 11. August kosteten in Kiel 1 Pfund Butter 720.000 Mark, 1 Pfund Kaffee 663.000 Mark, 1 Pfund Schweinefleisch bis zu 160.000 Mark und 1 Hering 24.000 Mark. Für einen Herrenanzug konnte man zum Ende des Monats stolze 45 Millionen Mark ausgeben. Und die Preise stiegen immer weiter. Trotz der hohen Preise waren jedoch die Lebensmittel knapp, denn die Händler hielten sich wegen des schnell wertlosen Gewinns mit dem Angebot zurück. Vielen Menschen war es aber auch gar nicht mehr möglich, Lebensmittel zu bezahlen. Unter den Werftarbeitern verursachte die rasante Preissteigerung Unruhe. Obwohl auch ihre Löhne stiegen, wurden diese von der Preisentwicklung immer schneller überholt. Am 8. August streikten daher 3000 Arbeiter der Howaldtswerke, und die Arbeiter der anderen Werften schlossen sich ihnen an; Ende des Monats kam es sogar zu schweren Unruhen in Kiel, als kleinere Gruppen von Jugendlichen durch die Stadt zogen, Polizeibeamte überfielen und Lebensmittelgeschäfte plünderten. Es gab erneut Verletze und Tote.

Die Preissteigerungen führten auch zu einem krassen Rückgang im produzierenden Gewerbe, da die Nachfrage drastisch sank. Es kam zu Entlassungen. Leidtragende der Hyperinflation waren zudem die Besitzer von Sparguthaben und diejenigen, die Geldforderungen hatten, also viele Handwerker, Kaufleute, Beamte. Ihr Erspartes verlor seinen Wert. Besitzer von Sachwerten wurden dagegen von der Inflation kaum getroffen, und wer verschuldet war, profitierte sogar vom rapiden Geldverfall.

Zum Weiterlesen:
Oliver Auge u. Knut Kollex (Hrsg.): Die große Furcht. Revolution in Kiel – Revolutionsangst in der Geschichte (Kieler Schriften zur Regionalgeschichte, 8), Kiel/Hamburg 2021.

73

DIE KURZEN „GOLDENEN" ZWANZIGER JAHRE

Im November 1923 führte die Reichsregierung mit der sog. Rentenmark eine neue Währung ein. Die Hyperinflation konnte so gestoppt werden; die Bevölkerung fasste zum neuen Zahlungsmittel rasch Vertrauen, und auch die Wirtschaft erholte sich. Das war der Start der „goldenen Zwanziger", die in Schleswig-Holstein allerdings nur wenige Jahre andauerten und längst nicht alle Schleswig-Holsteiner zu Nutznießern des Aufschwungs machten.

Viele Bauern gerieten nach dem Ersten Weltkrieg z. B. in eine finanzielle Schieflage. Zwar konnten viele Landwirte durch die Inflation ihre alten Schulden schneller tilgen, doch andererseits gingen auch die wichtigen Ersparnisse vieler verloren. Damit fehlte es am Geld für nötige Investitionen hinsichtlich neuer Gebäude und der überfälligen Motorisierung. Während nämlich etwa in den Vereinigten Staaten längst Traktoren in der Landwirtschaft zum Einsatz kamen, wurde hierzulande, wenn überhaupt, immer noch auf die fahrbare Dampfmaschine, den sog. Döschdamper, zurückgegriffen. Die heimischen Agrarerzeugnisse blieben insgesamt teurer als die Importwaren der überseeischen Konkurrenz, und die Produktion in der Landwirtschaft, aber auch die Entwicklung des Handwerks stagnierten. Am Ende kam es oft zur Zwangsversteigerung der Betriebe.

Die Krise im Agrarbereich schürte den Unmut der Landbevölkerung. Besonders die Landwirte der Westküste wurden politisch aktiv, weil sie um ihren vergleichsweisen Wohlstand und ihre Existenz fürchteten. Diese Befürchtung legte den Grundstein zum Protest der sog. Landvolkbewegung, der zum Ende der 1920er Jahre mit Anschlägen auf den Staat seinen Höhepunkt erreichte. Bei alledem wurden die Bauern vom Rest der Bevölkerung doch auch stark beneidet. Denn sie konnten sich in Zeiten, in denen ein Brot zig Millionen Mark kostete, wenigstens verlässlich selbst versorgen.

Die Industrie musste nach dem Krieg wieder auf eine Friedensproduktion umgestellt werden. Kiel hatte als ehemaliger Reichskriegshafen und Werftzentrum unter den Bestimmungen des Versailler Vertrages extrem zu leiden. Deutschland sollte nun sein Militärpotenzial drastisch reduzieren und den Großteil der ehemals Kaiserlichen Flotte an die Siegermächte ausliefern. Die Flotte versenkte sich dann selbst am 21. Juni 1919 vor dem britischen Stützpunkt Scapa Flow. Der Abbau des Militärpersonals und – da keine großen Schlachtschiffe mehr neu gebaut wurden – der Zwang zur Reduzierung der Arbeitskräfte im

Werftensektor führte nicht nur zu einem drastischen Rückgang der Kieler Stadtbevölkerung. Beides entzog Kiel, dessen Ökonomie allzu einseitig auf die Marine und ihre Bedürfnisse zugeschnitten war, auch die Grundlage für eine gedeihliche ökonomische Entwicklung. Dringend suchte Kiel daher nach anderen wirtschaftlichen Perspektiven, was einerseits auf Planungen zu einem neuen Handelshafenprojekt hinauslief und andererseits Versuche zur Ansiedlung neuer, nichtmaritimer Industrien beinhaltete. Letztlich jedoch kam den Werften in Kiel und den anderen Küstenstädten der in Angriff genommene Wiederaufbau einer Handelsmarine und der an Fahrt gewinnende Maschinenbau doch auch zugute. Allerdings sollte es nach der Währungsreform noch gut zwei Jahre dauern, bis sich Industrie und Dienstleistungssektor konsolidierten. Dabei fiel es schwer, die vielen Kriegsheimkehrer als Arbeitskräfte im sich neu sortierende Industriesektor aufzunehmen.

Andererseits herrschte weiter ein großer Mangel an Wohnungen in den Städten. Obwohl die Frauen während des Krieges die Arbeit der an der Front befindlichen Männer übernommen hatten, verteilten sich die Geschlechterrollen bald wieder ganz traditionell, auch weil bei hoher Arbeitslosigkeit Männer leichter eine Stelle fanden als Frauen. Die Männer waren also wie früher für das Familieneinkommen zuständig, die Frauen hingegen hatten sich um Haushalt und Kinder zu kümmern.

In den wenigen Haushalten, die es sich leisten konnten, hielt mit dem Bügeleisen oder Waschautomaten allmählich die Elektrifizierung Einzug. 1925 wurden in Schleswig-Holstein schon ein gutes Dutzend Städte und mehr als 400 Landgemeinden zentral mit Strom versorgt. Die Stromversorgung ermöglichte es in den Orten, eine moderne elektrische Straßenbeleuchtung zu nutzen. Vor allem aber Gewerbe und Landwirtschaft benötigten immer mehr Elektroenergie. Hierbei kam es zu einem ersten Windkraftboom, weil der Stromleitungsbau auf dem Land vielfach zu teuer war. Viele Höfe wurden daher mit sog. „Texasrädern" zu Selbstversorgern beim Strom. Allein in Nordfriesland handelte es sich um etwa 500 Anlagen. Im Mai 1924 startete im Norden sodann auch der Rundfunk, indem aus Hamburg über die Mittelwelle die NORAG, also die Nordische Rundfunk AG, sendete. Das Radio wurde zu dem Medium der neuen Zeit und stand bald in jedem Haus. Doch waren die 1920er Jahre auch eine Blütezeit der klassischen Presse. Es gab viele lokale und überregionale Zeitungen und vielseitige Parteien- und Gewerkschaftsorgane; 1926 handelte es sich um 80 verschiedene Titel in über 60 Orten.

Mehr und mehr kamen auch Automobile nach Schleswig-Holstein, wobei für die Masse der Bürger erst einmal der Omnibus wichtig war. Damit einher ging eine Erweiterung des Straßennetzes. Die Bedeutung des Schienenverkehrs blieb aber ungebrochen. Neben der Reichsbahn gab es hierzulande zahlreiche Kreis- und Kleinbahnen. Ein großes Infrastrukturprojekt wurde der 1927 feierlich eröffnete Hindenburgdamm nach Sylt.

Zum Weiterlesen:

Peter Wulf: Revolution, schwache Demokratie und Sieg in der „Nordmark" – Schleswig-Holstein in der Zeit der Weimarer Republik, in: Ulrich Lange (Hrsg.): Geschichte Schleswig-Holsteins. Von den Anfängen bis zur Gegenwart, Neumünster 20032, S. 513–552.

74

ANTIDEMOKRATISMUS IN ZEITEN DER WEIMARER REPUBLIK

Die lang andauernde Krise in der Landwirtschaft und der um sich greifende Eindruck, die Politik im Land kümmere sich mehr um die Städte als um das „flache" Land, führten dazu, dass sich in den 1920er Jahren unter dem Namen „Landvolkbewegung" ein ländlicher Widerstand gegen die Staatsgewalt und ihre Organe formierte. Wichtigstes Medium der Bewegung war die Zeitung „Das Landvolk" mit ihrem Untertitel „Lewer duad üs Slaaw! – Lieber Tod als ein Sklave!", die um 1930 eine Auflage von bis zu 12.000 Exemplaren erreichte. Sie verbreitete national-völkisches Gedankengut und war fest in der sog. „Blut-und-Boden-Ideologie" verankert.

Das Symbol der Bewegung war eine schwarze Fahne, darauf ein senkrecht stehendes rotes Schwert vor weißem Pflug. Peter Petersen (1904–1989), der später aktives NSDAP- und nach dem Zweiten Weltkrieg NPD-Mitglied wurde, hat die Fahne entworfen. Zum ersten Mal wurde sie auf einer großen Bauerndemonstration in Neumünster 1929 mitgeführt. Da eine Sense an der Fahnenstange befestigt war, griff die Polizei ein und holte die Fahne mit blankem Säbel aus der Menge, wobei es Verletzte gab. Als Reaktion boykottierten die Bauern zehn Monate lang die von der Landwirtschaft stark abhängige Stadt Neumünster, was diese fast an den Rand des Ruins führte. Erst mit der feierlich inszenierten Rückgabe der Fahne an die Mitglieder der Bewegung wurde der Boykott beendet.

Ihre stärksten Unterstützer kamen aus Dithmarschen. Es handelte sich um vergleichsweise wohlhabende Landwirte oder Großgrundbesitzer, die mit der Agrarpolitik der Regierung unzufrieden waren. Ihre betont antistaatliche Haltung führte zu Steuerboykotten und landesweiten Kundgebungen. Bei den ersten Protestkundgebungen Ende Januar 1928 kamen 140.000 Personen an der Westküste zusammen. Als man bei den Gesprächen mit der Regierung nicht weiterkam, radikalisierte sich die Bewegung schnell. Die Führung übernahmen Claus Heim (1886–1968) aus Sankt Annen in Norderdithmarschen und Wilhelm Hamkens (1896–1955) aus Tetenbüll in Eiderstedt. Ausmaß und Schärfe der Proteste sorgten über Schleswig-Holstein hinaus für Aufsehen.

Erste Maßnahmen des passiven Ungehorsams waren ein Steuerboykott und Widerstand bei Pfändungen und Zwangsversteigerungen. Die Amtspersonen, die an diesen staatlichen Maßnahmen beteiligt waren und selbst in den betreffenden Dörfern lebten, wurden unter Druck gesetzt und bedroht. Oft versammelte sich am Ort des Geschehens eine größere Gruppe Bauern und versuchte, den Vollzug zu behindern. Ein besonders markanter Fall war das Beidenflether Ochsenfeuer vom 19. November 1928: Bei der versuchten Pfändung zweier Ochsen rotteten sich 200 mit Stöcken bewaffnete Bauern zusammen, die ein Feuer legten, um die Ochsen wild zu machen. Die beauftragten Gemeindediener wurden in die Flucht getrieben und konnten nur unter Polizeischutz zurückkehren, um die Tiere zu beschlagnahmen. 55 der Bauern wurden wegen der Aktion verhaftet. Bei der folgenden Versteigerung wurden die Ochsen aber durch Spenden nach Beidenfleth zurückgekauft, was als großer Erfolg für die Landvolkbewegung gefeiert wurde.

Im Winter 1928/29 kam es innerhalb der Landvolkbewegung indes zu Differenzen über das weitere Vorgehen. Der Flügel um

Hamkens plädierte für gewaltlose Aktionen, wohingegen Heim und seine Anhänger einen radikalen Weg einschlagen wollten. Tatsächlich kam es unter Heims Führung nun auch zu mehreren Bombenanschlägen, die eine Gruppe aus dem völkischen Milieu mit Beziehungen zu früheren Freikorpsmitgliedern zu verantworten hatte. Auftakt bildete am 6. April 1929 ein Anschlag in Wesselburen, bei dem zwei Handgranaten auf Bauernhäuser geworfen wurden, deren Besitzer Gegner der Landvolkbewegung waren. Danach kam es bis zum September zu etlichen Anschlägen auf Landrats- und Finanzämter, aber auch in Privathäusern einzelner Regierungsbeamter wurden Bomben gelegt. Wie durch ein Wunder kam dabei niemand ums Leben.

Um die Landvolkbewegung und die Anschläge zu finanzieren, hatte Heim einen großen Teil seines eigenen Hofes verkauft und sich hoch verschuldet. Unter dem Eindruck der Bombenanschläge kehrten manche Bauern der Bewegung wieder den Rücken. Selbst die NSDAP hielt es für taktisch ratsam, zu ihr auf Distanz zu gehen. Im Spätsommer 1929 verbot Adolf Hitler (1889–1945) den Mitgliedern der NSDAP sogar jede Betätigung in der Landvolkbewegung. Der schleswig-holsteinische NSDAP-Gauleiter hatte zuvor in einem Rundschreiben darauf hingewiesen, dass es der Partei, die nach außen um ein Bild der Legalität bemüht war, schade, mit der Landvolkbewegung in Verbindung gebracht zu werden. Für die aufstrebende NSDAP bedeutete die Landvolkbewegung nämlich trotz der starken ideologischen Nähe Konkurrenz.

Als die Justiz verschärft gegen ihre Köpfe vorging, brach die Bewegung schnell zusammen, und ihre Anhänger traten überwiegend zur NSDAP über. Erfolgreich gelang es dieser, die Sympathien der Bewegung zu gewinnen. Der bewaffnete Antidemokratismus der schleswig-holsteinischen Bauern war aber nur die Spitze des Eisbergs. Auch weite Teile des Bürgertums und der Beamtenschaft standen dem demokratischen System mit fortlaufender Zeit mehr und mehr distanziert bis ablehnend gegenüber. Linksgerichtete Arbeiter radikalisierten sich in der heraufziehenden Weltwirtschaftskrise ab 1930 unter kommunistischem Einfluss und lehnten das demokratische System der Weimarer Zeit ebenso ab.

Zum Weiterlesen:
Alexander Otto-Morris: Rebellion in the Province. The Landvolkbewegung and the Rise of National Socialism in Schleswig-Holstein (Kieler Werkstücke Reihe A, 36), Frankfurt a. M. 2013.

75

DER AUFSTIEG DES NATIONALSOZIALISMUS

Paradoxerweise war Schleswig-Holstein nicht nur die Ecke Deutschlands, von der aus die Weimarer Demokratie ihren Anfang nahm, sondern wo auch der Aufstieg der NSDAP früher als in anderen Regionen des Reiches begann. Die Krise zum Ende der Weimarer Republik legte dabei den Grundstein für den steilen Aufwärtstrend der Nationalsozialisten in Schleswig-Holstein, das vom Grenzrevanchismus nach der Volksabstimmung von 1920 und von den wirtschaftlichen Folgen des Kriegsendes und Versailler Friedensvertrages schwer getroffen war.

Die regionale nationalsozialistische Bewegung griff auf völkisch beeinflusste Vorläufer wie die bereits berührte Landvolkbewegung zurück bzw. erfuhr von deren Seite einen starken Zustrom an neuen Mitgliedern. Sie war geprägt von Antisemitismus, Nationalismus und Rassismus, lehnte Republik und Demokratie grundsätzlich ab und spielte mit diffusen Sorgen und Ängsten der Bevölkerung vor den starken Veränderungen der Moderne. Gleichzeitig propagierte sie Schlagworte wie nationale Stärke und Deutschtum, Ordnung und Führung, bäuerliche Scholle und Volksgemeinschaft, was gerade in den agrarisch geprägten Landesteilen auf fruchtbaren Boden traf. Allerdings muss unterstrichen werden, dass längst nicht nur die krisengeschüttelte Landbevölkerung für die Politik und Ziele der NSDAP empfänglich war. Auch beim sog. Kleinbürgertum in den Städten, das mit Handwerk und Handel seinen Lebensunterhalt verdiente und infolge der Weltwirtschaftskrise ab 1929/30 um seinen gesellschaftlichen Status bangen musste, und bei Angehörigen der Führungsgruppen in Verwaltung, Justiz und evangelischer Kirche fand die NSDAP großen Zuspruch. Nicht wenige Pastoren wurden so z. B. eifrige NS-Parteigenossen und ordneten ihre christlich-kirchlichen Anliegen bereitwillig den Interessen der NSDAP unter. Rund ein Viertel der Gemeindepfarrer gehörte 1932 schon der Partei als Mitglied er an. Dazu kamen viele höhere Beamte, Ärzte oder Rechtsanwälte. Die Industriearbeiterschaft in den größeren städtischen Zentren wie Kiel oder Altona hingegen hielt sich von der NSDAP eher fern und tendierte zu den Kommunisten, die – ebenfalls demokratiefeindlich – in der KPD versammelt waren.

Der Aufstieg der NSDAP in Schleswig-Holstein ist vor allem mit Hinrich Lohse (1896–1964) verbunden. Lohse war bereits seit 1923, dem Jahr des erfolglosen Hitler-Putsches in München, Hitlers bedingungsloser Gefolgsmann. Damals wurde die Partei wegen ihres Umsturzversuchs verboten. Als sie 1925 wieder erlaubt wurde, wurde auch der sog. Gau „Nordmark" geschaffen, zu dessen Gauleiter man Lohse machte. Er baute die regionale Organisation der NSDAP derart erfolgreich auf, dass Schleswig-Holstein rasch den Ruf eines „Mustergaus" genoss. Räumlich besonders stark verankert war dieser anfangs in Dithmarschen und in den Geestkreisen Rendsburg und Steinburg. Während die NSDAP so z. B. bei den Reichstagswahlen des Jahres 1928 in der gesamten Provinz auf einen Stimmenanteil von lediglich 4,1 Prozent kam, gewann sie in Dithmarschen schon 18 Prozent der Wählerstimmen. In der Folgezeit verstärkte die Partei ihren Aufbau und besonders die Agitation auf dem „platten" Land. Das blieb nicht ohne Folgen, wie das Beispiel Nordfriesland vor Augen führt. Diese Region war für die NSDAP zunächst ein durchaus steiniger Boden, da sie hier nur vergleichsweise wenige Stimmen gewann. Doch seit 1928/29 entstanden auch hier zahlreiche Ortsgruppen, deren politische Agitation sich auf die Wählerentwicklung zugunsten der Partei auswirkte.

In der ganzen Provinz erlangte sie fortan bei Wahlen Ergebnisse, die deutlich über dem Reichsdurchschnitt lagen: 1930 waren es 27 Prozent bei 18,3 Prozent reichsweit – die NSDAP war damit bereits die zweitstärkste Partei in der Provinz –, und im Juli 1932 kam sie auf sage und schreibe 51,1 Prozent, während sie auf Reichsebene 37,3 Prozent der Stimmen auf sich vereinte. In Nordfriesland erhielten die Nationalsozialisten zwei Drittel der Stimmen, in manchen Dörfern entschieden sich die Wähler sogar zu 100 Prozent für die NSDAP. So übertraf dieses Ergebnis noch bei Weitem das Wahlresultat für ganz Schleswig-Holstein, das mit den genannten 51 Prozent ohnehin schon den Spitzenwert im ganzen Deutschen Reich bedeutete.

Damit verbunden war auch die reichsweit höchste Mitgliederdichte. Auf 18 Einwohner der Provinz kam schon vor dem Frühjahr 1933, als wegen des massenhaften Zustroms ein einstweiliger Parteiaufnahmestopp verhängt wurde, ein Parteigenosse. Die Erfolge der Nationalsozialisten bedeuteten umgekehrt, dass die anderen Parteien des rechten Spektrums schwere Verluste bei den Wahlen erlitten. Aus dem großen Wahlerfolg resultierte die Forderung der NSDAP, dass auch die Provinzial-, Kreis- und Kommunalverwaltungen gemäß der neuen Parteienlandschaft umzugestalten seien.

Die Partei verlangte nach einer stärkeren Teilhabe an der politischen Macht in der Provinz. Und tatsächlich begann schon vor der eigentlichen Machtübernahme im Reich in der preußischen Provinz Schleswig-Holstein die sog. Gleichschaltung. Auslöser war dabei der Altonaer Blutsonntag vom 17. Juli 1932, zu dem 7000 SA-Männer durch die Straßen der „roten" Hochburg Altona zogen, was Straßenschlachten mit den Anhängern von KPD und SPD provozierte. 18 Menschen wurden dabei getötet. Dies diente drei Tage später zum Vorwand, um die preußische SPD-Landesregierung abzusetzen und den Reichskanzler Franz von Papen (1879–1969) zum Reichskommissar für Preußen zu ernennen. Der Oberpräsident der Provinz Schleswig-Holstein wurde entlassen und durch seinen nationalkonservativen Stellvertreter ersetzt.

Zum Weiterlesen:

Uwe Danker u. Astrid Schwabe: Schleswig-Holstein und der Nationalsozialismus, Neumünster 2005.

76

NORDSCHLESWIG „HEIM INS REICH"?

Für viele Dänen ging die Grenzverschiebung 1920 nicht weit genug; für viele Deutsche war sie andererseits ungerecht und zu weitgehend. Die Grundhaltung beider Seiten im Grenzraum blieb konfrontativ, auch weil ein 1920 von deutscher Seite vorgeschlagenes Minderheitenabkommen nicht zustande kam. Dänemark befürchtete die Einmischung Deutschlands in seine inneren Angelegenheiten.

Die mit rund 5000 Stimmen zahlenmäßig weitaus kleinere dänische Minderheit in Deutschland konzentrierte sich vor allem auf Flensburg und Umgebung. Sie begriff sich als Vorposten Dänemarks in einem vermeintlich jahrhundertelangen Kampf zwischen Deutschland und Dänemark um das Grenzland. Sie war im Schleswigschen Verein und in einem Schulverein organisiert. Die Hauptaufgabe des Schleswigschen Vereins bestand darin, engen Kontakt zur dänischen Gesellschaft zu halten. Darin kooperierte er mit dem Friesisch-Schleswigschen Verein, der sich eine Orientierung der friesischen Volkskultur an Dänemark wünschte. Im Unterschied dazu unterstrich der länger etablierte Nordfriesische Verein seine deutsche Gesinnung. Die deutsche Verwaltung der Weimarer Zeit fasste die Sprache als entscheidenden Ausdruck nationaler Zugehörigkeit auf. Wer zur dänischen Minderheit gehören wollte, musste Dänisch sprechen. Folglich wurde der Zugang zum dänischen Schulwesen strikt über Sprachprüfungen kontrolliert. Erst die preußischen Schulverordnungen von 1926 und 1928 erkannten das bis heute prägende Gesinnungsprinzip an, wonach das Bekenntnis zur Minderheit weder nachgeprüft noch bestritten werden durfte. Vor allem die Rücksichtnahme auf die Interessen der deutschen Minderheit in Polen hatte für ein entsprechendes Umdenken bei den deutschen Behörden gesorgt. So genoss die dänische Minderheit in Deutschland in etwa die gleichen Rechte wie umgekehrt die deutsche Minderheit in Dänemark.

Die deutsche Volksgruppe in Nordschleswig wollte die neue Grenze auch nicht anerkennen, sondern hoffte auf eine Grenzrevision. Ihr diente als Argument, dass durch die En-bloc-Abstimmung in der ersten Zone die in den größeren Städten und im Gebiet des sog. Schiefen Vierecks östlich von Tondern zum Teil deutliche Mehrheit für Deutschland keine Berücksichtigung gefunden hatte. Ihre wichtigsten Organisationen stellten der Schul- und Sprachverein und der Schleswigsche Wählerverein („Slesvigsk Parti") dar. Durch die finanzielle Hilfe seitens des Deutschen Reiches und Spenden hilfsbereiter Schleswig-Holsteiner gelang der Aufbau eines deutschen Schul- und Büchereiwesens.

Beiderseits der neuen Staatsgrenze setzte damals eine verstärkte kulturpolitische Tätigkeit ein, um die nationale Identität in Abgrenzung zum Nachbarland zu stärken und insbesondere auf der deutschen Seite der Furcht vor weiteren Gebietsverlusten zu begegnen. Dieser Befürchtung verdankt sich auch die Schaffung eines Lehrstuhls für Schleswig-Holsteinische Geschichte an der Kieler Universität im Jahr 1924.

Der schwelende Grenzkonflikt verschärfte sich im Umfeld der Machtübernahme der Nationalsozialisten in Deutschland. Die Nationalsozialisten hatten zwar bis zum Beginn der 1930er Jahre in Nordschleswig kaum Fuß fassen können, doch in Schleswig-Holstein verbuchten sie bekanntlich bis 1933 enorme Wahlgewinne. Von dort aus eröffneten lokale NSDAP-Funktionäre im Frühjahr 1933 dann den sog. Ostersturm mit der Forderung einer Abtretung Nordschleswigs an Deutschland. Allerdings schritt die NS-Führung in Berlin energisch gegen diese grenzpolitische Agitation der Funktionäre ein, da sie keine Konfrontation wegen der Grenzfrage wünschte. Vielmehr erstrebte sie aus ideologischen wie politischen Motiven ein positives Verhältnis zu Dänemark. Selbst nach der militärischen Besetzung Dänemarks im April 1940 stellte sie den Grenzverlauf daher nicht infrage, was wiederum viele Nordschleswiger und Schleswig-Holsteiner enttäuschte.

Die deutsche Minderheit politisch „gleichzuschalten", misslang fürs Erste. Erst 1939 erreichte die 1935 gegründete Nationalsozialistische Deutsche Arbeiterpartei Nordschleswig (NSDAP-N) die Vereinnahmung aller bestehenden kulturellen und politischen Organisationen. Der seit 1920 für die deutsche Minderheit im Folketing sitzende Pastor Johannes Schmidt-Wodder (1869–1959) wurde nun abgelöst. Die dänische Minderheit genoss im deutschen Teil Schleswigs während der NS-Zeit durchaus Freiräume. Einzelne Mitglieder der Minderheit, insbesondere aus der Arbeiterschaft, wurden aber Opfer politischer Verfolgung.

Während der Besatzungszeit von 1940 bis 1945 entwickelte sich das bisher distanzierte Verhältnis zwischen Dänen und deutscher Minderheit in Nordschleswig dann zu offener Feindschaft. Um durch aktive Teilnahme am Kriegsgeschehen ihre Zugehörigkeit zum deutschen Volk zu demonstrieren, traten etliche Kriegsfreiwillige aus Nordschleswig in die Waffen-SS ein. Der Dienst in der Wehrmacht blieb ihnen als „Auslandsdeutschen" verwehrt. Ihre Hoffnung auf eine Grenzrevision musste die deutsche Minderheit aber vollends begraben. Die NS-Führung hielt die Grenzfrage weiter offen und annektierte

Nordschleswig nicht. Ab Mitte 1943 entstanden innerhalb der Minderheit unterschiedliche Positionen wegen des künftigen Kurses: Während manche Mitglieder weiterhin linientreue Nationalsozialisten blieben, gingen andere vorsichtig auf Distanz zum NS. Insbesondere der kleine Haderslebener Kreis wollte an der Zugehörigkeit zum deutschen Volk und zur deutschen Kultur festhalten, doch die Staatsgrenze von 1920 anerkennen, sich dem dänischen Staat gegenüber als loyal erweisen und zu demokratischen Verfassungsverhältnissen bekennen.

Zum Weiterlesen:
Peter Hopp: Pastor Johannes Schmidt-Wodder (1869–1959). Eine politisch-historische Biographie mit besonderer Berücksichtigung seiner Beziehungen zum europäischen Norden (Quellen und Forschungen zur Geschichte Schleswig-Holsteins, 129), Kiel/Hamburg 2021.

77

IN ZEITEN DER NS-DIKTATUR

Bereits im direkten zeitlichen Umfeld der Machtübernahme der Nationalsozialisten durch die am 30. Januar 1933 erfolgte Ernennung Hitlers zum Reichskanzler kam es in der Provinz zu Terror: So durchsuchten Angehörige von SA, SS und Stahlhelm, die nach dem Reichstagsbrand vom 27. Februar 1933 als Hilfspolizisten eingesetzt wurden, Wohnungen und Häuser von Sozialdemokraten, Kommunisten und Gewerkschaftern und nahmen sie in „Schutzhaft". In der Nacht vom 11. auf den 12. März 1933 erschossen zwei Männer, die sich als Hilfspolizisten ausgaben und von denen einer eine SA-Uniform trug, in Kiel den jüdischen Anwalt und SPD-Kommunalpolitiker Wilhelm Spiegel (1876–1933) in seinem Haus. Zwar lehnte die NSDAP jede Verantwortung für den Mord ab, doch war klar, dass die Täter aus ihrem Umfeld kamen. Und im April 1933 wurde der jüdische Rechtsanwalt Friedrich Schumm (1901–1933) in einem Kieler Polizeigefängnis von Nationalsozialisten gelyncht, ohne dass die Polizei eingriff.

Auch die Erschießung des ehemaligen Polizeipräsidenten von Altona, Otto Eggerstedt (1886–1933), der der SPD angehörte, im Oktober 1933 im KZ Esterwegen oder die Ermordung des KPD-Politikers Christian Heuck (1892–1934) im Februar 1934 im Gefängnis von Neumünster zeigten, dass das nach außen propagierte Bemühen der Nationalsozialisten um eine legale Machtübernahme nur Fassade war. KPD, SPD sowie Gewerkschaften wurden verboten, sodass von Mitte Juli 1933 an die NSDAP die einzige reichsweit erlaubte Partei war. Bereits am 2. Mai 1933 war das Verbot der Gewerkschaften ergangen. Sie wurden durch die am 10. Mai 1933 gegründete Deutsche Arbeitsfront ersetzt, in die alle Arbeitnehmer und Arbeitgeber zwangsweise eintreten mussten.

Die politischen Gegner kamen zuerst in „wilde" Konzentrationslager, wo sie misshandelt und auch ermordet wurden. Im März 1933 hatte Gauleiter Lohse das Amt des Oberpräsidenten übernommen, das er dann bis zum Ende der Diktatur innehaben sollte. Infolge des sog. Gesetzes zur Wiederherstellung des Berufsbeamtentums vom April 1933 mussten viele Beamte, Angestellte oder Arbeiter der kommunalen Verwaltungen aus politischen oder „rassischen" Gründen ihre Stellen aufgeben, die dann mit Nationalsozialisten besetzt wurden. Alle demokratisch gewählten Selbstverwaltungsorgane wurden im Lauf des Jahres beseitigt und der Provinziallandtag ganz aufgelöst; auch die Landrats- und kommunalen Ämter wurden „gleichgeschaltet". Vor allem die Schlüsselpositionen in Polizei und Justiz waren bald fest in der Hand der Nationalsozialisten. Neue Organe des NS-Polizei- und Justizapparats waren eine im Mai 1933 in Kiel eingerichtete Staatspolizeistelle, die später für ganz Schleswig-Holstein zuständig wurde, und ein in der Stadt seit 1937 sitzendes Sondergericht.

Verwaltung, Polizei und Justiz gingen drastisch gegen Andersdenkende und Mitglieder von Minderheiten vor. Unnachgiebiger Verfolgung, die sich mit der Zeit weiter radikalisierte, waren Angehörige der Zeugen Jehovas und vor allem die mit etwa 3000 Köpfen in Schleswig-Holstein relativ kleine jüdische Bevölkerung ausgesetzt. Bereits im April wurden überall jüdische Geschäfte boykottiert. In der Reichspogromnacht am 9. November 1938 standen dann die Synagogen in ganz Schleswig-Holstein in Flammen. Bald folgten Deportation und Ermordung der jüdischen Mitbürger, die sich nicht ins sichere Ausland hatten retten können. Über 3000 Hauptverfahren eröffnete das genannte Sondergericht. „Asoziale" und Patienten der Psychiatrie wurden entwürdigt und im Rahmen der „Euthanasie" ermordet.

Bis Ende 1935 war so jeder politische Widerstand gegen die NS-Gewaltherrschaft zerschlagen. Diese Entwicklung beförderte aber auch das engmaschige Netz der Parteiorganisationen mit denen die Provinz und der Alltag der Menschen komplett überzogen wurde und die das öffentliche Leben fest kontrollierten, ja selbst bis in das Privatleben der einzelnen Menschen hineinreichten.

Die Organisationen und die damit verbundenen Schulungen, Aufmärsche, Feste oder sonstigen Zusammenkünfte trugen so wohl auch mehr als die Beobachtung durch die Gestapo zur

Sicherung des Regimes bei. Auch auf die Jugendarbeit nahmen die neuen Machthaber durch die Hitlerjugend (HJ) und den Bund deutscher Mädel (BDM) in ihrem Sinne Einfluss. Bald gehörten 70 bis 80 Prozent aller Schüler diesen an, wohingegen die anderen Jugendorganisationen sich freiwillig oder unter Zwang aufgelöst hatten. Die vielen Parteigliederungen und -organisationen, auch der Reichsarbeitsdienst, worin die Bevölkerung fest eingebunden war, repräsentierten die mehrheitlich getragene nationalsozialistische „Volksgemeinschaft", innerhalb derer nach der Selbstgleichschaltung von Gesellschaft, Verbänden und Institutionen „harmonische" Erfahrungen von Aufstieg und Gemeinsamkeit in Gesellschaft, Kultur, Bildungswesen und Wirtschaft erlebbar waren, die zumal bei den Jugendlichen eine prägende und nachhallende Wirkung erzielten.

All das geschah unter dem Vorzeichen einer fortschreitenden Militarisierung der Gesellschaft, was ab 1935 zusätzlich durch ein gewaltiges Wiederaufrüstungsprogramm gefördert wurde. Schleswig-Holstein und vor allem Kiel wurden erneut zur maritimen Rüstungsschmiede des Reiches. Durch den so bewirkten wirtschaftlichen Aufschwung und zusätzliche Maßnahmen, die dem Mittelstand und der Landwirtschaft ökonomisch zugutekamen, konnte die Massenarbeitslosigkeit der Zeit der Weltwirtschaftskrise in kurzer Zeit abgebaut und beseitigt werden. Die Arbeitslosenquote lag 1938 bei 1,3 Prozent. Die Mehrheitsbevölkerung, die ihre Augen vor dem NS-Terror nur zu gern verschloss, richtete sich in der NS-Diktatur ein.

Zum Weiterlesen:
Uwe Danker u. Astrid Schwabe: Die Volksgemeinschaft in der Region. Schleswig-Holstein und der Nationalsozialismus, Husum 2022.

78

DAS GROSS-HAMBURG-GESETZ VON 1937

Die Nationalsozialisten traten als große Modernisierer auf. Doch schon zur Weimarer Zeit fand in der preußischen Provinz Schleswig-Holstein eine Gebietsreform statt, um administrative Strukturen zu modernisieren und zu optimieren. Das betraf den Kreis Bordesholm, der seit 1883 bzw. 1907 bestand. Mit der Verordnung über die Neugliederung von Landkreisen vom 1. August 1932 wurde der Kreis aufgelöst, und seine Gemeinden wurden auf die Nachbarkreise Plön, Rendsburg sowie Segeberg verteilt. Bereits zum 30. September 1929 waren im Freistaat Preußen auch die meisten Gutsbezirke aufgehoben und administrativ den nächstliegenden Landgemeinden zugewiesen worden.

Im Sinne einer von der Weimarer Verfassung erstrebten territorialen Neugliederung des Reiches wurde in den 1920er Jahren zudem über das Schicksal der reichsfreien Stadt Lübeck und den Zuschnitt des Hamburger Staatsgebiets diskutiert. Hamburg war im 19. und beginnenden 20. Jahrhundert so stark gewachsen, dass eine Erweiterung seines Gebietes zu seiner gedeihlichen Entwicklung für dringend erforderlich gehalten wurde. Umgekehrt war die Konkurrenz zwischen Hamburg und den benachbarten Städten Preußens – Altona, Harburg, Wandsbek – immer größer geworden. 1928 wurde zunächst bloß eine Hafengemeinschaft von Hamburg, Altona und Harburg zur Erleichterung des Frachtbetriebs zustande gebracht.

Im Prinzip bedeutete es also nur eine Fortführung von Ansätzen der Weimarer Zeit oder sogar noch früherer Ideen, wenn das NS-Regime nun ohne jedwede kommunale Willensbildung per Dekret „von oben" mit dem sog. Groß-Hamburg-Gesetz vom 26. Januar 1937 eine umfassende territoriale Neuordnung Hamburgs und gleichzeitig Lübecks vornahm. Den Inhalt des Gesetzes hatten im Wesentlichen Hermann Göring (1893–1946) als preußischer Ministerpräsident und Beauftragter für den Vierjahresplan, der Reichsstatthalter von Hamburg Karl Kaufmann (1900–1969) und der Hamburger Regierende Bürgermeister Carl Vincent Krogmann (1889–1978) ausgehandelt.

Durch das Gesetz wurde Hamburg mit Wirkung zum 1. April 1937 um die bis dahin preußischen Städte Altona, Harburg-Wilhelmsburg und Wandsbek sowie 27 Gemeinden und zwei Gemeindeteile aus den Landkreisen Stormarn, Pinneberg, Herzogtum Lauenburg, Harburg und Stade erweitert. Nach einer zwölfmonatigen Übergangsphase, während der die genannten Städte und Gemeinden noch fortbestanden, wurde zum 1. April 1938 durch das im Groß-Hamburg-Gesetz avisierte „Reichsgesetz über die Verfassung und Verwaltung der Hansestadt Hamburg" aus dem Land Hamburg die Einheitsgemeinde „Hansestadt Hamburg" gebildet und gleichzeitig die bisherige hamburgische Verfassung außer Kraft gesetzt. Das Groß-Hamburg-Gesetz beseitigte zahlreiche Enklaven zwischen Ostsee und Elbe, die als Reste der spätmittelalterlichen Territorialpolitik überdauert hatten. Im Zuge dessen musste aber auch die Hansestadt Hamburg mit Geesthacht, Großhansdorf und Schmalenbek einige Exklaven in Schleswig-Holstein an selbiges abtreten. Freilich war umgekehrt der Gebiets- und Bevölkerungsverlust für Schleswig-Holstein enorm. Allein im Altkreis Altona lebten 1937 rund 250.000 Menschen. Drei für seine eigene Entwicklung ökonomisch wichtige Städte gingen in Hamburg auf. Hamburgs Stadtgebiet wuchs auf Kosten der Umlandkreise und vor allem durch den Gewinn Altonas in der Fläche um 80 Prozent, seine Bevölkerung um 41 Prozent.

Doch betraf das Groß-Hamburg-Gesetz nicht nur Hamburger Belange, sondern auch diejenigen Lübecks. Hier war schon seit Längerem das Ende der seit 1226 bestehenden Reichsfreiheit befürchtet worden. 1926 hatte man in der Stadt umso repräsentativer – und im Nachhinein betrachtet als pompösen Schlussakkord inszeniert – die 700-Jahr-Feier dieser Reichsfreiheit gefeiert. Mit dem Groß-Hamburg-Gesetz fiel der bisher zu Oldenburg gehörende Landesteil Lübeck, bei dem es sich um das vormalige Fürstbistum Lübeck handelte, an Preußen. Als neuer Kreis Eutin wurde das Gebiet Teil der preußischen Provinz Schleswig-Holstein. Preußen trat im Gegenzug die Stadt Wilhelmshaven an das Land Oldenburg ab. Vor allem aber wurde die Freie und Hansestadt Lübeck als Stadtkreis Lübeck nun ebenfalls Teil der preußischen Provinz Schleswig-Holstein, und die bisherigen Exklaven Lübecks in Schleswig-Holstein, Behlendorf, Nusse, Ritzerau usw., wurden zu Bestandteilen von dessen Kreisen Eutin und Herzogtum Lauenburg gemacht. Bei der Nachricht, Hitler habe der jahrhundertelangen Reichsfreiheit Lübecks ein Ende bereitet, weil ihm der dortige SPD-Senat 1932 verboten hatte, in der Stadt eine Rede zu halten, handelt es sich jedoch um ein Gerücht.

Während man aber in Hamburg mit dem Gesetz und seinen Folgen weitgehend zufrieden war, konnte die Großstadt nun doch weitere ambitionierte Wachstumspläne schmieden, ohne auf seine Nachbarn Rücksicht nehmen zu müssen, war man in Lübeck darüber sehr unglücklich. Lübeck war geradezu das große Bauernopfer des Göring'schen Hamburg-Deals. Nach dem Ende der NS-Diktatur kamen so rasch Stimmen auf, die eine zumindest teilweise Revision des Groß-Hamburg-Gesetzes wünschten.

Auch Harburg und Altona wünschten eine größere Autonomie, doch trat in Hamburg selbst die Debatte schnell wieder in den Hintergrund. Die Lübecker Bürgerschaft stellte hingegen 1946 und nochmals 1949 einen Antrag auf Wiederherstellung der staatlichen Eigenständigkeit. Das Bemühen der Lübecker „Vaterländischen Vereinigung“ um ein Volksbegehren in der Frage scheiterte freilich 1956 vor dem Bundesverfassungsgericht. Sein sog. Lübeck-Urteil wies die entsprechende Klage als unbegründet zurück, da es sich um keine neue Grenzziehung nach dem 8. Mai 1945 handelte. So blieb es bis heute bei der Lösung von 1937.

Zum Weiterlesen:
Holger Martens: Hamburgs Weg zur Metropole. Von der Groß-Hamburg-Frage zum Bezirksverwaltungsgesetz (Beiträge zur Geschichte Hamburgs, 63), Hamburg 2004.

79

IM ZWEITEN WELTKRIEG

Durch den Überfall auf Polen löste Hitler-Deutschland in Europa den Zweiten Weltkrieg aus. Auch wenn es diesmal, anders als 1914, in der Bevölkerung nicht zu Ausbrüchen patriotischer Begeisterung kam, weil die Erinnerung an den letzten furchtbaren Krieg noch ganz gegenwärtig war, sind die deutschen Führungsschichten in Verwaltung, Gesellschaft, Wirtschaft und Militär willig mit in diesen vermeintlichen Kampf der arischen Rasse um Vorherrschaft und Lebensraum gezogen.

Mit dem Namen Schleswig-Holsteins ist der Anfang des Krieges, der am Ende Millionen Menschleben kosten sollte, unmittelbar dadurch verbunden, dass das Kadettenschulschiff „Schleswig-Holstein", das sich offiziell zu einem Freundschaftsbesuch in der Danziger Buch aufhielt, am 1. September 1939 um 4:47 Uhr das Feuer auf das polnische Munitionsdepot auf der zur Freien Stadt Danzig gehörenden Westerplatte eröffnete und die Kampfhandlungen begann.

Bei Kriegsbeginn wurden Lebensmittelkarten zur Rationierung des Grundbedarfs eingeführt, doch funktionierte die Zwangsversorgung deutlich besser als im Ersten Weltkrieg, sodass die Bevölkerung Schleswig-Holsteins während des Krieges nicht wirklich hungern musste. In Kinos und Theatern wurde sie mit seichter Unterhaltung abgelenkt. Zugleich verbreitete die „Wochenschau" eine Erfolgsmeldung der Wehrmacht nach der anderen. Die militärischen Erfolge im sog. Blitzkrieg bestärkten die Mehrheitsbevölkerung in der Hoffnung auf einen raschen „Endsieg". In Rundfunk und Zeitungen wurde vom „Behauptungskampf" gegen das „Weltjudentum" und „bolschewistische Untermenschen" gesprochen. Mit solcher Propaganda wollte das Regime seinen rassistischen Vernichtungskampf im Osten rechtfertigen und den Durchhaltewillen an der sog. „Heimatfront" stärken.

Die „Heimatfront" hielten in Schleswig-Holstein auch etwa 225.000 aus dem Ausland Verschleppte und Kriegsgefangene aufrecht, die zur Fremd- und Zwangsarbeit in Landwirtschaft, Industrie und Mittelstand eingesetzt wurden. Das Kriegsgeschehen holte diese „Heimatfront" durch das familiäre Leid über die bald wachsende Zahl der an der Front Gefallenen und durch den Bombenkrieg rasch ein. Schon ab Sommer 1940 war Kiel als Reichskriegshafen und Zentrum der Rüstungsproduktion Ziel britischer Bomberangriffe. Die Angriffe wurden durch britische und amerikanische Flieger ab 1943 zu flächendeckenden Bombardements ausgeweitet. Lübeck hatte in der Nacht zu Palmsonntag 1942 als Versuchsobjekt der britischen Royal Air Force für ein erstes Flächenbombardement fungiert. Über 300 Opfer waren zu beklagen. In Kiel kamen bis Kriegsende 2900 Menschen ums Leben; in Hamburg starben aber allein im Juli 1943 weit über 30.000 Menschen. Seltener waren die Mittel- und Kleinstädte Schleswig-Holsteins betroffen, wie Flensburg am 19. Mai 1943 oder Elmshorn am 3. August 1943 und am 26. April 1945. In Oldesloe verloren bei einem Bombenangriff am 24. April 1945 706 Menschen ihr Leben. Natürlich wurden auch Industriestandorte wie Neumünster oder Geesthacht angegriffen, und vereinzelt erlebten sogar die Westküste und kleinere Dörfer Bombenabwürfe.

Der Kriegsalltag wurde so jedenfalls immer stärker von Fliegeralarmen und der Unterbringung Evakuierter oder sog. Ausgebombter bestimmt. Jüngere Schulkinder aus bombengefährdeten Regionen wurden im Rahmen der „Kinderlandverschickung“ in sichere Gebiete im Reich gebracht, wozu die ländlichen Gegenden in Schleswig-Holstein zählten. Die „Heimatfront“ engagierte sich in Kriegshilfsdiensten, bei Sammelaktionen für die Frontsoldaten, in der Versorgung Verwundeter, im Luftschutz und in der Flugabwehr. Immer häufiger mussten wieder Frauen die an der Front kämpfenden Männer ersetzen, auch wenn das dem konservativen Frauenbild der NS-Ideologie eigentlich widersprach. Viele Frauen arbeiteten in der Rüstungsproduktion, aber auch in Landwirtschaft und Handwerk. Auch die Jugend erfuhr eine gesellschaftliche Aufwertung durch Aufgaben, die erst die Kriegssituation geschaffen hatte, indem sie wichtige Altstoffe sammeln und im Sanitätsdienst aushelfen musste oder im Kriegseinsatz in Landwirtschaft oder Industrie Verwendung fand. Die älteren, aber noch nicht wehrfähigen Jugendlichen kamen als „Flakhelfer“ zum Einsatz. Der Jahrgang 1929 wurde schließlich im März 1945 zum Kriegsdienst eingezogen.

Mittlerweile hatte sich durch die Wende im Kriegsverlauf spätestens Anfang 1943 und durch den vom Regime ausgerufenen „totalen“ Krieg bei aller Hoffnung auf den durch etwaige Wunderwaffen zu erlangenden „Endsieg“ allmählich das Gefühl von Perspektivlosigkeit breitgemacht. Dennoch kam es auch in den letzten Kriegsjahren kaum zu nennenswerten Widerstandsaktionen. Die „Heimatfront“ ergab sich in ihr unabänderlich erscheinendes Schicksal.

In den vom NS-Staat in Kiel-Russee, Schleswig, Kaltenkirchen und Ladelund eingerichteten Konzentrationslagern kamen bis Kriegsende jeweils mehrere Hundert Insassen gewaltsam ums Leben. 1943 verurteilte der Volksgerichtshof vier Geistliche zum Tode. Gauleiter und Oberpräsident Lohse wurde 1941 auch Reichskommissar im „Reichskommissariat Ostland“, das aus den besetzten baltischen Staaten sowie Weißrussland gebildet worden war. Zusammen mit zahlreichen Partei- und Verwaltungsangehörigen aus Schleswig-Holstein, die ihm aus rassistischer Überlegung wie aus Karrieregründen dorthin gefolgt waren, beging er im Rahmen von Zwangsarbeit, Partisanenbekämpfung und Holocaust besonders schwere Verbrechen. 500.000 Juden lebten vor dem Krieg in diesem Raum; kaum 10.000 überlebten denselben.

Zum Weiterlesen:

Sebastian Lehmann, Robert Bohn u. Uwe Danker (Hrsg.): Reichskommissariat Ostland. Tatort und Erinnerungsobjekt (Zeitalter der Weltkriege, 8), Paderborn u. a. 2012.

80

DAS ENDE DES „DRITTEN REICHS" IN SCHLESWIG-HOLSTEIN

Der aus Lübeck stammende Schriftsteller Thomas Mann (1875–1955) schrieb im kalifornischen Exil: „Wenn man bedenkt, was kommen wird, was den deutschen Städten bevorsteht – gerechterweise, notwendigerweise, unentbehrlicherweise bevorsteht –, so befällt einen doch ein gelinder Schrecken." Seine Prophezeiung sollte eintreffen: Kiel gehörte bei Kriegsende zu den zerstörtesten Städten in Deutschland. Lübeck indes kam wie Schleswig-Holstein insgesamt noch verhältnismäßig glimpflich davon.

Deswegen flüchtete in den letzten Kriegstagen ein großer Teil der verbliebenen NS-Größen über die sog. „Rattenlinie Nord" hierher. Unter den flüchtenden Nationalsozialisten und Kriegsverbrechern herrschte die Hoffnung, die Briten würden weniger konsequent und hart gegen sie vorgehen als die anderen Siegermächte, was tatsächlich eintrat und ein Untertauchen vieler NS-Verbrecher ermöglichte. Zeitgleich erfolgten mehrere sog. Todesmärsche von KZ-Häftlingen. Die SS hatte ab 1944 damit begonnen, frontnahe Konzentrationslager aufzulösen, und die meisten Insassen zum Abmarsch oder Abtransport in Zügen in Richtung Reichsmitte gezwungen. Nicht marschfähige Häftlinge wurden in großer Zahl erschossen. Viele der ohnehin schon stark geschwächten KZ-Häftlinge überlebten die tage- und wochenlangen Märsche und Transporte nicht. Einzelne Züge gerieten zudem zufällig unter Beschuss durch alliierte Kampfflieger;

andere blieben im Kampfgeschehen unversorgt auf Ausweichstrecken liegen.

Zur Katastrophe geriet das traurige Schicksal der im April 1945 vor den anrückenden Briten nach Lübeck abtransportierten Häftlinge des KZ Neuengamme. Zusammen mit Überlebenden des Todesmarsches vom KZ Fürstengrube und weiteren schlesischen Lagern wurden sie auf Schiffen in der Lübecker Bucht, darunter die „Cap Arcona", untergebracht. An Bord der „Cap Arcona" befanden sich fast 7500 Häftlinge. Mangelhafte Ernährung und unzureichende hygienische Zustände führten zu zahlreichen Todesfällen. Am 3. Mai 1945 griffen dann britische Flieger die nicht eigens gekennzeichneten Schiffe, die sie für Truppentransporter hielten, an. Die „Cap Arcona" wurde von Jagdbombern der British Airforce in Brand geschossen. Rund 6400 der etwa 7000 KZ-Insassen auf diesem und den weiteren Schiffen verbrannten, ertranken oder wurden tödlich verwundet.

Im nicht zerstörten Flensburger Ortsteil Mürwik hatte sich mittlerweile die letzte Reichsregierung unter Großadmiral Karl Dönitz (1891–1980) im Rahmen des „Falls Clausewitz" eingerichtet. Am 20. April, seinem 56. Geburtstag, hatte Hitler verfügt, dass die Reichsregierung von Berlin nach Schleswig-Holstein umziehen sollte. Zunächst hatten sich die Mitglieder der Reichsregierung nach Eutin begeben. Als aber die britische Armee am 28. April die Elbe bei Lauenburg überschritt und sich im Wettlauf mit der Roten Armee auf Lübeck zubewegte, trat Hitlers letztes Kabinett am 2. Mai 1945 in Eutin offiziell zurück. Hitler selbst hatte schon am 30. April im Berliner Führerbunker Selbstmord begangen und zuvor Dönitz zu seinem Nachfolger erklärt. Die von Dönitz berufene neue Reichsregierung zog sich nun umgehend über die erwähnte „Rattenlinie Nord" weiter nach Flensburg zurück. Lübeck wurde am selben Abend weitgehend kampflos von den Briten eingenommen.

Am 3. Mai bezog die „Geschäftsführende Reichsregierung" unter Dönitz dann ihren neuen Sitz auf dem Gelände der Marineschule Mürwik in Flensburg. Ganz in der Nähe, in Hüholz bei Flensburg, hielt sich auch Heinrich Himmler (1900–1945) mit 150 Gefolgsleuten auf. Die Regierung Dönitz versuchte, eine Teilkapitulation auszuhandeln, wodurch zivile Flüchtlinge aus dem Osten in das von den Westalliierten besetzte Gebiet durchgelassen und möglichst viele deutsche Soldaten in die Kriegsgefangenschaft der westlichen Alliierten überführt werden sollten. Mit der Teilkapitulation der Wehrmacht für Nordwestdeutschland, Dänemark und die Niederlande herrschte auch in Schleswig-Holstein am 5. Mai 1945 ab 8:00 Uhr tatsächlich Waffenruhe. Einen Tag später enthob Dönitz den bisherigen Gauleiter Hinrich Lohse seines Amtes.

Der Reichssender Flensburg verkündete am 7. Mai um 12:45 Uhr zum ersten Mal von deutscher Seite das Ende des Zweiten Weltkrieges in Europa. Die bedingungslose Kapitulation aller deutschen Streitkräfte trat am 8. Mai 1945 in Kraft. Doch nach der Kapitulation blieb die Regierung Dönitz, in ihrer Bewegungsfreiheit auf den Sonderbereich Mürwik beschränkt, weiter im Amt. Der britische Premierminister Winston Churchill (1874–1965) hielt noch an ihr fest, um die deutschen Truppen für den Fall eines sowjetischen Vormarsches bis an die Nordsee gegen die Rote Armee einsetzen zu können. Erst als eine russische Delegation in Flensburg eintraf, wo nach wie vor Hakenkreuzfahnen wehten und dekorierte Wehrmachtsoffiziere bewaffnet unterwegs waren, und anbot, eigene Fallschirmjäger einzusetzen, um die NS-Regierung Dönitz endlich zu verhaften, wurde selbige am 23. Mai 1945 von britischen Soldaten festgenommen.

Nach ihrer Durchsuchung wurden die Gefangenen in einen Hof geführt, wo sie von mehr als 60 alliierten Reportern fotografiert und gefilmt wurden – ein frühes Medienspektakel. Unter dem Titel „Heute starb das Deutsche Reich" verkündete am nächsten Tag die „New York Times" das endgültige Ende der Regierung Dönitz in Mürwik. Sie war tragischerweise noch für mehrere militärgerichtliche Todesurteile verantwortlich. So war der Gefreite Johann Süß am 11. Mai 1945 hingerichtet worden, weil er angesichts des Kriegsendes die Marine verlassen und nach Hause gehen wollte.

Zum Weiterlesen:
Broder Schwensen: Flensburg Mai '45, in: Oliver Auge (Hrsg.): Glücksburg in der Zeit des Nationalsozialismus. Beiträge eines Symposiums auf Schloss Glücksburg, Husum 2023, S. 32–51.

81

SCHLESWIG-HOLSTEIN WIRD FLÜCHTLINGSLAND NR. 1

„Schleswig-Holstein – Flüchtlingsland Nr. 1": Nicht ohne Grund versah Christian Degn das entsprechende Kapitel in seinem landesgeschichtlichen Atlas mit dieser Überschrift. Denn kein anderes Land in Westdeutschland nahm nach dem Zweiten Weltkrieg derart viele Flüchtlinge und Heimatvertriebene aus den deutschen Ostgebieten auf wie Schleswig-Holstein. Auch vor 1945 hatte es bereits Einwanderungen hierher gegeben. Vom sprunghaften Wachstum Kiels um 1900 war bereits die Rede. Die prozentuale Einwohnerzunahme betrug zwischen 1840 und 1864 52 Prozent, explodierte dann zwischen 1864 und 1890 auf 245 Prozent und lag zwischen 1890 und 1914, minimal abgeschwächt, bei 195 Prozent. Der Anteil der Zu- und Abwandernden pro Jahr machte zur Kaiserzeit ein Fünftel der Kieler Gesamtbevölkerung aus. Dabei stammten die neuen Kieler Einwohner nicht, wie noch in den Jahrhunderten zuvor, aus Kiel selbst, aus dem Kieler Umland oder überhaupt aus Schleswig-Holstein, sondern sie kamen von viel weiter her. Eine besondere Rolle spielte dabei die Binnenmigration im Königreich Preußen, als Kiel 1867 Teil Preußens geworden war. Der Anteil nichtdeutscher Stadtbewohner blieb freilich gering und war noch niedriger als in Schleswig-Holstein insgesamt. 1910 betrug er nur 1,1 Prozent und lag damit weit unter demjenigen in Berlin oder im Ruhrgebiet. Eine große Gruppe unter den international Zugezogenen kam in den 1860er und 1870er Jahren aus Schweden, um beim Eisenbahn-, Festungsanlagen- und Schiffbau mitzuarbeiten. Am Bau des 1895 eingeweihten Nord-Ostsee- bzw. Kaiser-Wilhelm-Kanals waren gleichfalls viele ausländische Arbeitskräfte beteiligt. Sie stammten vor allem aus Polen, Russland und Italien. Die meisten von ihnen blieben aber nicht auf Dauer, sondern zogen nach getaner Arbeit rasch weiter.

Aber 1944/45 brachen nun freilich ganz andersartige zahlenmäßige Dimensionen über Schleswig-Holstein herein. Auf der Flucht vor der rasch nach Westen vordringenden Roten Armee kamen auf dem Land- und Seeweg rund 1,3 Millionen Menschen aus den bis dahin deutschen Ostgebieten, nämlich aus Ostpreußen, Pommern, Schlesien sowie dem Sudetenland hierher. Schleswig-Holsteins Bevölkerung stieg infolgedessen von 1,59 Millionen Menschen im Jahr 1939 sprunghaft auf 2,74 Millionen im Jahr 1948 an. Eigentlich war Schleswig-Holstein mit diesem drastischen Zustrom an Menschen vollkommen überfordert. Arbeitsplätze standen nicht in genügend großer Zahl zur Verfügung; auch der vorhandene Wohnraum war restlos ausgeschöpft. Die Großstädte waren ausgebombt und boten kaum der eigenen Bevölkerung genügend Dächer über dem Kopf. Wohnungen mussten beschlagnahmt werden, wo nicht ehemalige Wehrmachtsunterkünfte oder Behelfsunterbringungen wie die sog. Nissenhütten aushelfen konnten. Medizin, Heizmaterial und Lebensmittel waren rar. Die Flüchtlinge wurden daher überwiegend auf die ländlichen Distrikte verteilt, in denen weniger Bausubstanz zerstört war als in den Großstädten. Diese waren allerdings entwicklungsschwach.

Besonders viele Flüchtlinge nahmen die Kreise Flensburg-Land, Schleswig, Norder- und Süderdithmarschen, Steinburg, Stormarn, Herzogtum Lauenburg und Eutin auf. In vielen Gemeinden auf dem Land gerieten die Einheimischen bald sogar in die Unterzahl, was verständliche Überfremdungsängste auslöste. Keineswegs jedenfalls waren die Geflüchteten überall willkommen. Die Frage war, was mit den vielen Heimatvertriebenen geschehen sollte: Sollten sie in ihre angestammte Heimat zurückkehren? Immerhin zählte die Rückgewinnung der deutschen Ostgebiete bis in die 1970er Jahre, wenn nicht gar bis zur Wiedervereinigung 1990, zum Programm der Mehrheit der bundesdeutschen Parteien, auch wenn eine solche Lösung immer illusorischer wurde. Kam für sie eine weitere Auswanderung, etwa nach Übersee, infrage? Diese Option nahmen bloß wenige Menschen wahr. Sollten sie in andere Bundesländer umsiedeln oder in Schleswig-Holstein dauerhaft angesiedelt werden? Mehrere Tausend Heimatvertriebene erhielten im Rahmen einer ursprünglich viel umfassender geplanten Bodenreform, bei der bis 1960 etwa 30.000 Hektar Land von Adelsgütern verteilt wurden, eine Siedlungsstelle oder übernahmen verwaiste Bauernhöfe. In Trappenkamp entstand auf dem Gelände eines ehemaligen Munitionslagers der Marine eine ganz neue Flüchtlingssiedlung mit zahlreichen Gewerbetreibenden und Handwerkern.

In der Zeit des schnell einsetzenden Wirtschaftswunders zogen dann viele Menschen weiter nach Westdeutschland, wo der Kohlebergbau und die Stahlindustrie florierten, und nach Süddeutschland. An diesem Wirtschaftswunder hatten Flüchtlinge und Heimatvertriebene in Schleswig-Holstein und im ganzen Bundesgebiet wohlgemerkt einen großen aktiven Anteil. Zahlreiche neue Siedlungen der Zeit erhielten Straßennamen, die an Orte der ehemaligen deutschen Ostgebiete erinnerten. Die dauerhafte, erfolgreiche Integration der Flüchtlinge und Heimatvertriebenen in die Nachkriegsgesellschaft, die zwangsläufig den Bedeutungsverlust des Bunds der Heimatvertriebenen und Entrechteten (BHE) als der 1949/50 geschaffenen eigenen politischen Interessenvertretung nach sich zog, war eine große Leistung der jungen Bundesrepublik. Bei der schleswig-holsteinischen Landtagswahl 1950 gewann der BHE noch 23,4 % der Stimmen, sodass sich die Angst verbreitete, hierzulande bald von den Flüchtlingen regiert zu werden. Doch sowohl der BHE als auch die Gegenpartei Schleswig-Holsteinische Gemeinschaft (SHG) gingen bald in der Christlich Demokratischen Union Deutschlands (CDU) auf.

Zum Weiterlesen:

Hermann Heidrich u. Ilka E. Hillenstedt: Fremdes Zuhause. Flüchtlinge und Vertriebene in Schleswig-Holstein nach 1945, Neumünster 2009.

82

VON DER BRITISCHEN BESATZUNG ZUM NEUEN BUNDESLAND

Die britischen Truppen rückten im Mai 1945 in Schleswig-Holstein ein, und Schleswig-Holstein wurde Teil der britischen Besatzungszone. Das lief nicht überall problemfrei ab. Spektakulär war der Glücksburger Juwelenraub vom 23. Mai 1945. Britische Soldaten drangen auf der Suche nach Nationalsozialisten in Schloss Glücksburg ein und stahlen dabei Schmuck und andere Wertgegenstände der großherzoglich-mecklenburgischen Familie, die sich vor der Roten Armee hierher geflüchtet hatte. Das Haus Glücksburg hatte aber gute Verbindungen zum englischen Königshaus – die Thronfolgerin Elisabeth (1926–2022) sollte mit Philipp von Griechenland und Dänemark (1921–2021) sogar einen Glücksburger Prinzen heiraten –, sodass Scotland Yard eingeschaltet wurde, um zu ermitteln.

Anscheinend bildete dieser Fall aber eine spektakuläre Ausnahme, und die Besatzer enthielten sich weitgehend Plünderungen und Gewaltexzessen. Für den politischen Wiederaufbau des Landes sollten sie nun Sicherheit und Ruhe schaffen. In diesem Sinne kontrollierte die britische Militärpolizei das öffentliche Leben und garantierte, dass die nächtliche Ausgangssperre, die vom Mai 1945 bis zum April 1947 galt, respektiert wurde. Die Führung des Landes übernahm zunächst eine britische Militärregierung. Durch bloße Präsenz sollte das britische Militär der Bevölkerung die Botschaft vermitteln, dass die deutsche Niederlage total war.

Anfang 1946 erfolgte aber schon eine Reduzierung der Besatzungstruppen – zwei Divisionen mit Hauptquartieren an der Schlei und in Ahrensburg sowie eine Brigade in Kiel –, um die Militärpräsenz zurückzunehmen. Im Februar und Juni 1947 stießen noch eine dänische und eine norwegische Brigade für eine begrenzte Zeit zu den Besatzungstruppen. Die Soldaten fungierten primär als Garanten für die Sicherheit von Militärregierung und zivilen Behörden.

Ziel der Briten war es, ihre Zone zu demokratisieren, zu dezentralisieren, zu entnazifizieren und zu entmilitarisieren, damit künftig von Deutschland keine Gefahr mehr für andere Nationen ausgehen könne. Um dies zu erreichen, gingen die Briten, die sich erst mit den Verhältnissen im Land vertraut machen mussten, den pragmatischen Weg, den bestehenden Verwaltungsapparat aufrechtzuerhalten, was aber dazu führte, dass die Entnazifizierung nicht strikt durchgeführt wurde. Tatsächlich wäre die Verwaltung zunächst aber zusammengebrochen, hätte man alle Beamten, die Mitglieder der NSDAP gewesen waren, entlassen. Allerdings machte die große Geopolitik, die von wachsenden Spannungen zwischen den Westalliierten und der Sowjetunion gekennzeichnet war, es auch erforderlich, die anfangs vorherrschende Skepsis bezüglich der demokratischen Fähigkeiten der Deutschen schnell zu überwinden und den Aufbau einer Selbstverwaltung zu unterstützen.

So wurde Theodor Steltzer (1885–1967) am 15. November 1945 zum kommissarischen Oberpräsidenten der Provinz Schleswig-Holstein mit dem Auftrag zum Aufbau einer funktionierenden Provinzialverwaltung nach britischem Vorbild ernannt. Steltzer war Rendsburger Landrat gewesen und nach dem Attentat auf Hitler vom 20. Juli 1944 verhaftet sowie zum Tode verurteilt worden, doch hatte man ihn nicht hingerichtet. Nun gehörte er zu den Mitbegründern der CDU in Schleswig-Holstein. Steltzers erklärter Wunsch war die Umwandlung der preußischen Provinz in ein eigenes Land Schleswig-Holstein, worin ihn die Besatzungsmacht unterstützte. Sie verfügten daher noch vor dem offiziellen Ende des Staates Preußen am 25. Februar 1947 eine neue Landesverwaltung aus den bisherigen obersten Provinzialbehörden. Steltzers gleichzeitige Idee, Schleswig zur neuen Landeshauptstadt zu machen, lehnten die Briten aber ab. Sie entschieden sich für Kiel.

Am 26. Februar 1946 nahm ein von den Briten ernannter Landtag, in dem schon die neu zugelassenen Parteien vertreten waren, seine Arbeit auf. Dieser Landtag, der im völlig zerstörten Kiel im Festsaal der Pädagogischen Hochschule tagte, arbeitete eine „Vorläufige Verfassung" aus, die die Briten aber nicht genehmigen wollten. Erst am 23. August 1946 erlaubten sie mit der Verordnung 46 vorläufig die Namensänderung von der Provinz zum Land. Steltzer wurde erster Ministerpräsident. Die Briten folgten auch den Argumenten des Staatsrechtlers Hermann von Mangoldt (1895–1953), der für ein Land in den Grenzen des traditionsreichen Schleswig-Holsteins und gegen die Schaffung eines Bundeslandes „Niederelbe" mit Hamburg als Hauptstadt plädiert hatte. Zudem entschieden sie sich gegen einen Sonderstatus für Südschleswig und stellten die Selbstständigkeit Lübecks nicht wieder her.

Am 2. Dezember 1946 trat der zweite Landtag zusammen, dessen Abgeordnete immerhin schon zu einem Drittel demokratisch legitimiert waren. Doch erst der dritte Landtag, der am 29. April 1947 seine Arbeit aufnahm, wurde vollständig demokratisch gewählt. Die SPD errang die überragende Mehrheit. Immer noch ernannter Ministerpräsident wurde nun Hermann Lüdemann (1880–1959) von der SPD. Ihm folgte im August 1949

Bruno Diekmann (1897–1982), ebenfalls von der SPD, als erster gewählter Ministerpräsident. In der betreffenden Landtagsperiode wurde als Verfassung die Schleswig-Holsteinische Landessatzung beschlossen, die am 12. Januar 1950 in Kraft trat. Die Besatzung endete offiziell aber erst mit der Pariser Erklärung am 23. Oktober 1954, was bedeutete, dass die Briten bis dahin immer noch ein Vetorecht bei wichtigen Entscheidungen besaßen.

Zum Weiterlesen:
Kurt Jürgensen: Die Gründung des Landes Schleswig-Holstein nach dem Zweiten Weltkrieg. Der Aufbau der demokratischen Ordnung in Schleswig-Holstein während der Britischen Besatzungszeit 1945–1949, 2., neugestaltete u. erw. Aufl., Neumünster 1998.

83

ENTNAZIFIZIERUNG ALS AUFGABE UND PROBLEM

Die alliierten Siegermächte planten 1945 eine grundlegende Aufarbeitung und Bewältigung der NS-Zeit. Dazu sollte neben einer strafrechtlichen Ahndung von NS-Verbrechen und der Wiedergutmachung für die Opfer der Diktatur auch eine tiefgreifende politische Säuberung innerhalb der deutschen Bevölkerung erfolgen. Doch gab es große Unterschiede in den vier Besatzungszonen, wie die sog. Entnazifizierung durchgeführt wurde.

Die Entnazifizierung war in der britischen Zone, deren Teil Schleswig-Holstein war, auf Denazifizierung und Re-Education angelegt. Im Spannungsfeld zwischen dem großen Bedarf an

Fachleuten und einer etwaigen politischen Belastung gab sehr oft das Bedürfnis, Verwaltungskräfte behalten zu müssen, den Ausschlag. Die behördlichen Nachforschungen konzentrierten sich auf die Beamten und Führungskräfte in Privatbetrieben. Wenn man also als ehemaliger Parteigenosse nun in einem anderen Bereich einer Beschäftigung nachging, bestanden gute Aussichten, erfolgreich der Verfolgung zu entgehen. Anhand von Fragebögen, in denen Auskünfte über das jeweilige Verhältnis zum nationalsozialistischen System zu geben waren, wurde jedenfalls ab Sommer 1945 über Entlassung oder Weiterbeschäftigung entschieden. Zuerst wurde der Fokus auf Lehrer und Richter gelegt; während der Untersuchung ruhten Unterricht und Rechtswesen.

In der Folge wurde tatsächlich jeder vierte Richter und Lehrer aus dem Dienst verabschiedet, insgesamt ca. 4000 Landesbedienstete. Zur Jahreswende 1945/46 berief die Militärregierung dann deutsche Entnazifizierungsausschüsse, doch begegnete diesen bald der Vorwurf, im Rahmen der Untersuchung private Rachefeldzüge zu führen. Auch rissen die Klagen nicht ab, dass das Vorgehen der Behörden zu willkürlich sei. Es sei zu einfach, bei den Fragebögen die Unwahrheit zu sagen und damit einer verdienten Verfolgung zu entgehen. Die „kleinen Fische" würden härter bestraft als die „großen". Eine Kategorisierung der untersuchten Personen in 1. Hauptschuldige, 2. Belastete, 3. Minderbelastete, 4. Mitläufer und 5. Entlastete wurde ab Oktober 1946 vorgenommen, wobei die deutschen Ausschüsse lediglich für die Kategorien drei bis fünf zuständig waren.

Indes wurde von den Kategorien eins und zwei im Unterschied etwa zur amerikanischen Besatzungszone bei den Briten gar kein Gebrauch gemacht. Sogar der ehemalige Gauleiter Hinrich Lohse ging auf diese Weise zuerst minderbelastet und schließlich sogar entlastet aus dem Verfahren hervor. Die Briten waren anscheinend wegen des Ablaufs insgesamt frustriert und überließen es im Oktober 1947 – mit Ausnahme der schwersten Verbrechen – ganz dem deutschen Rat. 1948 erließ Schleswig-Holstein dann ein Gesetz zur Entnazifizierung. Bis zu deren Ende wurden nun im Massenverfahren insgesamt 406.500 Menschen entnazifiziert. Von diesen stufte man lediglich 2217 Personen in Kategorie drei ein, was Geldstrafen, Entlassung und die Verminderung von Pensionsansprüchen bedeuten konnte. Die restlichen verteilten sich auf die Kategorien 4 = Mitläufer (66.500) und 5 = Entlastete (206.000), oder sie wurden als nicht betroffen (131.600) ganz aus dem Verfahren entlassen. Das heißt, sage und schreibe 99,4 Prozent der Erfassten gingen als sofort rehabilitiert oder nur mit geringen Sanktionen versehen aus dem Entnazifizierungsverfahren hervor.

Und trotzdem gab es Verbitterung und konfliktreiche Debatten, was im Verfahren selbst begründet lag. So nötigte die Umkehrung der Beweislast dazu, sich durch möglichst viele mehr oder minder glaubhafte „Persilscheine" reinzuwaschen. Flüchtlinge und Vertriebene konnten ihre NS-Vergangenheit offenkundig leichter vertuschen als Alteingesessene. Das Massenverfahren wurde unmöglich der individuellen Vergangenheit jedes Einzelnen gerecht. Das Bemühen um einen Schlussstrich wurde dadurch schnell zum Mehrheitsziel, worüber man die eigentlich erforderliche intensive Auseinandersetzung mit dem eigenen Anteil an der Schuld verdrängte. Der Landtagswahlkampf 1950 war schließlich vom Thema der Entnazifizierung geprägt. Die bürgerlichen Parteien versprachen ihr sofortiges Ende und auch die SPD ihren schnellen Abschluss. Kurz nach der bürgerlichen Regierungsbildung erließ der Kieler Landtag nach konfliktreichen Debatten im März 1951 das „Gesetz zur Beendigung der

Entnazifizierung". Es rehabilitierte alle belasteten Beamten noch konsequenter, als es die vom Deutschen Bundestag 1950 verabschiedeten Richtlinien vorsahen, und stellte die in die Kategorien drei und vier Eingeordneten mit den Entlasteten gleich. Der damalige Oppositionsführer Wilhelm Käber (1896-1987), SPD, meinte zur Tragweite des Geschehens sarkastisch: „Schleswig-Holstein stellt fest, dass es in Deutschland nie einen Nationalsozialismus gegeben hat."

Fast alle erhielten so jedenfalls einen Wiedereinstellungs- bzw. einen verbesserten Versorgungsanspruch. Sechs Jahre nach Kriegsende war die Entnazifizierung damit letztlich gescheitert. Bester Beleg dafür und für in der Nachkriegszeit nach wie vor funktionierenden NS-Netzwerke war die sog. Heyde-Sawade-Affäre. Werner Heyde (1902–1964), bis Kriegsende Ordinarius für Psychiatrie und Nervenheilkunde an der Universität Würzburg, war als Obergutachter im Rahmen der NS-Euthanasie für die Morde an über 80.000 Behinderten und Kranken verantwortlich. Es gelang ihm mithilfe von befreundeten Juristen und Medizinern, unter dem falschen Namen Fritz Sawade in Schleswig-Holstein als Gerichtsgutachter eine neue Existenz aufzubauen. Bis zu seinem Auffliegen 1959 fertigte er rund 7000 Expertisen für das Landessozialgericht, die Landesversicherungsanstalt und weitere Behörden an. Bevor eine gerichtliche Verhandlung beginnen konnte, nahm sich Heyde schließlich am 13. Februar 1964 in der Untersuchungshaft das Leben.

Zum Weiterlesen:

Uwe Danker: Vergangenheits-„bewältigung" im frühen Land Schleswig-Holstein, in: Die Anfangsjahre des Landes Schleswig-Holstein, hrsg. von der Landeszentrale für politische Bildung, Kiel 1998, S. 26–43.

84

WIEDERAUFBAU UND „WIRTSCHAFTSWUNDER“

Die Hoffnung der Bevölkerung, dass mit der britischen Besatzung nicht nur neue, sondern auch bessere Zeiten anbrechen würden, wurde zunächst gewiss enttäuscht. Denn die Unterkunfts- und Verpflegungssituation sowie die Bereitstellung ausreichend vieler Arbeitsplätze blieb erst einmal problematisch. Nicht zuletzt wegen ihrer Demontagepolitik erfuhr die britische Besatzungsmacht Kritik seitens der Bevölkerung und des neu geschaffenen Landtags. Alle Industrieanlagen, die zur Kriegsproduktion dienen konnten, sollten zerstört oder von der Besatzungsmacht kontrolliert werden. Stattdessen sollte die deutsche Ökonomie künftig auf Landwirtschaft und ziviler Industrieproduktion beruhen. Alles, was nicht in eine Friedensökonomie einbezogen werden konnte, sollte als Kriegsreparation übernommen werden. Als die Sowjetunion und andere ehemalige Kriegsgegner im April 1947 auf ein höheres Tempo drängten, gingen die Briten zur systematischen Demontage über.

Verständlicherweise verliefen die Maßnahmen, die vielen Menschen die Arbeits- und Lebensgrundlage entzogen, nicht konfliktfrei. Im September 1947 mussten 100 britische Soldaten und 120 deutsche Polizisten einen vierwöchigen Ausstand der Kieler Werftarbeiter beenden. Letztlich entgingen in Kiel einzig die Howaldtswerke dem damaligen Abbau der Werftindustrie. Doch begannen die US-Amerikaner auf ein Ende der britischen Demontagepolitik zu drängen, leisteten sie doch gleichzeitig mit dem Marshall-Plan Hilfe für den Wiederaufbau der deutschen

Ökonomie. Demontage bewirkte das Gegenteil. Doch erst im Mai 1950 stellten die Briten selbige ein.

Parallel dazu machte man sich in Schleswig-Holstein mit aller Kraft daran, die Kriegstrümmer zu beseitigen und Platz für Neubauten zu schaffen. Im schwer zerstörten Kiel meldeten sich ab April 1946 140.000 freiwillige Helfer zum ehrenamtlichen Aufräumdienst, unter ihnen viele sog. Trümmerfrauen. Sie holten aus dem Kriegsschutt 63 Millionen Ziegelsteine hervor, die für den Wiederaufbau verwendet werden konnten. Mit dem Kieler Wiederaufbau eng verbunden war die Person des Oberbürgermeisters Andreas Gayk (1893–1954). Im Mai 1946 hatte Gayk verkündet: „Kiel ist keine sterbende, Kiel ist eine kämpfende Stadt." Und tatsächlich stemmten sich die Kieler, ähnlich wie die Menschen in den anderen deutschen Großstädten, beherzt wie auch erfolgreich gegen die überall anzutreffende Trostlosigkeit. So wurden Brachflächen, die nicht gleich wieder bebaut werden konnten, erst einmal mit Bäumen und Gräsern bepflanzt, um die Spuren der Zerstörung durch natürliches Grün zu überdecken. Zur Erinnerung an die große Leistung bestimmte Gayk wenige Tage vor seinem vorzeitigen Tod, dass dem Wiederaufbau in einem Wandrelief aus Sandstein im Kieler Rathaus ein bleibendes Denkmal gesetzt werden sollte.

Erst in den 1960er Jahren aber erreichte die Einwohnerzahl der Stadt ihren Vorkriegsstand, und erst 1966 wurde die Wohnraumbewirtschaftung beendet, weil die größte Wohnungsnot beseitigt war. Da viele alte Baulichkeiten nicht mehr zu retten waren, konnte man das Kieler Stadtbild dabei großzügig und modern umplanen. Im Rückgriff auf Planungen der 1930er und 1940er Jahre nutzte Kiel den baulichen Neuanfang nach dem Zweiten Weltkrieg für eine Gestaltung des Stadtinneren, die in der Fachwelt für Aufsehen sorgte. Dazu gehörte, dass man Mitte der 1950er Jahre die Holstenstraße zur ersten Fußgängerzone in Deutschland überhaupt umgestaltete. Bei allem Lob der Fachwelt für die richtungsweisende moderne Konzeption fehlte es auch nicht an Gegenstimmen, die ihren Unmut über den vielen Beton äußerten, mit dem das neue Kiel errichtet wurde.

Aber auch anderenorts in Schleswig-Holstein ging es baulich und wirtschaftlich aufwärts – und teilweise ohne große Rücksicht auf den überkommenen Baubestand. Zwar verlief der Aufstieg hierzulande insgesamt vielleicht nicht ganz so fulminant wie anderswo, aber gleichwohl wurde das Land im sog. „Wirtschaftswunder" zum hochmodernen Industriestandort. Dieses Ergebnis war von den Zeitgenossen und volkswirtschaftlichen Theoretikern so gar nicht erwartet worden. Ein großer Streik der Metallarbeiter in Schleswig-Holstein von 1956/57 verdeutlichte dabei, dass die Teilhabe der Arbeiterschaft im Rahmen des „Wirtschaftswunders" noch ausbaufähig war.

Insbesondere der Schiffbau entwickelte sich nach seiner von den Briten gestatteten Wiederaufnahme zum Leitsektor für den ökonomischen Aufstieg: So erwirtschafteten 28 Werften im Land mit 30.000 Beschäftigten im Jahr 1956 einen Umsatz von 570 Millionen DM. Schrittmacher der Branche war die schon erwähnte Großwerft Howaldtswerke-Deutsche Werft (HDW). 1958 arbeiteten in Schleswig-Holstein dann rund 160.000 Beschäftigte im industriellen Bereich. Neben Kiel, wo die MaK (Maschinenbau Kiel AG) Triebwagen und Maschinen produzierte, fungierte Lübeck mit dem Metallhüttenwerk Herrenwyk, der Flenderwerft, Maschinenbaufirmen und einer florierenden Marmeladen- und Marzipanproduktion als ein industrielles Zentrum, ebenso Flensburg mit einer Werft und einer Papierfabrik, neuer Bekleidungsindustrie und traditioneller Rumbrennerei. In Rendsburg gab es neben mehreren Werften eine Düngerfabrik und die Ahlmann-Carlshütte als wichtigste Gießerei im Norden. Betriebe der Textil- und Lederindustrie produzierten in Neumünster, und in Dithmarschen förderte man ein Zehntel der gesamten Erdölproduktion der BRD. Dazu kamen noch großindustrielle Zementwerke in Lägerdorf, Itzehoe und Lübeck. Immer mehr kristallisierte sich aber die wichtige Rolle des Hamburger Umlands für das industrielle Wachstum in Schleswig-Holstein heraus.

Zum Weiterlesen:
Helmut Grieser: Reichsbesitz, Entmilitarisierung und Friedensindustrie in Kiel nach dem Zweiten Weltkrieg (Sonderveröffentlichung der Gesellschaft für Kieler Stadtgeschichte, 11), Kiel 1979.

85

DIE MINDERHEITENFRAGE BIS ZU DEN BONN-KOPENHAGENER ERKLÄRUNGEN 1955

Nach der deutschen Kapitulation entlud sich im Sommer 1945 die während der Besatzungszeit aufgestaute Aggression in Nordschleswig gegenüber der deutschen Minderheit. Auf der Grundlage von rückwirkend erlassenen Gesetzen erfolgte in Dänemark eine „Rechtsabrechnung" („Retsopgør"), bei der auch rund 3000 Angehörige der Minderheit verurteilt wurden, was rund einem Viertel ihrer männlichen Mitglieder entsprach. Gleichwohl waren die Deutschen in Dänemark nie derartig starken Repressionen und Vertreibung oder Umsiedlung ausgesetzt wie etwa in Osteuropa. Das lag auch daran, dass sich der am 22. November

1945 neu gegründete Bund deutscher Nordschleswiger (BdN) zur demokratischen Grundordnung und zum Verlauf der Staatsgrenze von 1920 bekannte und seine Loyalität dem dänischen Staat gegenüber bekundete.

In Südschleswig erlebte zeitgleich die dänische Minderheit einen immensen Aufschwung, indem sie sich kurzfristig zur Massenbewegung entwickelte. Hatte der Schleswigsche Verein zum Ende der NS-Zeit weniger als 3000 Mitglieder, so belief sich seine Mitgliederzahl 1947 auf rund 75.000 Personen. Die Massenbewegung war vom Wunsch einer Lösung ganz Schleswigs von Holstein und seiner Vereinigung mit Dänemark begleitet. Die dahinterstehenden Motive waren vielschichtig. Bestimmend war die Hoffnung, den drastischen Folgen der deutschen Niederlage zu entgehen und sich des Flüchtlingsproblems zu entledigen. Die Gegner der Massenbewegung machten die dänischen Lebensmittellieferungen als Hauptmotivation aus und sprachen abschätzig von den „Speckdänen". Tatsächlich erfolgte damals mit großzügiger Unterstützung aus Dänemark ein verstärkter Ausbau von Schul-, Bücherei- und Gesundheitswesen, Kirchen- und Jugendarbeit sowie Vereinsleben der Minderheit. Mit dem 1948 gegründeten Südschleswigschen Wählerverband (SSW) erhielt diese ein politisches Sprachrohr.

In der dänischen Bevölkerung und beim König fand die südschleswigsche Bewegung mit der Idee einer erneuten Grenzverschiebung durchaus Zustimmung. Eine parlamentarische Mehrheit fand sich dafür im Folketing aber zu keiner Zeit. Der Wunsch der dänischen Bewegung nach einer verwaltungsmäßigen Angliederung Schleswigs an Dänemark wurde von den deutschen Parteien, Landtagen und Regierungen des 1946 neu geschaffenen Landes Schleswig-Holstein sowie von der deutsch gesinnten Bevölkerung in Südschleswig mit Entschiedenheit zurückgewiesen. Durch die Gründung zahlreicher Grenzverbände wie des Deutschen Grenzvereins, der Arbeitsgemeinschaft Deutsches Schleswig (ADS), des Grenzfriedensbundes oder des Schleswig-Holsteinischen Heimatbundes (SHHB) und den wirtschaftlichen Aufschwung in der 1949 neu gegründeten Bundesrepublik nahm das 1945 am Boden liegende deutsche Selbstgefühl aber wieder zu. Die Abwanderung vieler Heimatvertriebener in die Wirtschaftszentren der Bundesrepublik und die gezielte Förderpolitik durch das sog. „Programm Nord“ ab 1953 ließen umgekehrt die dänisch gesinnte Anhängerschaft spürbar zurückgehen.

Entscheidend für das weitere Schicksal Schleswigs war indes die Haltung der britischen Besatzungsmacht. Sie sah im Fall einer Grenzverschiebung nach Süden die Lebensfähigkeit des neuen Landes Schleswig-Holstein in Gefahr und stufte die Schwierigkeiten einer Verdrängung der Flüchtlinge in andere Teile ihrer Zone als sehr groß ein. Nicht zuletzt wünschte sie keine weitere Verschärfung nationaler Gegensätze im Grenzgebiet. Unter dem Eindruck wachsender Spannungen im Kalten Krieg erklärte das britische Foreign Office im Oktober 1948, den Forderungen nach Abtrennung Südschleswigs von Holstein nicht entsprechen zu können. Allerdings werde man die dänischen Wünsche im Hinblick auf kulturelle Belange und demokratische Grundrechte berücksichtigen.

Im Ergebnis wurde am 26. September 1949 von allen Parteien des schleswig-holsteinischen Landtags die sog. „Kieler Erklärung“ verabschiedet, wonach das Bekenntnis zum dänischen Volkstum und zur dänischen Kultur frei sein sollte und nicht amtlich bestritten oder überprüft werden durfte. Sinngemäß war auch die friesische Volksgruppe in Schleswig-Holstein in diesen Grundsatz eingeschlossen. Einen Monat später garantierte das „Kopenhagener Protokoll“ den Mitgliedern der deutschen

Minderheit alle in der dänischen Verfassung verbrieften staatsbürgerlichen Rechte. Nichtsdestotrotz trübte sich das Verhältnis zwischen schleswig-holsteinischer Regierung und dänischer Minderheit unter Ministerpräsident Friedrich Wilhelm Lübke (1887–1954) zwischen 1951 und 1954 wieder stark ein, weil der Landtag erst eine 7,5- und dann eine 5-Prozent-Sperrklausel für Landtagswahlen beschloss, im Zuge allgemeiner Sparmaßnahmen auch die Zuschüsse für die dänischen Privatschulen kürzte und der Regierungschef den SSW zu einer Loyalitätsbekundung drängte.

Die sich abzeichnende Aufnahme der BRD in die NATO veranlasste das schon seit 1949 zum Atlantikbündnis gehörende Dänemark schließlich dazu, gegenüber der Bundesregierung eine dauerhafte Lösung der Minderheitenfrage ins Gespräch zu bringen. Das Resultat stellten die „Bonn-Kopenhagener Erklärungen" von 1955 mit der beiderseitigen Bestätigung der Anerkennung der jeweiligen Minderheiten dar – zur vertraglichen Lösung fand sich Dänemark gegenüber der Bundesrepublik nicht bereit. Politische Konsequenz war in Schleswig-Holstein die Aufhebung der 5-Prozent-Klausel für den SSW.

Zum Weiterlesen:

Oliver Auge: Der deutsch-dänische Grenzraum, in: Europäische Geschichte Online (EGO), hrsg. vom Leibniz-Institut für Europäische Geschichte (IEG), Mainz 09.03.2020, http://www.ieg-ego.eu/augeo-2020-de (letzter Zugriff am 13.3.2024).

86

DIE 68ER: PROTEST AN UNIVERSITÄT UND SCHULEN

Die 1968er Bewegung unterliegt bis heute keiner einhelligen Bewertung. Für die einen war sie nötig, um eine überfällige politische Wende und den Übergang in die moderne Gesellschaft herbeizuführen. Für die anderen war sie verantwortlich für Werteverlust, Kindermangel und Bildungsnotstand. Nicht zuletzt führte sie zu einer so nicht da gewesenen Radikalisierung in der politischen Auseinandersetzung, die in den Terrorismus der Roten Armee Fraktion (RAF) mündete. Deren Anfänge sind mit Schleswig-Holstein verbunden, indem zwei frühe Akteure der linken militanten Szene in Westdeutschland, Thomas Weisbecker (1949–1972) und Georg von Rauch (1947–1971), Söhne Kieler Professoren und ehemalige Schüler der Kieler Gelehrtenschule gewesen sind.

Ausgehend von den Vereinigten Staaten, breitete sich in den 1960er Jahren eine Protestbewegung über die ganze Welt aus. In Westdeutschland nahm sie schon 1967 ihren Lauf, als Tausende Studierende auf die Straßen gingen, um gegen die Strukturen in Politik und Gesellschaft, den Vietnamkrieg, die rigide Sexualmoral und die mangelnde Aufarbeitung der NS-Zeit zu protestieren. Die Hochschulen, darunter die Christian-Albrechts-Universität zu Kiel, wurden im Übergang von elitären Einrichtungen zu Massenveranstaltungen zu wichtigen Schauplätzen des Protests. In der Auseinandersetzung mit der überkommenen „Ordinarien-Universität" wurden Kernslogans der Bewegung formuliert: „Unter den Talaren der Muff von 1000 Jahren" ist der wohl bekannteste geworden.

Die 68er-Bewegung war indes keineswegs so homogen, wie es scheint. Alle Richtungen einte freilich die Suche nach Neuorientierung, nach Selbstbestimmung und nach Selbstverwirklichung. Hinzu trat ein neues Politikverständnis, zu dem auch Protest als Element der politischen Kultur gehörte. In sämtlichen Bereichen wurden jetzt mehr Teilhabe und Transparenz eingefordert. Kategorien wie Gleichheit, Kollektivität, Mitbestimmung und soziale Gerechtigkeit wurden in den Vordergrund, traditionelle Werte wie Pflicht, Treue, Ehre, Gehorsam oder Vaterlandsliebe dagegen infrage gestellt.

Zum ersten Mal brach sich der Protest an der Kieler Universität in einem „Sit-in" am 4. Juli 1967 Bahn, als sich bis zu 150 Studierende im Foyer des gerade erst wenige Jahre alten Universitätshochhauses versammelten und mit dem Prorektor Karl Dietrich Erdmann (1910–1990) über mangelnde studentische Mitbestimmungsmöglichkeiten im Rahmen der Hochschulverfassung diskutierten. Am 14. Mai 1968 parodierten dann Studenten die traditionelle Rektoratsübergabe mit Klobürste und Stahlhelm. Sie forderten die Umwandlung der Zeremonie von einer kommunikativen „Einbahnstraße" zu einer diskursiven Veranstaltung. Weitere Aktionen in Form von „Sit-ins", „Teach-ins" oder „Muff-outs", die den geregelten Unialltag durchbrechen und möglichst viel Aufmerksamkeit erregen sollten, folgten. 1969 und 1972 kam es wegen des Erlasses eines neuen Hochschulgesetzes zu einem sog. „aktiven" Streik, mit dem die verfasste Studierendenschaft das Leben auf dem Campus jeweils eine Woche lang ganz und gar lahmlegte. Gremiensitzungen wurden gesprengt, das Institut für Politologie verwüstet, Privathäuser missliebiger Professoren mit beleidigenden Parolen beschmiert. Allerdings hatte sich im Mai 1969 eine studentische Vollversammlung gegen jegliche Anwendung physischer Gewalt ausgesprochen, sodass es sogar vergleichsweise ruhig blieb, als die Polizei bei der wohl größten Demonstration der Protestzeit am 9. Juli 1969 vor dem Kieler Landeshaus Wasserwerfer gegen die 6000 meist studentischen Demonstranten einsetzte.

Anfang der 1970er Jahre zersplitterte sich die Protestbewegung, und es kam zu der schon angesprochenen Radikalisierung. Auch in Kiel formierten sich linksextreme Gruppen mit radikaleren Zielen. Sie zählten etwa 200 Mitglieder. Einige von diesen nötigten im November 1972 den Universitätssyndikus aus seinem Dienstzimmer und versuchten, den Universitätsrektor Hans Hattenhauer (1931–2015) am Verlassen eines Aufzugs zu hindern, wogegen er sich mit Anwendung körperlicher Gewalt zur Wehr setzte. Die „ZEIT" schrieb, der Rektor habe „rot" gesehen.

Doch nicht nur an der Universität wurde protestiert. Kieler Studenten und Schüler demonstrierten 1968 gemeinsam in der Stadt gegen eine Erhöhung der Straßenbahnfahrpreise. Die aufgeheizte Stimmung gipfelte im Oktober 1968 an der Kieler Gelehrtenschule in einem Hungerstreik. Die Eskalation zwischen Lehrern, Schülern und Schulleitung hatte sich an einer Klassenfahrt nach Italien und dem beteiligten Klassenlehrer entzündet. Angeblich hatte dieser während der Klassenfahrt angesichts einer nachlaufenden Kinderschar gesagt: „Fußtritte sind die einzige Art, um dieses lästige Geschmeiß loszuwerden", was das brodelnde Fass sprichwörtlich zum Überlaufen brachte.

Die Landespolitik reagierte auf ihre Weise auf die Proteste. Ministerpräsident Helmut Lemke (1907–1990) wollte die Studierenden durch ein neues Ordnungsrecht „einhegen". Die linke Studentenzeitung „res nostra" deklarierte diese Politik in NS-Diktion als „Endlösung der Studentenfrage". Die Regierung unter dem seit 1971 amtierenden Ministerpräsidenten Gerhard

Stoltenberg (1928–2001) erließ 1972 ein Hochschulgesetz, in dem Universitäten als „Körperschaften öffentlichen Rechts ohne Gebietshoheit" bezeichnet wurden, was bedeutete, dass man polizeirechtlich auf dem Hochschulgelände eingreifen durfte. Immerhin versuchte der Landtag damals ernsthaft, mit der Jugend ins Gespräch zu kommen. Letztlich zählte auch die damalige Senkung des aktiven Wahlrechts auf 18 Jahre und des passiven Wahlrechts auf 21 Jahre dazu.

Zum Weiterlesen:
Stefan Bichow: Die Universität Kiel in den 1960er Jahren. Ordnungen einer akademischen Institution in der Krise (Kieler Werkstücke Reihe H, 3), Frankfurt a. M. 2013.

87

ZWEIMAL OLYMPIA IN KIEL: 1936 UND 1972

Im besonderen Rampenlicht einer sportbegeisterten Weltöffentlichkeit standen Schleswig-Holstein und besonders Kiel als Austragungsort der Segelwettkämpfe während der Olympischen Sommerspiele der Jahre 1936 und 1972.

Noch vor der Machtübernahme durch die Nationalsozialisten hatte das Olympische Komitee 1931 die Austragung der Olympischen Sommerspiele fünf Jahre später an Deutschland vergeben. 1934 hatte man sich dann für Kiel zur Austragung der Segelregatten entschieden. Die NS-Führung wollte das sportliche Großereignis für seine Selbstdarstellung nutzen und für das Weltpublikum als ein großes Friedensfest inszenieren. Deswegen wurde alles, was auf antisemitische Hetze hinweisen konnte, fein säuberlich aus dem Stadtbild entfernt, um ausländische Gäste möglichst nicht zu verschrecken. Auf einer nachgebauten Hansekogge fand am 3. August 1936 die Eröffnungsfeier mit olympischem Feuer statt. Adolf Hitler besuchte die Wettkämpfe am 10. August. In sportlicher Hinsicht konnten sich die olympischen Wettkämpfe durchaus sehen lassen: Allein 15 Weltrekorde wurden aufgestellt, und rund 50 olympische Bestleistungen waren eine stolze Erfolgsbilanz. 61 Boote mit Seglern aus 26 Ländern wetteiferten in vier Klassen um den Sieg. Insgesamt errangen deutsche Sportler damals 33 Goldmedaillen, sodass Deutschland beste Nation in der Mannschaftswertung wurde. Ein solcher sportlicher Triumph wurde seither nicht mehr wiederholt. 50.000 Menschen waren bei der Abschlussfeier dabei. Während die Medaillensieger nach Berlin zur Siegerehrung fuhren, ging in Kiel das Feiern gleich mit der Kieler Woche weiter. Die „Juden unerwünscht"-Schilder wurden in Kiel nun aber wieder aufgestellt.

Trotz eines gewissen Negativ-Images wegen der NS-Spiele von 1936 konnte sich Kiel dann auch 36 Jahre später gegen die Konkurrenz von Lübeck-Travemünde als Austragungsort für die Segelwettbewerbe der 20. Olympischen Sommerspiele 1972 durchsetzen. Kiel hatte die Entscheidungsträger wegen seiner langen Erfahrung als Veranstaltungsort hochkarätiger Wettkämpfe, nicht zuletzt im Rahmen der Kieler Woche, überzeugt, und weil der Kostenrahmen insgesamt geringer als bei Lübeck zu bleiben versprach. Für Kiel sprach außerdem die größere Windzuverlässigkeit der Förde gegenüber der Travemünder Bucht. Da damals der „Eiserne Vorhang" unmittelbar vor den Toren Lübecks verlief, hatte die Bundesmarine obendrein Bedenken geäußert, eine stärkere militärische Präsenz zur Unterstützung der Spiele in Travemünde könne zu Irritationen beim Warschauer Pakt führen.

So erhielt Kiel den Zuschlag und ging gleich daran, in Schilksee den Hafen, der in den 1960er Jahren erst ausgebaut worden war, nochmals um das Doppelte zu vergrößern und ab Oktober 1969 bis 1972 ein großzügiges, betongesättigtes Olympiazentrum mit einem rund 465 m langen Mehrzweckgebäude als dessen Kern zu errichten. Charakteristisch wurden die über drei Geschosse terrassierten Appartements. Von Anfang an war an eine nacholympische Nutzung der Gesamtanlagen gedacht. Mit der finanziell aufwendigen Errichtung des Olympiazentrums wie auch der zeitgleichen Einrichtung eines Autobahnanschlusses, dem ebenso realisierten Ausbau der innerstädtischen Verkehrswege sowie dem Neubau von Holtenauer Hochbrücke und Fördestraße und der Neuanlage der Kiellinie verfolgten die Stadtoberen das Ziel, die olympischen Segelwettkämpfe für Kiel nun nicht allein sportlich nutzbar zu machen, sondern der bis dahin etwas abseits gelegenen Landeshauptstadt mit Olympia-Fördermitteln zum nachhaltigen Aufbau einer großstädtischen Infrastruktur zu verhelfen und sie insgesamt für Touristen und Besucher attraktiver zu gestalten. 1974 kam sogar eine Gondelbahn als besondere Attraktion hinzu: Sie war damals die Nördlichste Deutschlands.

In langer Sicht profitierte die Stadt tatsächlich ungemein von diesen Maßnahmen. Allerdings belief sich das Volumen der Investitionen ohne Straßenbaukosten auf stolze 82 Millionen DM. Doch Kiel hatte den Konkurrenten Lübeck-Travemünde gerade deswegen ausgestochen, weil es auf die vorhandene Infrastruktur und daher voraussichtlich geringe Investitionskosten verwiesen hatte. Verständlicherweise waren Kritik und Spott der überregionalen Presse nun umso größer. Das Nachrichtenmagazin „Der Spiegel" äußerte gar den Vorwurf, der Kieler Oberbürgermeister Günther Bantzer (1921–2019) habe sich unlauter aus dem Olympia-Geldtopf bedient und damit den Umbau von Stadttheater und Rathausplatz finanziert.

Die Wettkämpfe selbst fanden unter großer Anteilnahme der Bevölkerung statt. Polizisten patrouillierten in Zivil, Soldaten kochten für die Sportler und Zuschauer – Deutschland wollte sich ganz von seiner zivilen Seite zeigen. Deswegen wurde auch, anders als 1936, auf große Inszenierungen verzichtet. Obschon das Olympische Komitee ausdrücklich keine zweite Kieler Woche am Rande der Spiele gewünscht hatte, gab es gleichwohl ein beachtliches Begleitprogramm wie eine große Windjammerparade mit 70 Großseglern und eine Ausstellung zum Thema „Mensch und Meer", deren Werbeplakat kein Geringerer als der spanische Künstler Salvador Dalí (1904–1989) entworfen hatte. Bei alledem blieb der Eindruck, dass die Sportereignisse in Kiel etwas ab vom Schuss der Münchener Wettkämpfe stattfanden. Obwohl 40.000 Zuschauer zur Entzündung des olympischen Feuers in Kiel erschienen, wurde das Ereignis nicht im Fernsehen übertragen. Am 8. September erlosch die Flamme wieder.

Zum Weiterlesen:

Oliver Auge: Kiel in der Geschichte. Facetten einer Stadtbiografie, hrsg. von der Gesellschaft für Kieler Stadtgeschichte (Sonderveröffentlichungen der Gesellschaft für Kieler Stadtgeschichte, 86), Kiel/Hamburg 2017, S. 220–233.

88

SKANDINAVIEN UND SCHLESWIG-HOLSTEIN RÜCKEN VERKEHRSTECHNISCH ZUSAMMEN

Schleswig-Holstein war nach dem Zweiten Weltkrieg einem umfänglichen Strukturwandel unterworfen, den allein die Entwicklung der Arbeitslosenzahlen verdeutlicht. Die Arbeitslosenquote betrug rund 25 Prozent im Jahr 1950, strebte gegen null in den frühen 1960er Jahren, um dann stetig bis in die Mitte der 1980er Jahre wieder auf über zehn Prozent anzusteigen. Heute liegt sie bei rund 6 Prozent. Diese Kurve hing natürlich aufs Engste mit den wirtschaftlichen Verhältnissen zusammen.

Die Nachkriegsjahre waren noch von den zahlreichen Problemen zu Kriegsende charakterisiert. Den dominanten Wirtschaftszweig bildete wie in den Jahrhunderten zuvor die Landwirtschaft. Noch ein Viertel der arbeitenden Bevölkerung war in diesem Bereich tätig. Dieser Anteil ist dann bis 1990 auf ein Zwanzigstel der Erwerbstätigen geronnen – Landwirt wurde allmählich zum Ausnahmeberuf. Im Lauf dieser Zeit wandelte sich auch das Produktionsziel der Landwirtschaft stark. War in der NS-Zeit noch zur Produktionssteigerung von einer Erzeugungsschlacht die Rede, trat angesichts vermehrter agrarischer Überproduktion der Gedanke subventionierter Produktionsbeschränkung; und die Kultivierung des Agrarlandes als Aufgabe wurde um die Idee seiner (teilweisen) Renaturierung ergänzt. Diese Politik konnte das große Höfesterben indes nicht aufhalten.

Mit dem Boom der „Wirtschaftswunder"-Zeit stieg dagegen der Anteil der Erwerbstätigen im produzierenden Gewerbe. Ihre Zahl konnte sich zwischen 1950 und 1990 auf annähernd gleichem Level halten – bei ca. 30 Prozent. Aber natürlich hatten die schweren Wirtschaftskrisen der 1970er und 1980er Jahre ihre Auswirkungen auf die Arbeitslosenzahlen, die in die Höhe schnellten. Infolge der krisenhaften Zustände wandelte sich das industrielle Spektrum drastisch. Stand 1960 noch der Schiffbau an erster Stelle, gefolgt von Maschinenbau und Elektrotechnik, während die Druckindustrie oder die chemische Industrie die Schlusslichter bildeten, war der Schiffbau 1990 bloß noch im hinteren Mittelfeld verortet, wohingegen chemische und Druckindustrie zusammen mit Maschinenbau und Elektrotechnik die vorderen Ränge beherrschten. Die Textilindustrie, 1960 noch auf Platz 4, spielte 1990 keine nennenswerte Rolle mehr. Heute ist auch die Druckindustrie verschwunden. Eine immer größere Bedeutung kam dem Dienstleistungs- gegenüber dem produzierenden Gewerbe zu. 1990 entfielen auf den Dienstleistungsbereich fast zwei Drittel aller Arbeitsplätze. Das hing mit der immer größeren Bedeutung des Fremdenverkehrs, aber auch der überproportionalen Anhäufung von Bundeswehreinrichtungen im Land zusammen.

Immanenter Teil von Schleswig-Holsteins Strukturgeschichte sind seine großen Infrastrukturprojekte wie der Nord-Ostsee-Kanal von 1895, der Hindenburgdamm nach Sylt von 1927, die Rader Hochbrücke als Querung der Autobahn 7 über den Nord-Ostsee-Kanal von 1972 oder aber die Fehmarnsundbrücke, die im Frühjahr 1963 eingeweiht wurde. Letztere ist deswegen von verkehrsgeschichtlich herausragender Bedeutung, weil sie den Brückenschlag zwischen Schleswig-Holstein und Skandinavien symbolisiert. Nicht umsonst ist die Brücke zum Wahrzeichen des

Brückenlands Schleswig-Holstein geworden. Erste Planungen zu einer Eisenbahnbrücke wurden bereits 1912 angestellt. Im Zweiten Weltkrieg plante man aus militärstrategischen Motiven eine breitere Brücke mit Reichsautobahn bis nach Kopenhagen, doch blieben die Arbeiten daran kriegsbedingt im Ansatz stecken. Nach Kriegsende wurden erneut Planungen zu einer festen Fehmarnsundquerung aufgenommen. Im Januar 1960 begann man dann mit dem Brückenbau.

Feierlich eröffnet wurde das elegante Bauwerk am 30. April 1963 in Anwesenheit von Bundespräsident Heinrich Lübke (1894–1972) und König Friedrich IX. von Dänemark (1899–1972). Direkt im Anschluss wurde die 18,6 Kilometer lange Fährverbindung zwischen Puttgarden auf Fehmarn und dem dänischen Rødbyhavn aufgenommen. Deren unmittelbaren Vorläufer bildete die Eisenbahnfähre, die von 1951 bis 1963 zwischen Großenbrode und Gedser verkehrte. Mit der neuen Verbindung wurden jedenfalls Ideen zu einer der Flugrichtung der Zugvögel folgenden, daher Vogelfluglinie genannten Verkehrsverbindung zwischen Kopenhagen und Hamburg Wirklichkeit, die erstmalig schon Anfang der 1860er Jahre von dänischer Seite aus verfolgt worden waren. Die Vogelfluglinie ermöglichte eine direkte Eisenbahn- und Straßenverbindung zwischen Kopenhagen und Hamburg. 1994 wurde diese Route für den Transport von 190.757 Güterwagen genutzt. Vier im Halbstundentakt verkehrende Fährschiffe beförderten im Jahr 2003 280.000 Lastkraftwagen, 1,6 Millionen Personenkraftwagen und 6,4 Millionen Passagiere.

Die Zahlen unterstreichen die Bedeutung dieser Verkehrsverbindung für den Brückenschlag zwischen Schleswig-Holstein und Skandinavien, was 2013 nicht von ungefähr mit einer deutschen Sonderbriefmarke gewürdigt wurde. Seit dem 15. Dezember 2019 gibt es aber keine planmäßige Beförderung von Eisenbahnfahrzeugen mehr mit den Fähren. Das hängt mit dem in Gang gebrachten Bauvorhaben einer festen Fehmarnbeltquerung zusammen. Ein 17,6 Kilometer langer Tunnel ist hierfür zwischen den Inseln Fehmarn und Lolland vorgesehen. Er wird die Reisezeit erheblich verkürzen und den Verkehr weiter steigern. Während man dem Plan in Dänemark weitgehend positiv gegenübersteht, begegnet ihm auf deutscher Seite viel Skepsis. Nach einigen Verzögerungen rechnet man nunmehr mit der Fertigstellung im Jahr 2029.

Zum Weiterlesen:
Heiko K. L. Schulze: Die Fehmarnsundbrücke – Wahrzeichen Schleswig-Holsteins, in: DenkMal! Zeitschrift für Denkmalpflege in Schleswig-Holstein 21 (2014), S. 5–18.

89

GESUCHTE GASTARBEITER UND LATENTE BIS OFFENE FREMDENFEINDLICHKEIT

Der wirtschaftliche Aufschwung im Nachkriegsdeutschland führte rasch zum Arbeitskräftemangel im industriellen und Gastgewerbebereich, weswegen man daran ging, im großen Stil ausländische Arbeiter anzuwerben. „Ohne Gastarbeiter geht es nicht!“, äußerte sich der schleswig-holsteinische Sozialminister Karl Eduard Claussen (1930–2012) im Jahr 1975.

Beginnend mit Italien im Jahr 1955, wurden daher bis 1968 Anwerbeabkommen noch mit Griechenland, der Türkei, Marokko, Portugal, Tunesien und Jugoslawien geschlossen. Anfangs war geplant, dass die ausländischen Arbeitnehmer nur für eine bestimmte Zeit in Deutschland arbeiten und nach genügend hohem Verdienst in ihre Heimat zurückkehren sollten, um durch nachfolgende Personen ersetzt zu werden. Sie sollten Gäste bleiben und nicht in Deutschland dauerhaft ansässig werden, so die Vorstellung. Doch die Realität holte solche Planungen bald ein: Sowohl die Firmen, die die Gastarbeiter beschäftigten, als auch die Gastarbeiter selbst wünschten längere Arbeitsaufenthalte. So nahm die Zahl der ausländischen Arbeitskräfte im Lauf der Zeit langsam zu, von z. B. 2500 türkischen Staatsangehörigen in Schleswig-Holstein im Jahr 1965 bis zu 17.500 im Jahr 1972. Der aufgrund der Wirtschaftskrise in den 1970er Jahren verhängte Aufnahmestopp führte auch dazu, dass die Arbeiter ihre Familien nachholten und in Schleswig-Holstein allmählich heimisch wurden.

Die Kieler Verhältnisse stehen pars pro toto für diese Entwicklung. Anfänglich handelte es sich noch um statistisch vernachlässigbare Dimensionen. So lebten in Kiel 1970 1715 Gastarbeiter mit Familien; davon stammte die Hälfte aus der Türkei. 1989 zählte man schon 15.354 Ausländer, wiederum zur Hälfte türkischer Abstammung. Im Vergleich zu anderen westdeutschen Städten rangierte Kiel mit einem Ausländeranteil von nur 5,5 Prozent (Stand 1987) aber nur an vorletzter Stelle der Statistik. Ende der 1980er Jahre waren freilich aus den arbeitenden Gästen längst ausländische Mitbürger geworden, die ihre eigene Lebensart und Kultur nach Kiel mitbrachten und hier etablierten. Hatte es in Kiel 1979 z. B. nur zehn Lebensmittelhändler, drei Gastwirte, einen Änderungsschneider sowie einen Autohändler türkischer Abkunft gegeben, so verfügte die Stadt 1987 bereits über 87 türkische Betriebe: 32,7 Prozent davon handelten mit Lebensmitteln, 27,6 Prozent verdienten ihr Geld als Änderungsschneidereien, 26,4 Prozent waren Gaststätten. Diese Betriebe waren von einer raschen Fluktuation und Kurzlebigkeit gekennzeichnet, wofür deren mangelnde Markterfahrung verantwortlich gemacht wird. Sie dienten zunächst den eigenen Landsleuten als Kommunikationsstätten, stellten sich allmählich aber auch auf ein deutsches Publikum ein, das dieses zusätzliche Angebot dankbar annahm. Von ausländischen Mitbürgern betriebene Gaststätten konnten so Versorgungsdefizite seitens der schrumpfenden deutschen Gastronomie ausgleichen. Längst handelte es sich aber nicht mehr nur um Gaststätten und Lebensmittelläden, sondern ebenso um Videotheken, Handyshops, Schmuckgeschäfte oder Reisebüros. Charakteristisch blieb die hohe Zahl Familienangehöriger, die mitarbeiten, die geringe Flächengröße und die Lage oft in „türkischen Vierteln", z. B. in Gaarden. Zu neuen Kommunikationsräumen für die glaubensmäßig mehrheitlich im Islam verankerten Einwohner entwickelten sich ab 1979 Moscheen im Stadtgebiet.

Der Ausländeranteil an der Kieler Gesamtbevölkerung lag im Jahr 2006 bei 9,2 Prozent mit weiter steigender Tendenz. Die stärkste Gruppe machten mit 6425 Menschen immer noch Türken aus, gefolgt von 1720 Polen, 973 Irakern und 951 Russen. Auch Ukrainer, Serben, Kroaten, Chinesen, Iraner, Italiener, Thailänder, Briten, Österreicher waren – in weit niedrigerer Zahl – vertreten. Diese verteilten sich nicht gleichmäßig auf das Stadtgebiet. Spitzenreiter in der Ausländerdichte waren (und sind nach wie vor) Gaarden-Ost mit einem Anteil 25,1 Prozent, Friedrichsort mit 19,6 Prozent und die Altstadt mit 19,2 Prozent an der Einwohnergesamtzahl.

Das Zusammenleben von Deutschen und Menschen mit Migrationshintergrund war indes alles andere als problemfrei.

Sprach-, Kultur- und Religionsbarrieren erwiesen sich vielfach als schwere Hindernisse bei der nachhaltigen Integration der Immigranten; auf deutscher Seite fehlte es lange am offenen Bekenntnis und dezidiert formulierten Willen, dass Deutschland ein Einwanderungsland sei. Die Klärung der Frage, wie eine Integration für beide Seiten zufriedenstellend aussehen könnte, wurde aufgeschoben und wird letztlich bis heute kontrovers diskutiert. Aus Distanz und Angst vor den Fremden in der Nachbarschaft entstand oft offener Ausländerhass, wie er im verheerenden Brandanschlag von Mölln vom 23. November 1992 zum unmenschlichen Ausdruck kam.

In einem engeren Zusammenhang mit diesem Ereignis wird der Einzug der Deutschen Volksunion (DVU) 1992 in das Landesparlament gesehen. Denn die Abgeordneten behinderten die Landtagsarbeit durch eine Antrags- und Anfragenflut, die sich vor allem auf die Themen der Asyl- und Ausländerpolitik konzentrierte. Anträge waren meistens so formuliert, dass sie schon im Antragstext Ausländer verletzende Positionen ausdrückten; so ging es z. B. um die „Untersuchung aller Asylbewerber auf Seuchen". Auch in Redebeiträgen zeigte sich die Fraktion ausländerfeindlich, kritisierte Asylbewerber als Kriminelle und führte das niedrige Bildungsniveau auf die Überlastung der Schulen durch Ausländer zurück. Nachdem 1996 der Wiedereinzug misslungen war, trat die Partei in Schleswig-Holstein nicht mehr zur Wahl an.

Zum Weiterlesen:
Rüdiger Wurr: Türkische Kolonie im Wandel. Ausländersozialarbeit und Ausländerpädagogik in Schleswig-Holstein (Kieler Werkstücke Reihe A, 5), Frankfurt a. M. 1992.

90

DIE UMWELT- UND FRIEDENSBEWEGUNG IN DEN 1980ER JAHREN

Seit dem Zweiten Weltkrieg war der Stromverbrauch immer stärker angestiegen. Um ihn abzudecken, setzte man zur Stromgewinnung neben Kohle und Öl gleichfalls auf die noch junge, vermeintlich saubere und sichere Atomkraft, auch wenn mit deren Einsatz nicht nur gefährliche Altlasten, sondern stets die Möglichkeit großer Unfälle verbunden waren. Optimisten wurden durch das Atomunglück von Tschernobyl 1986 oder die Nuklearkatastrophe von Fukushima 2011 auf den Boden nuklearer Tatsachen geholt. Letzteres Unglück führte zum abrupten Atomausstieg Deutschlands.

In Schleswig-Holstein gab es zuletzt drei Standorte von Atomkraftwerken: Brokdorf, Brunsbüttel und Krümmel. Brokdorf bildete dabei innerhalb der Anti-Atomkraft-Bewegung das Symbol des Widerstands. Die Bauarbeiten am Kernkraftwerk in Brokdorf im Kreis Steinburg begannen 1975. Schon im Jahr darauf kam es zu ersten Demonstrationen dagegen. Mit der sog. „Schlacht von Brokdorf" vom November 1976 veränderte sich rasch der Charakter der Auseinandersetzung. 30.000 Menschen hatten diesmal demonstriert. Dabei war es auch zu gewaltsamen Zusammenstößen zwischen Demonstrierenden und Polizisten gekommen, bei denen 81 Polizeibeamte und rund 500 Demonstranten verletzt wurden. Die Demonstrationen hielten den Bau vier Jahre lang auf. 1980/81 jedoch erteilten Gerichte und Behörden die Erlaubnis zur Fortsetzung der Bautätigkeit. Als Reaktion kamen im Februar 1981 zwischen 50.000 und 100.000 Menschen in Brokdorf zusammen, um gegen Atomkraft zu demonstrieren, obwohl der Landrat des Kreises Steinburg eine Allgemeinverfügung erlassen hatte, mit der sämtliche gegen das Kernkraftwerk gerichtete Demonstrationen am Bauplatz und in der gesamten Wilstermarsch verboten wurden. In einem gerichtlichen Hin und Her wurde dieses Versammlungsverbot erst wieder aufgehoben und dann erneut in Kraft gesetzt, als sich bereits Tausende Demonstranten aus dem gesamten Bundesgebiet auf der Anreise nach Brokdorf befanden.

Die folgende Großdemonstration bei Brokdorf wurde zu einer der bis dahin größten Demonstrationen in der Bundesrepublik überhaupt. Während sich dabei die große Mehrheit der Demonstranten friedlich verhielt, kam es bei vereinzelten Auseinandersetzungen zwischen der Polizei und Demonstranten zu bürgerkriegsähnlichen Gewaltexzessen. Nach der friedlichen Großkundgebung vor dem Baugelände gingen nämlich etwa 3000 militante Atomkraftgegner mit Steinen, Brandsätzen und Wurfgeschossen gegen die Polizei vor, die darauf mit dem Einsatz von Tränengas, Wasserwerfern und tief fliegenden Hubschraubern antwortete. 240 Personen wurden vorübergehend festgenommen. Die Polizei beklagte 128, davon sieben schwer Verletzte; 56 Verletzte gab es aufseiten der Demonstrierenden. Einem bei der Verfolgung eines mutmaßlichen Steinewerfers in einen Wassergraben gestürzten Polizisten schlug ein Demonstrantenduo mit Knüppeln und Spaten den Helm ein. Zwei verhaftete Verdächtige wurden infolgedessen wegen gefährlicher Körperverletzung und Landfriedensbruch verurteilt. Die juristischen Auseinandersetzungen um die Demonstration führten 1985 zum sog. Brokdorf-Beschluss des Bundesverfassungsgerichtes. Darin wurde das Versammlungsverbot von 1981 für unzulässig erklärt. Vielmehr bleibe die Versammlungsfreiheit friedfertiger Demonstrationsteilnehmer auch dann erhalten, wenn mit Ausschreitungen Einzelner oder einer Minderheit zu rechnen sei. Ein Verbot komme erst dann in Betracht, wenn auch der Veranstalter einen unfriedlichen Verlauf anstrebe oder billige.

Eng verbunden mit dem Demonstrationsgeschehen der Anti-Atomkraft-Bewegung waren in den 1980er Jahren auch die Ostermärsche der Friedensbewegung in größeren Städten und vor NATO-Einrichtungen in Schleswig-Holstein. Die Ostermärsche griffen die Tradition der Anti-Atom-Märsche der 1960er Jahre auf. Jedes Jahr zur Osterzeit versammelten und versammeln sich bis heute Mitglieder und Sympathisanten der Friedensbewegung, um gegen die Aufstellung von NATO-Atomraketen in Westeuropa, Waffenexporte und Aufrüstung zu demonstrieren. Unter den Demonstranten fanden sich viele junge, politisch eher linksorientierte Leute, übrigens insgesamt mehr Frauen als Männer. Einig waren sie sich in ihrer Furcht vor einem alles Leben auslöschenden Atomkrieg. Sie wünschten sich den Norden als „atomwaffenfreie Zone" und die Ostsee als „Meer des Friedens". Sie veranstalteten große Demonstrationen beim Militärdepot Kellinghusen nahe Itzehoe, an denen in manchen Jahren bis zu 12.000 Menschen teilnahmen. Daneben gab es auch kleinere Protestaktionen, die auch nicht nur zu Ostern stattfanden. Eine „Friedensgruppe Schafflund" versammelte sich etwa einmal monatlich vor dem Haupteingang des dortigen Depots, um für Frieden zu demonstrieren. Zu Ostern 1988 blockierten etwa 200 jüngere Menschen für 24 Stunden die Zufahrt zum Depot.

Die Sowjetunion stand aus Selbstinteresse den Forderungen der Friedensbewegung positiv gegenüber, was angesichts des eigenen Atomwaffenarsenals mehr als fadenscheinig war. Die militärische Führung der NATO und viele bürgerliche Politiker stuften die Friedensbewegung dagegen als naiv bis verräterisch, in jedem Fall aber als sowjetische Marionette ein. Sie wollten lieber an ihrer Strategie der atomaren Abschreckung festhalten.

Zum Weiterlesen:
Uwe Danker: Brokdorf. Der konfliktreiche Bau eines Kernkraftwerks 1976 bis 1986, in: Carsten Fleischhauer u. Guntram Turkowski (Hrsg.): Schleswig-Holsteinische Erinnerungsorte, Heide 2006, S. 120–129.

91

VON BARSCHEL ZUR SCHUBLADE: EIN AFFÄRENKONGLOMERAT AN DER FÖRDE

„Der Skandal-Sumpf im hohen Norden. In keinem Bundesland gibt es so viele Skandale wie in Schleswig-Holstein", lautete eine Schlagzeile im „Handelsblatt" vom 28. Oktober 2013. Tatsächlich hat das nördlichste Bundesland eine Seite ganz trauriger Berühmtheit: Es war bis heute Schauplatz vieler politischer Skandale. Vor allem die Barschel- und die damit in enger Verbindung stehende sog. „Schubladenaffäre" von 1987/93 brachte Schleswig-Holstein den Ruf ein, ein Hort des Skandalismus in Deutschland zu sein.

Einer der damaligen Hauptakteure war der Ministerpräsident Uwe Barschel (1944–1987), der schon 1963 durch einen Eklat erstmalig ins Rampenlicht der Öffentlichkeit trat, als er in seiner Funktion als Schülersprecher eines Gymnasiums in Geesthacht den ehemaligen Großadmiral und Kriegsverbrecher Karl

Dönitz als Redner einlud, der dann ungebremst seine Sicht auf die NS-Vergangenheit darlegte. Das sorgte vor Ort derartig für Verwerfungen, dass der als unpolitisch geltende Schulleiter Georg Rühsen (1906–1963) schließlich Selbstmord beging. Trotzdem ließ es sich Barschel 17 Jahre später nicht nehmen, als schleswig-holsteinischer Innenminister am Begräbnis von Dönitz teilzunehmen. Er hatte mittlerweile erfolgreich Jura, Volkswirtschaftslehre, Politikwissenschaft und Pädagogik in Kiel studiert und an der dortigen Universität 1970/71 einen zweifachen Doktortitel erlangt. 1982 wurde er CDU-Ministerpräsident und stand dem Bundesland fünf Jahre lang als solcher vor. Allerdings fürchtete er angesichts einer zunehmenden Wechselstimmung in Schleswig-Holstein 1987 um seine Wiederwahl und engagierte für seinen Wahlkampf, der ungewöhnlich hart geführt wurde, den Journalisten Reiner Pfeiffer (1939–2015), der ihm vom Axel Springer Verlag vermittelt worden war.

Insbesondere der damalige Spitzenkandidat der SPD und ehemalige Bundesbildungs- und Wissenschafts- (1981/82) bzw. Bundeslandwirtschaftsminister (1982) Björn Engholm (*1939) wurde scharf attackiert. Pfeiffer entfaltete in diesem Zusammenhang vielfältige Aktivitäten gegen Letzteren und andere politische Gegner. So erstattete er eine anonyme Steueranzeige gegen Engholm und ließ dessen Privatleben von Detektiven beschatten. Auch streute er den Verdacht, Engholm sei an AIDS erkrankt. Selbst vor der Fälschung einer Pressemitteilung der Grünen bezüglich des Wiedereintritts Engholms in die Kirche schreckte er nicht zurück. Später sollte Pfeiffer als Urheber sämtlicher Aktionen Barschel benennen. Letztlich wurde eine solche Urheberschaft aber nie endgültig nachgewiesen. Pikant wurde die Angelegenheit dadurch, dass die Presse davon erfuhr. Kurz vor der entscheidenden Wahl berichtete der „Spiegel“ über verschiedene Aktionen gegen Engholm. Die Titelgeschichte seiner Ausgabe vom 14. September 1987 war ganz der Affäre gewidmet. Pfeiffer hatte dem Verlag gegenüber eidesstattlich die Ausführung im Wissen und im Auftrag von Barschel zugegeben. Die am Vortag durchgeführte Landtagswahl endete mit einem Patt, indem CDU und FDP auf genauso viele Sitze kamen wie SPD und SSW. Die Grünen hatten die Fünf-Prozent-Marke nicht übersprungen.

Um sich aus der Affäre zu ziehen, erklärte Barschel am 18. September in einer aufsehenerregenden Pressekonferenz sein Ehrenwort, dass die gegen ihn erhobenen Vorwürfe haltlos seien. Doch weitere Enthüllungen zwangen ihn am 2. Oktober 1987 zum endgültigen Rücktritt. Nur neun Tage später fand man seine Leiche in einer Badewanne im Hotel Beau-Rivage in Genf. Das Foto des toten Uwe Barschel auf der Titelseite des „Stern" zählt zu den schauerlichen Tiefpunkten deutscher Pressegeschichte. Die rätselhaften Umstände seines Todes wurden nie restlos aufgeklärt und geben nicht nur bei Anhängern von Verschwörungstheorien bis in die jüngste Gegenwart Anlass zu Spekulationen: Handelte es sich überhaupt um Selbstmord? Oder hatte der israelische Geheimdienst seine Hand im Spiel? Warum passierte alles in Genf? In Anspielung auf die berüchtigte Watergate-Affäre unter dem US-Präsidenten Richard Nixon (1913–1994) wird die Barschel-Pfeiffer-Affäre auch als Kieler Waterkant-Affäre bezeichnet. Ein parlamentarischer Untersuchungsausschuss führte zum Ergebnis, dass Barschel wahrscheinlich oder tatsächlich Mitwisser der Aktionen Pfeiffers gewesen ist.

Die nächste Landtagswahl im Mai 1988 brachte jedenfalls der SPD einen absoluten Wahlsieg, sodass Engholm zum Ministerpräsidenten gewählt werden konnte. 1993 wurde indes bekannt, dass der SPD-Landesvorsitzende Günther Jansen (*1936) 1988/89 rund 50.000 DM aus seiner Küchenschublade an Pfeiffer gezahlt hatte – daher stammt der Name „Schubladenaffäre". Auch erfuhr die Öffentlichkeit, dass die SPD-Spitze um Engholm viel früher als bislang zugegeben von Pfeiffers Aktionen gewusst hatte. Engholm hatte immer behauptet, erst durch die Veröffentlichung im „Spiegel" davon erfahren zu haben. Wegen dieser Falschaussage musste er 1993 als Vorsitzender der Bundes-SPD, als SPD-Kanzlerkandidat und als schleswig-holsteinischer Ministerpräsident zurücktreten. Das Affärenkonglomerat von 1987/93 erschütterte das politische Leben nicht nur in Schleswig-Holstein, sondern in der vor 1990 noch kleinen Bonner Bundesrepublik in ungeheurem Maße. Sie ist bis heute das Synonym für politisch skandalöse Praktiken schlechthin, auch wenn in den meisten Fällen ein Vergleich mit ihr ungerechtfertigt erscheint und selbst fragwürdig ist.

Zum Weiterlesen:
Oliver Auge: Skandalgeschichte als Stadtgeschichte, in: Martin Göllnitz u. Sabine Mecking (Hrsg.): Skandal!? Stadtgeschichten aus Marburg im 20. Jahrhundert (Histoire, 190), Bielefeld 2022, S. 41–52.

92

VOM KALTEN KRIEG ZUR WIEDERVEREINIGUNG 1990

Während man in Dänemark mit dem Begriff der Wiedervereinigung („Genforeningen") den Anschluss Nordschleswigs nach der vollzogenen Volksabstimmung von 1920 verbindet – was formaljuristisch nicht korrekt ist, weil Schleswig früher keine Einheit mit Dänemark bildete, also auch 1920 nicht mit selbigem

„wieder" vereint werden konnte –, meint Wiedervereinigung im deutschen Verständnis die Vorgänge von 1989/90, die zum Beitritt der Deutschen Demokratischen Republik (DDR) zur Bundesrepublik (BRD) führten.

Deutschland war seit 1945 geteilt: Aus den drei Besatzungszonen der Westalliierten war 1949 die westlich orientierte BRD entstanden, aus der sowjetischen Besatzungszone im selben Jahr die DDR hervorgegangen. Der Bau der Berliner Mauer im August 1961 und die Einrichtung eines Todesstreifens entlang der ganzen innerdeutschen Grenze verschärfte die Teilung. In der Folgezeit waren etwa sechs Prozent aller Beschäftigten in Schleswig-Holstein in der Landesverteidigung angestellt. Dies war ein weitaus höherer Anteil als in der restlichen BRD. Die Bundeswehr war der größte Arbeitgeber im Land. Die massive militärische Anwesenheit hatte militärstrategische Hintergründe. Es wurde seitens der NATO, der die BRD seit 1955 angehört, im Konfliktfall damit gerechnet, dass das Militärbündnis des Ostblocks, der Warschauer Pakt, unter dem Einsatz von Atomwaffen neuralgische Positionen wie den Nord-Ostsee-Kanal rasch einnehmen wollte, um Zugang zur Nordsee zu erlangen. Andererseits wurde angenommen, dass die Hauptmasse der gegnerischen Offensivkräfte südlich der Elbe nach Westen vorrücken sollte.

Die starke Präsenz der Bundeswehr in Schleswig-Holstein sollte dazu dienen, die strategisch wichtigen Punkte aussichtsreich zu verteidigen und auch einen wirksamen Gegenstoß aus dem Norden in die feindliche Flanke zu unternehmen, um die gegnerische Stoßkraft abzubremsen. Tatsächlich gab es solche Pläne des Warschauer Pakts seit den 1950er bis in die 1980er Jahre, wie man mittlerweile weiß. Die Pläne zeichneten sich durch ihre Konstanz und durch ihren Aufbau anhand unveränderter Grundannahmen aus. Der Warschauer Pakt arbeitete seine Kriegspläne und

Kriegsübungen freilich aus der Überzeugung aus, dass die NATO den ersten Angriff wagen würde. Dieser sollte dann schnellstens gestoppt werden und in einen Gegenschlag münden. So oder so drohte Schleswig-Holstein sofort zwischen mögliche Frontlinien zu geraten, was umso drastischere Konsequenzen haben konnte, da ab Anfang der 1960er Jahre von den Militärstrategen des Ostblocks tatsächlich vorgesehen war, Atomwaffen über Schleswig-Holstein und dem südlichen Jütland abzuwerfen, die die Waffenlager der NATO und ihre Streitkräfte außer Gefecht setzen sollten. Die gemeinsame Bedrohung führte ab Ende der 1950er Jahre zu einer verstärkten Flottenkooperation zwischen der bundesdeutschen und der dänischen Marine. Die starke Militärpräsenz hatte für Schleswig-Holstein auch eine große ökonomische Bedeutung, da die Bundeswehrstandorte wichtige Wirtschaftsfaktoren vor allem in den kleinen Städten und ländlichen Räumen waren.

Ab der zweiten Hälfte der 1960er Jahre bemühten sich Ost wie West indes um Entspannung. Als Willy Brandt (1913–1992) 1966 bundesdeutscher Außenminister und 1969 erster SPD-Bundeskanzler wurde, wurde eine neue Ostpolitik eingeläutet, gerade auch um die verhärteten Positionen zwischen den beiden deutschen Staaten aufzulockern. Ziel blieb aber die Wiedervereinigung. In Schleswig-Holstein beanspruchte man für diese Fragen eine besondere historische Sensibilität, wie Ministerpräsident Kai-Uwe von Hassel (1913–1997) anlässlich der 500-Jahr-Feier des Ripener Vertrages 1960 betonte: „Das Wort von Ripen … gilt nicht nur für Schleswig-Holstein, es gilt dem ganzen deutschen Land. Unbeirrbar ist unser Ziel: ein in Freiheit lebendes einiges Deutschland, das zusammengehört: up ewig ungedeelt!“ Seit 1953 existierte in Schleswig-Holstein mit der Bahnhofsmission Büchen dabei ein wichtiger „Spalt“ im „Eisernen Vorhang“. Bis Februar 1959 reisten 250.000 Spätaussiedler, Kriegsgefangene und Spätheimkehrer aus Osteuropa über den Bahnhof Büchen ein. Bei der Zugeinfahrt wurden sie von Posaunenchören begrüßt. Die Haupteinreisenden waren danach DDR-Rentner, denen es ab 1964 erlaubt wurde, Verwandtschaft im Westen zu besuchen. Die herzliche Willkommenstradition in Büchen passte zu den Bestrebungen der Bonner Regierung, die DDR-Bürger zu unterstützen, weswegen die westdeutschen Bahnhofsmissionen zu einem Großteil aus Bundesmitteln finanziert wurden. Bis zu 40 ehrenamtliche Helferinnen und Helfer kümmerten sich bald rund um die Uhr um die Reisenden, die täglich aus Berlin, Leipzig und Dresden auf dem kleinen Grenzbahnhof in Büchen Zwischenstation machten. Vom Bundesministerium für innerdeutsche Beziehungen hatten die Bahnhofsmissionen den Auftrag erhalten, an jeden DDR-Reisenden eine Tasse Kaffee und eine Banane zu verteilen. Südfrüchte waren selten in der DDR; die Banane wurde zum begehrten Westsymbol.

Mit dem Fall der Mauer und der deutschen Wiedervereinigung wurde die Arbeit der Büchener Bahnhofsmission jedoch hinfällig. Sie wurde daher Ende 1995 geschlossen. Der 1945 vereinbarte Gebietstausch zwischen Schleswig-Holstein und Mecklenburg am Ratzeburger und Schaalsee wurde nun nicht wieder rückgängig gemacht. Insgesamt intensivierten sich jetzt aber Austausch und Kontakt zwischen der Bevölkerung beider Bundesländer erheblich, was nicht zuletzt die 1991 auf Initiative Björn Engholms wiederbelebte Tradition des Martensmanns verdeutlicht, der nun jedes Jahr Lübecker Wein nach Schwerin zur allgemeinen Verköstigung bringt.

Zum Weiterlesen:

Jann-Thorge Thöming: Bahnhofsmission Büchen. Ein Spalt im Eisernen Vorhang (Kieler Werkstücke Reihe A, 55), Frankfurt a. M. 2020.

93

HEIDE SIMONIS – DIE ERSTE MINISTERPRÄSIDENTIN SCHLESWIG-HOLSTEINS UND DEUTSCHLANDS

Nach dem skandalbegleiteten Regierungswechsel in Schleswig-Holstein wurde Heide Simonis (1943–2023) von Björn Engholm am 31. Mai 1988 zur Finanzministerin seines Kabinetts gemacht. Simonis war für die SPD von 1972 bis 1976 erst Mitglied der Kieler Ratsversammlung und von 1976 bis 1988 Abgeordnete im Deutschen Bundestag gewesen. Von August 1990 bis Mai 1993 war sie als Finanzministerin Vorsitzende der „Tarifgemeinschaft deutscher Länder“, in deren Funktion sie wegen ihrer harten Verhandlungsführung bei den Tarifverhandlungen im öffentlichen Dienst 1992 bundesweit bekannt wurde. Im Zuge der „Schubladenaffäre“, die zum Rücktritt von Sozialminister Günther Jansen führte, wurde sie im März 1993 zusätzlich Stellvertreterin des Ministerpräsidenten.

Als dann auch noch Engholm Anfang Mai 1993 als Ministerpräsident zurücktreten musste, wurde Simonis am 19. Mai 1993 zu seiner Nachfolgerin gewählt. Sie war damit die erste Ministerpräsidentin an der Spitze eines deutschen Bundeslandes. Die SPD-Alleinregierung endete indes mit der Landtagswahl von 1996. Die SPD büßte ihre bisherige absolute Mehrheit ein und bildete also eine Koalition mit den Grünen, die mit der Landtagswahl des Jahres 2000 um eine weitere Legislaturperiode verlängert wurde. Diese Regierungsarbeit wurde dabei 2002 durch die sog. Lohmann-Affäre erschüttert, bei der es um den Verdacht der

Korruption bei der unrechtmäßigen Vergabe von EDV-Aufträgen an SAP in Höhe von mehr als 400 Millionen Euro ging. Der Staatssekretär im Finanzministerium, Joachim Lohmann (*1935), musste wegen eines später eingestellten Verfahrens wegen Untreue, Bestechung und Bestechlichkeit seinen Posten räumen.

Aus der Landtagswahl vom 20. Februar 2005 ging dann die CDU mit ihrem besten Ergebnis (40,2 Prozent) seit dem Rücktritt von Uwe Barschel als erstmals seit 1983 wieder stärkste Landtagsfraktion hervor, und die beiden politischen Lager standen sich nunmehr fast gleich stark gegenüber: SPD und Grüne verfügten jetzt zusammen über 33, CDU und FDP über 34 Mandate. Eine Große Koalition unter Führung der CDU schloss Simonis am 21. Februar 2005 in der Talkshow „Beckmann" mit der Frage „Und wo bleibe ich dabei?" aber kategorisch aus, was ihr in Anspielung auf einen besonders wirksamen Klebstoff den zweifelhaften Spitznamen einer „Pattex-Heide" einbrachte. Die Wiederwahl von Simonis schien aber dadurch gesichert, dass sich die zwei Abgeordneten des SSW für eine Tolerierung einer rotgrünen Minderheitsregierung aussprachen. Diese Lösung wurde seinerzeit als (erste) „Dänen-Ampel" bezeichnet. Allerdings erreichte Simonis dann in der konstituierenden Landtagssitzung am 17. März 2005, bei der sich auch der CDU-Landesvorsitzende Peter Harry Carstensen (*1947) zur Wahl stellte, nicht die erforderliche Stimmenmehrheit. Mindestens ein Abgeordneter aus den Reihen der SPD, der Grünen oder des SSW verweigerte bei jeder neuen Abstimmungsrunde seine Stimme, obwohl die vorangegangenen Probeabstimmungen in den Fraktionen ohne Enthaltung unisono für Simonis ausgefallen waren. Bis heute weiß man nicht, um wen es sich bei diesem sog. „Heide-Mörder" handelte und aus welchen Motiven er sich so verhielt. Spekuliert wird, ob er sich vom selbstbewusst-schroffen Regierungsstil der

Ministerpräsidentin zurückgesetzt fühlte und sie deswegen derart vorführte.

Nach dem erfolglosen vierten Wahlgang stand Simonis jedenfalls nicht mehr für einen weiteren zur Verfügung, und am 27. April 2005 schied sie aus dem Landesparlament und aus der aktiven Politik aus. Der Weg zur Wahl von Peter Harry Carstensen zum neuen Ministerpräsidenten war damit geebnet. Die Große Koalition aus CDU und SPD, der er nun vorstand, platzte aber 2009. Obwohl die CDU unter Carstensen nach dem Bruch der Koalition und der Entlassung aller SPD-Minister in der vorgezogenen Landtagswahl des Jahres 2009 das schlechteste Ergebnis (31,5 Prozent) seit 1950 einfuhr, konnte sie mit der FDP zusammen weiterhin die Landesregierung stellen.

Doch stellte das Landesverfassungsgericht am 30. August 2010 die Verfassungswidrigkeit des betreffenden Landeswahlgesetzes fest und ordnete für 2012 eine Neuwahl an. Daraufhin übergab Carstensen den CDU-Landesvorsitz am 18. September 2010 an den CDU-Fraktionsvorsitzenden im Landtag Christian von Boetticher (*1970) und verzichtete auf eine weitere Kandidatur. Von Boetticher trat seinerseits im Jahr 2011 von seinen politischen Ämtern und als CDU-Spitzenkandidat zurück, als seine frühere Beziehung zu einer minderjährigen Schülerin bekannt wurde. Die Wahl fand am 6. Mai 2012 statt und führte zu einem Machtwechsel, da die regierende schwarz-gelbe Koalition wegen starker Verluste der FDP ihre bisherige Mehrheit verlor und stattdessen eine knappe Mehrheit der oppositionellen Parteien SPD, Grüne sowie SSW möglich wurde. Dies war der Startschuss für die zweite „Dänen-Ampel".

Zum Weiterlesen:
Bettina Munimus: Heide Simonis. Die gewählte Landesmutter, in: Oliver Auge, Lars N. Henningsen, Frank Lubowitz u. Broder Schwensen (Hrsg.): Zwischen Macht und Schicksal. Acht Herrscherinnen des Nordens aus acht Jahrhunderten (1200–2000) (Große Schriftenreihe der Gesellschaft für Flensburger Stadtgeschichte, 78), Handewitt 2013, S. 154–168.

94

KÜSTENKOALITION 2012–2017: DIE DÄNISCHE MINDERHEIT REGIERT MIT

Die „Bonn-Kopenhagener Erklärungen" von 1955 brachten nicht über Nacht den überfälligen Grenzlandfrieden. Aber sie stellten die wesentliche Voraussetzung dafür dar, dass sich aus einem Gegeneinander zunächst ein friedliches Nebeneinander und schließlich sogar ein gemeinsames Miteinander beiderseits der deutsch-dänischen Staatsgrenze entwickeln konnte. Allerdings war das ein Prozess, der noch rund ein Vierteljahrhundert in Anspruch nahm. Als man z. B. im Zuge der Kreisreform von 1970 aus den Altkreisen Südtondern, Husum und Eiderstedt den neuen Kreis Nordfriesland mit der Kreisstadt Husum machte, wurde befürchtet, der Wegfall der Südtonderner Kreisverwaltung werde das deutsche Element in Niebüll zugunsten Dänemarks schwächen.

Südlich der Grenze verfestigte sich jedenfalls seit den 1950er Jahren die Zahl der dänischen Wählerinnen und Wähler. Der SSW als ihr politisches Sprachrohr war ab 1958 regelmäßig im schleswig-holsteinischen Landtag vertreten. Nach der Stabilisierung auf niedrigem Niveau mit jeweils einem Abgeordneten verzeichnete der SSW seit 1987 und vor allem ab der Mitte der 1990er Jahre steigende Stimmenanteile. Das lag vor allem daran, dass er nach einer Wahlrechtsreform nun auch mittels Zweitstimme im Landesteil Holstein wählbar war. Den Vorschlag zur Tolerierung einer Regierung aus SPD und dem Bund der Heimatvertriebenen und Entrechteten (BHE) bzw. aus SPD und FDP hatte der SSW 1950 bzw. 1962 noch abgelehnt und seinerzeit aus politischer Zurückhaltung betont, als Minderheit eine Regierung nicht stützen oder stürzen zu wollen.

Für bundesweite Furore sorgte dann umso mehr der selbstbewusste SSW-Abgeordnete Karl Otto Meyer (1928–2016), als er 1987/88 nach der Barschel-Affäre als buchstäbliches Zünglein an der Waage Neuwahlen und damit den Machtwechsel von der CDU zur SPD ermöglichte. Zur dann geplanten Tolerierung einer Minderheitsregierung von SPD und den Grünen nach der Landtagswahl vom 20. Februar 2005 ist es nicht gekommen, weil die Wiederwahl von Heide Simonis zur Ministerpräsidentin, wie erwähnt, am „Heide-Mörder" scheiterte. Die CDU hatte bei der Landtagswahl mit 40,2 Prozent besser als die bis dahin regierende SPD mit 38,7 Prozent abgeschnitten. Die bisherige Ministerpräsidentin Heide Simonis wollte die Koalition mit den Grünen fortsetzen, die bei den Landtagswahlen 6,2 Prozent erreicht hatten. Die fehlenden Stimmen beabsichtigte sie durch eine vereinbarte Tolerierung durch die zwei Abgeordneten des SSW zu erreichen. Doch die entscheidende Mehrheit von einer Stimme kam, wie berichtet, in vier Wahlgängen am 17. März 2005 nicht zustande; Simonis konnte nicht länger Ministerpräsidentin bleiben. Die CDU hatte Simonis' „Dänen-Ampel"-Pläne scharf kritisiert und vom SSW als Interessenvertretung der dänischen

Minderheit politische Neutralität in der strittigen Regierungsfrage wie in früheren Zeiten verlangt.

Einen entscheidenden Schritt weiter ging der SSW schließlich zwischen 2012 und 2017, als er aktiver Koalitionspartner in der sog. „Küstenkoalition“ aus SPD, den Grünen und dem SSW wurde. Damit übernahm er erstmalig Regierungsverantwortung in Schleswig-Holstein. Anke Spoorendonk (*1947) wurde als erste SSW-Vertreterin Ministerin. Mitglieder der CDU und der Jungen Union legten beim schleswig-holsteinischen Landesverfassungsgericht allerdings Klage ein, weil ihrer Meinung nach eine Minderheitenpartei mit Befreiung von der sonst geltenden Fünf-Prozent-Klausel nicht mitregieren dürfe. Diese Klage wiesen die Richter am 13. September 2013 in Schleswig zurück. So konnte die rot-grün-blaue Koalition als zweiter Anlauf zur „Dänen-Ampel“ bestehen bleiben und eine komplette Legislaturperiode regieren. Allerdings war die Bezeichnung „Dänen-Ampel“ – auch wegen der Anfeindungen durch die CDU – nicht gerade beliebt. Man sprach also lieber von der „Küstenkoalition“, was genau genommen unsinnig ist, weil jede Koalition in Schleswig-Holstein eigentlich eine „Küstenkoalition“ ist.

Bei der Landtagswahl des Jahres 2017 wurde diese „Küstenkoalition“ jedenfalls wieder abgewählt, und seither gehört der SSW erneut der Opposition im Landtag an. Die deutsche Minderheit in Nordschleswig umfasst indes offiziellen Angaben zufolge ca. 15.000 bis 20.000 Köpfe. Seit den 1950er Jahren gingen die Schüler- und Wählerzahlen stetig zurück; das seit 1920 wahrgenommene Mandat im Folketing ging in der Folge 1979 verloren. Als Kompensation wurde 1983 ein bis heute existierendes Sekretariat der deutschen Volksgruppe in Kopenhagen eingerichtet, um bei der Regierung stets ein offenes Ohr zu finden. Im nordschleswigschen Amtsrat, der in etwa einem deutschen Kreistag entspricht, ist die Volksgruppe weiterhin vertreten. Die Kommunalreform von 2007 sichert ihr zusätzlich die politische Vertretung in den neu entstandenen Großkreisen Tondern, Apenrade, Sonderburg und Hadersleben. 2021 bekam Tondern zum ersten Mal seit 1946 wieder einen Bürgermeister, der der deutschen Minderheit angehört. Wichtige Kristallisationspunkte der deutschen Identität sind die Zeitung „Der Nordschleswiger", Kindergärten und Schulen, insgesamt eine intensive Jugend- und Sozialarbeit sowie die Büchereizentrale und Zentralbücherei in Apenrade.

Zum Weiterlesen:
Martin Klatt u. Jørgen Kühl: SSW. Die politische Geschichte der dänischen Minderheit 1945–2015 (Dansk centralbibliotek for Sydslesvig Studieafdelingen, 70), Flensburg 2015.

95

VERSTÄRKTE ZUWANDERUNG UND FLÜCHTLINGSKRISEN 2015 UND 2022

Zu den lange als Gastarbeiter bezeichneten Arbeitsmigranten, deren Zustrom für den deutschen Arbeitsmarkt wichtig blieb und sogar immer wichtiger wird, gesellten sich mit fortschreitender Zeit zahlreiche Flüchtlinge und Asylbewerber, die in ihren Heimatländern aufgrund ihrer ethnischen bzw. gesellschaftlichen Zugehörigkeit oder Nationalität, ihrer Religion oder aus politischen Gründen verfolgt wurden und in Deutschland bzw. in Schleswig-Holstein Hilfe und eine sichere Zuflucht erhofften. Nach den bitteren Erfahrungen der NS-Zeit erlangte das Asylrecht in Deutschland als Grundrecht Verfassungsrang: Laut Artikel 16a des Grundgesetzes der BRD genießen alle politisch Verfolgten ein Recht auf Asyl. Es dient in seinem Kern dem Schutz der Menschenwürde, schützt aber auch das Leben, die körperliche Unversehrtheit, die Freiheit und andere grundlegende Menschenrechte.

Besonders viele Menschen erreichten Deutschland in der großen ‚Flüchtlingskrise' im Jahr 2015, die durch politische Umbrüche und Krisen im Nahen Osten ausgelöst worden war. Die meisten der damaligen Geflüchteten stammten aus Syrien und Afghanistan. Während sie zum Großteil über die sog. „Balkanroute" hierhergelangten, versuchten gleichzeitig viele aus Teilen Afrikas kommende Migranten, den Weg über das Mittelmeer zu nehmen. Die zumeist von kriminellen Schleuserbanden organisierte Überfahrt ist gefährlich und endet vielfach tragisch mit dem Tod. Bundeskanzlerin Angela Merkel (*1954) hatte die deutsche Bevölkerung mit einem lapidaren „Wir schaffen das" auf ihre Entscheidung, die über die Balkanroute Geflüchteten in einem Akt der Humanität in Deutschland aufzunehmen, vorzubereiten versucht – es sollten die bekanntesten wie umstrittensten drei Worte ihrer 16-jährigen Regierungszeit werden.

Von den damals nach Deutschland eingereisten 900.000 Personen nahm Schleswig-Holstein rund 55.000 Menschen auf. Das waren so viele Köpfe auf einmal wie seit dem Zweiten Weltkrieg nicht mehr, was für das Land eine große logistische und gesellschaftliche Herausforderung darstellte. In Neumünster war 1997 eine Erstaufnahme für Flüchtlinge in einer ehemaligen Kaserne eingerichtet worden. Die Landesunterkunft in Neumünster verfügte über die gesetzlich vorgeschriebenen 500 Plätze, aber nur 400 wurden im Regelfall genutzt. Die Erstaufnahmen in Itzehoe und Lübeck waren dagegen aufgelöst worden, um Platz für Neubaugebiete zu schaffen. Diese Aufnahmekapazität reichte 2015 nicht mehr und musste erheblich erweitert werden. Durch Ausbau, Neubau und den Einsatz von Containern und zeitweilig sogar Zelten gelang rasch eine Aufstockung auf rund 2000 Plätze. Da man auch die Gemeinschaftsräume und Flure zu Matratzenlagern umfunktionierte, konnten bis zum Sommer sogar 6000 Flüchtlinge untergebracht werden. Gleichzeitig wurden auch andere leer stehende Kasernen im Land hergerichtet und belegt, und an mehreren Orten entstanden neue Containerdörfer oder Zeltcamps. Im November 2015 standen so zügig rund 13.000 Plätze an zwölf Standorten zur Verfügung. Dazu zählte auch die „schönste" Erstaufnahme Deutschlands: das Schloss Salzau im Kreis Plön, das lange Zeit leer und dann zum Verkauf gestanden hatte. Im Herbst 2015 gab das Finanzministerium seine Verkaufspläne wieder auf und brachte im Schloss 360 Flüchtlinge unter.

Allerdings waren nicht nur die Behörden und ihre Mitarbeiter mit der Problembewältigung befasst, sondern zahlreiche private Initiativen, Vereine und Einzelpersonen engagierten sich freiwillig im Rahmen von Projekten zur Willkommenskultur. 60.000 Flüchtlinge ließ Deutschland damals übrigens auch nach Skandinavien weiterreisen. Durch einen Flüchtlingspakt mit der Türkei ging die Zahl der Asylsuchenden deutschlandweit dann wieder spürbar zurück und stabilisierte sich auf einem wieder niedrigeren Niveau – in Schleswig-Holstein sank z. B. die Zahl der Asylanträge von 6910 im Jahr 2017 weiter auf 4896 im Jahr 2020 –, um dann in den 2020er Jahren erneut deutlich anzusteigen.

Von 2020 bis 2021 nahm die Zahl der Asylanträge, die in Schleswig-Holstein gestellt wurden, sogar sprunghaft um fast

40 Prozent zu. Die meisten Asylsuchenden kamen immer noch aus Syrien, Afghanistan, gefolgt von der Türkei. Mit dem Beginn des russischen Angriffskriegs auf die Ukraine ab Februar 2022 erreichte zudem ein weiterer massenhafter Flüchtlingsstrom aus der Ukraine das Land, sodass die sieben etablierten Aufnahmestellen in Neumünster, Boostedt, Rendsburg, Bad Segeberg, Seeth, Glückstadt und Kiel schnell wieder an ihre Belastungsgrenze gelangten. Erneut wurden Containerdörfer errichtet, um Wohnraum für rund 40.000 Ukrainer zu schaffen. Die Kommunen sprachen von Überlastung, und auch die schleswig-holsteinische Sozialministerin Aminata Touré (*1992) betonte, die Belastungsgrenze sei bei den Kapazitäten erreicht. Indes verhängte Schleswig-Holstein anders als zahlreiche andere Bundesländer keinen Aufnahmestopp.

Wie schon 2015 wurde in Teilen der einheimischen deutschen Bevölkerung durch diese Entwicklung die Angst vor Überfremdung geweckt und von der Partei Alternative für Deutschland (AfD) auch aktiv geschürt. Als aber bekannt wurde, dass man in deren Führungskreisen ernsthaft über eine „Remigration kulturfremder Menschen“ unter Anwendung „wohltemperierter Grausamkeit“ diskutiert hatte, was die massenweise Deportation von Geflüchteten umschreibt, kam es deutschlandweit zu zahlreichen Demonstrationen gegen Rechtsextremismus und Rassismus bzw. für Demokratie und Vielfalt. In den ersten beiden Monaten des Jahres 2024 beteiligten sich in Schleswig-Holstein über 100.000 Menschen daran. Das Flüchtlingsthema hat also Potenzial zur Spaltung, aber auch zur Zusammenführung der Gesellschaft. In jedem Fall bleibt es weiter auf der politischen Tagesordnung.

Zum Weiterlesen:
Stefan Luft: Die Flüchtlingskrise. Ursachen, Konflikte, Folgen, München 2016.

96

SØNDERJYLLAND-SCHLESWIG IM KONTEXT DER EUROPÄISCHEN EINIGUNG

Nach den „Bonn-Kopenhagener Erklärungen" von 1955 wurden die beiden Minderheiten in Dänemark und in Deutschland bzw. Schleswig-Holstein mehr und mehr nicht länger als Unruheherde und Störfaktoren, sondern als wirkliche Bereicherung der jeweiligen Gesellschaft und Landeskultur angesehen. Auf deutscher Seite wird dies etwa durch zweisprachige Straßenschilder zum Ausdruck gebracht, worin Dänemark bisher trotz entsprechender Initiativen der deutschen Nordschleswiger nicht gefolgt ist.

Die positive Entwicklung brachte dem Grenzraum im europäischen Rahmen den Ruf eines Vorbilds ein, und 2018 beantragte die schleswig-holsteinische Landesregierung gar die Aufnahme des Minderheitenmodells in das immaterielle Kulturerbe der BRD. Einen wichtigen Baustein in der grenzübergreifenden Zusammenarbeit stellt die 1997 ins Leben gerufene Euroregion Sønderjylland-Schleswig dar. Ihr Name weist auf die gemeinsamen historischen Wurzeln des Raumes hin, denn sowohl „Schleswig" als auch „Sønderjylland" bezeichnen das alte Herzogtum, das durch die Volksabstimmung von 1920 geteilt wurde. Die Kooperation betrifft die dänischen Großgemeinden Tondern, Apenrade, Hadersleben und Sonderburg und die deutschen Kreise Schleswig-Flensburg und Nordfriesland sowie die Stadt Flensburg.

Übergeordnetes Ziel ist es, die Wachstumsbedingungen der Region zu verbessern und den kulturellen Zusammenhang zu stärken. Besonders sollen der Kontakt und Austausch zwischen den Menschen beiderseits der Grenze durch Kultur-, Sprach- und Sportprojekte intensiviert werden. Ein weiterer Fokus liegt auf dem wirtschaftlichen Sektor und gilt dem grenzüberschreitenden Arbeitsmarkt, zu welchem Zweck seit 2004 ein Infocenter die zahlreichen Grenzpendler berät. Praktische Maßnahmen wie die Entwicklung einer zugleich für Deutschland und Dänemark geltenden Parkscheibe sollen dieses Ziel ebenfalls unterstützen. Darüber hinaus vertritt die Region Sønderjylland-Schleswig die Interessen der Grenzregion auf europäischer Ebene. Ihre Verwaltungszentrale befindet sich in einem Regionskontor & Infocenter in Padborg, also direkt an der Staatsgrenze. Die eigentliche Organisation besteht aus einem Vorstand, einer Verwaltungsgruppe, einem Kultur-, einem Arbeitsmarktausschuss sowie einem Ausschuss für grenzregionale Entwicklung. Hinzu kommen noch verschiedene Fach-, Arbeits- und Netzwerkgruppen. Die Fachgruppen befassen sich mit verschiedenen Aufgabenfeldern, die für die deutsch-dänische Zusammenarbeit in der Grenzregion von Interesse sind. Der Zweck der Arbeitsgruppen besteht im Erfahrungsaustausch, dem Aufbau und der Pflege von Kontakten, der Planung konkreter Initiativen und der generellen Unterstützung der grenzüberschreitenden Zusammenarbeit in der Region Sønderjylland-Schleswig. Im Regionskontor in Padborg laufen alle Fäden zusammen. Hier findet sich das gemeinsame Sekretariat für alle Gremien der Region Sønderjylland-Schleswig. Seit 2020 hat das Regionskontor auch eine Zuständigkeit für die Beratung in der Fehmarnbeltregion. Die Ausgaben der Organisation werden zu je 50 Prozent von deutscher und dänischer Seite getragen; die Haushaltssumme belief sich im Jahr 2020 auf ca. 735.000 Euro.

Trotz dieser engen Kooperation und überhaupt verstärkter Kontakte über den regen Tourismus sowie im Rahmen der EU wahrte die dänische Seite stets auch ihre traditionellen, zumeist emotional verankerten Vorbehalte gegenüber dem großen deutschen Nachbarn. So bedeutete es auch einen Rückschritt für das Zusammenwachsen der Bevölkerungen in der Grenzregion, dass die dänischen Grenzkontrollen, die durch Dänemarks Beitritt zum Schengen-Abkommen im Jahr 2001 entfallen waren, schon zehn Jahre später wieder eingeführt werden sollten. Aus finanziellen Gründen verzichtete Dänemark dann zunächst doch noch einmal darauf, aber 2016 wurden sie als Reaktion auf die Folgen der großen europäischen Flüchtlingskrise gegen den Unmut von rund 14.000 Pendlern und der schleswig-holsteinischen Regierung tatsächlich wieder etabliert. Noch sichtbarer trat dann die Grenze in ihrem Verlauf wieder zutage, als man 2019 auf dänischer Seite zur Abwehr der in Europa grassierenden Schweinepest daranging, einen eineinhalb Meter hohen Stahlzaun auf der gesamten 67 km langen Staatsgrenze zu Deutschland zu errichten. Grenzzäune wollen nicht recht zum Gedanken eines grenzenlosen Europas passen.

Schon 2017 hatte zudem der Vizevorsitzende der damals regierenden Dänischen Volkspartei und Vorsitzende des Auswärtigen Ausschusses des Folketings, Søren Espersen (*1953), durch ein Interview für Irritationen gesorgt. Südschleswig, so meinte er darin, solle „wieder" zu Dänemark gehören. Zwar wolle er keine Panzerschlacht um selbiges führen, aber seine Partei wünsche sich ein Dänemark bis zur Eider. Während auf deutscher Seite die AfD mit der erwartbaren Forderung nach einem deutschen Nordschleswig konterte, wies selbst der SSW Espersens Äußerungen als gefährliches Zündeln am endlich erlangten Grenzfrieden zurück. Zu guter Letzt war der große Genforeningsfeier-Marathon 2020, der wegen Corona ohnehin weitgehend ausfiel, zuvorderst als dänisches Fest und nicht als gemeinsames dänisch-deutsches Ereignis ausgelegt, wie aus Reihen der deutschen Minderheit kritisiert wurde. In einer Rede vom 15. Juni 2020 betonte die dänische Ministerpräsidentin Mette Frederiksen (*1977) aber, dass die deutsche Minderheit auch zu Dänemark gehöre. Umgekehrt riefen die Sparpläne von CDU und FDP, die auch die Schulen der dänischen Minderheit betreffen sollten, 2010 eine derart große Verstimmung seitens Dänemarks hervor, dass die Bundesregierung diplomatisch aktiv werden musste. Die nachfolgende Landesregierung kassierte die Sparpläne wieder.

Der Grenzfrieden ist eben keine dauerhaft gesetzte Entität, und ein friedliches Zusammenleben im Grenzraum bedeutet nicht, dass es stets frei von Problemen ist. Es braucht aber die Bereitschaft, diese gemeinsam im Konsens zu lösen und stetig am Grenzfrieden zu arbeiten.

Zum Weiterlesen:

Martin Klatt: Diesseits und jenseits der Grenze: Das Konzept der Grenzregion, in: Dominik Gerst (Hrsg.): Grenzforschung. Handbuch für Wissenschaft und Studium, Baden-Baden 2021, S. 143–155.

97

IM WÜRGEGRIFF DER CORONAPANDEMIE 2020–2022

Seuchen und Epidemien waren kein Charakteristikum bloß des Mittelalters und der frühen Neuzeit. Im 19. Jahrhundert bedrohte die Cholera die Menschen im Land mehrfach epidemisch. Aus

Ostasien stammend, verbreitete sich die bakterielle Infektionskrankheit ab 1817 als Pandemie über den ganzen Erdball. Erste Krankheitsfälle tauchten 1831 in Deutschland auf. Die Regierung des dänischen Gesamtstaates eröffnete den sog. Cholera-Krieg, indem sie versuchte, den Eider-Kanal zwischen Schleswig und Holstein als natürliche Barriere gegen diese zu nutzen. Der Fährbetrieb zwischen den Kanalufern wurde eingestellt, aus Gefährdungsgebieten Einreisende wurden in Quarantäneanstalten überprüft. Spezielle Quarantänewächter kontrollierten den Schiffsverkehr. Das Resultat gab den rigiden Maßnahmen recht: Kein Cholera-Fall erreichte damals Schleswig. Aber es sollte nicht die einzige Cholera-Welle bleiben. So grassierte eine weitere Welle z. B. 1892, als allein über 8600 Menschen in Hamburg an Cholera starben. In Schleswig-Holstein wurden damals strenge Gegenmaßnahmen ergriffen: So mussten in Orten, wo die Cholera ausgebrochen war, alle Märkte, Messen und andere Veranstaltungen abgesagt werden. Schulkinder durften keine Schulen besuchen. Personen, die unter Cholera-Verdacht standen, waren wie Erkrankte zu behandeln und zu Hause oder in Krankenhäusern unterzubringen. Nach einem Todesfall sollte der Leichnam schnell beerdigt werden; das Begräbnis war so einfach wie möglich zu halten.

Zur Zeit des Ersten Weltkriegs brach dann mit der sog. Spanischen Grippe eine neue Pandemie über die Menschen herein. Weltweit soll sie bis zu 50 Millionen Menschen das Leben gekostet haben. Manche Schätzungen gehen sogar von 100 Millionen Toten aus. Entstanden war die Spanische Grippe nicht etwa in Spanien, sondern in den Vereinigten Staaten. Nach Spanien wurde die Grippe benannt, weil die Presse im neutralen Spanien anders als in den direkt am Weltkrieg beteiligten Ländern über die neue Krankheit frei berichtete. Mit den US-Soldaten war die

Krankheit nach Europa an die Westfront gelangt und rasant auf Freund wie auch Kriegsgegner übergegangen. In kurzer Zeit war beinahe jeder dritte deutsche Soldat nicht mehr einsatzfähig. Auffälligerweise starben vor allem junge Menschen im Alter zwischen 20 und 40 Jahren an dem Virus. Vielleicht gab es einige Zeit davor schon einen ähnlichen Grippeerreger, gegen den die älteren Menschen bis 1918 genug Antikörper entwickelt hatten, um nun – anders als die jungen Menschen – gewappnet zu sein. Viren als Krankheitsauslöser waren noch nicht entdeckt, und gegen die Bakterien, die eine oft tödliche Lungenentzündung als Folgeerkrankung auslösten, existierte auch noch kein Antibiotikum. Also konnten die Ärzte die Menschen bloß zur Vorsicht und zur Meidung großer Menschenansammlungen ermahnen. Schulen, Theater, Kinos blieben geschlossen. Dennoch stiegen die Kranken- und Totenzahlen in Kiel, Eutin, Lübeck und in jeder anderen Stadt Schleswig-Holsteins ebenso wie in ganz Deutschland rasant an. Und in Schleswig-Holstein kam es genau damals in der nasskalten Jahreszeit zu einem Massenereignis, das welthistorische Bedeutung erlangte: Gemeint ist der Kieler Matrosen- und Arbeiteraufstand, der in die deutsche Novemberrevolution mündete. Die zahlreichen Demonstrationen und Versammlungen lieferten dem Virus in den revolutionären Hotspots einen geradezu idealen Nährboden. Es verbreitete sich in Windeseile in ganz Deutschland, sodass allein 1918 in Deutschland 300.000 Menschen an der Spanischen Grippe verstarben.

Ab dem Frühjahr 2020 herrschte in Deutschland dann COVID-19-Alarm. Die neue Krankheit war zum ersten Mal Ende 2019 im chinesischen Wuhan aufgetaucht und hatte sich in ungemein raschem Tempo über die ganze Erde verbreitet – Konsequenz einer globalisierten Welt. Das erste deutsche Opfer der neuartigen Krankheit war dabei ein 60-jähriger Schleswig-Holsteiner, der Anfang März 2020 während seines Ägyptenurlaubs daran verstarb. Um die Ausbreitung der Pandemie in Schleswig-Holstein zu bremsen, mussten Mitte März 2020 Vergnügungs-, Sport- und Freizeitstätten schließen. Zeitgleich veranlasste die Landesregierung eine erste landesweite Schulschließung. Bundesweit galt bis Anfang Mai ein sog. Lockdown. Auch ein generelles Tourismusverbot wurde bis zum 19. April 2020 verhängt, wobei für Zweitwohnungsbesitzer Ausnahmeregelungen eingeräumt wurden. Zum kurzfristigen Streit kam es mit dem Nachbarn Hamburg, nachdem dessen Bürger zu Ostern der Zutritt auf schleswig-holsteinisches Territorium verwehrt worden war. In der Presse war die Rede von schleswig-holsteinischer „Kleinstaaterei" und „Separatismus".

In der zweiten Aprilhälfte 2020 beschloss die Landesregierung dann eine Maskenpflicht. Kurz darauf geriet ein Schlachthof in Bad Bramstedt ins Gerede. Mehr als 100 seiner Mitarbeiter waren an Corona erkrankt, was mit den ungemein schlechten Arbeitsbedingungen in der modernen Fleischindustrie in Verbindung gebracht wurde. Gelang es den Sommer 2020 über, das Infektionsgeschehen auf einem niedrigen Niveau zu halten, was zu gewissen Lockerungen bei den Schutzmaßnahmen führte, stiegen die Neuerkrankungen seit Oktober wieder an. Um gegenzusteuern, wurde im Dezember 2020 ein neuerlicher Lockdown verhängt, der im März dann wieder teilweise gelockert wurde, aber letztlich bis Mai 2021 galt. Insgesamt sind rund 1,2 Millionen Schleswig-Holsteiner an Corona erkrankt und 3900 daran gestorben. Vor allem die rasche Entwicklung wirksamer Impfstoffe half bei der Bewältigung der Pandemie. Die Impfquote beträgt heute über 80 Prozent. Die unmittelbare Gefahr ist damit gebannt. Aber die Folgen sind allgegenwärtig. Aktuelle Fälle von Gewalt und Vandalismus an den Schulen im Land werden auf die vielfältigen gesellschaftlichen Konsequenzen der Lockdown-Zeit zurückgeführt.

Zum Weiterlesen:
Oliver Auge: Schleswig-Holstein und die Welt. Globale Bezüge einer Regionalgeschichte, Kiel/Hamburg 2021, S. 187–193.

98

SCHLESWIG-HOLSTEIN ENERGIEWENDELAND NR. 1

Die von Menschenhand verursachte Klimaerwärmung wird für Schleswig-Holstein drastische Folgen zeitigen. Nicht nur die Jahresmitteltemperatur wird sich wahrscheinlich bis 2060 um bis zu zwei Grad erhöhen. Auch weite Teile der schleswig-holsteinischen Küstenregionen unterliegen angesichts der voraussichtlichen Erhöhung des Meeresspiegels der Gefahr, in Nord- und Ostsee zu versinken. Denn ein Fünftel der Landesfläche liegt unter Normalhöhennull. Daher wurde eine Reihe von Maßnahmen zum Schutz des Klimas und zur „Anpassung an den Klimawandel" eingeleitet. Insbesondere durch einen verstärkten Küsten- und Hochwasserschutz möchte sich das Land gegen den prognostizierten Anstieg des Meeresspiegels wappnen. Entsprechend sollen die Landesschutzdeiche mit einem Klimazuschlag und einer Baureserve versehen werden, sodass die Deiche um einen halben Meter höher als aus heutiger Sicht notwendig verstärkt werden und zusätzlich eine flachere Außenböschung zum verbesserten Abfangen von Hochwasser erhalten sollen. Mit einem 2016 beschlossenen Warftverstärkungs- und Entwicklungsprogramm soll auch die Zukunft von Schleswig-Holsteins Halligen in Zeiten des Klimawandels gesichert werden.

Zur erwarteten Erhöhung des Meeresspiegels kommen wohl häufigere Extremwetterereignisse wie Stürme, starke Niederschläge oder Dürreperioden hinzu. Schon jetzt ergeben sich daraus hohe Kosten. So muss die Küste der beliebten Ferieninsel Sylt in jedem Frühjahr mit teuren Sandvorspülungen stabilisiert werden, um die Insel dauerhaft zu erhalten. Die Folgen des Klimawandels wirken sich daneben auf die biologische Vielfalt in Schleswig-Holstein aus. Es gibt deshalb verstärkte Anstrengungen zum Schutz von Ökosystemen wie Wäldern, Mooren und Niederungen, was nicht nur positive Auswirkungen auf die biologische Vielfalt, sondern durch die Speicher- und Pufferfunktionen für Kohlenstoffdioxid und Wasser auch auf den Klimaschutz haben soll. Ein besonderer Fokus wird auf den schleswig-holsteinischen Wald gelegt. Schleswig-Holstein ist mit heute etwa elf Prozent Waldfläche immer noch das waldärmste Flächenbundesland. Ein großer Teil der Wälder besteht dabei aus Nadelwald, der in Dürresommern durch den Borkenkäfer oder durch Sturmereignisse besonders gefährdet ist. Damit die Wälder Schleswig-Holsteins den Herausforderungen des Klimawandels besser standhalten können, sollen sie in standortgerechte und widerstandsfähigere Mischwälder umgewandelt werden. Auch drastische Auswirkungen auf die Fauna werden prognostiziert. So wird sich wohl die Miesmuschel, wichtige Nahrungsquelle für Vögel wie Austernfischer und Tauchenten, aber auch Wirtschaftsfaktor, im Wattenmeer künftig nicht mehr erfolgreich fortpflanzen können und aussterben, wohingegen sich die eingeführte Pazifische Auster mit bislang kaum abschätzbaren Folgen für das sensible Ökosystem Wattenmeer stark vermehren wird. Die zunehmende Ausbreitung der von Zecken übertragenen und für den Menschen gefährlichen Borreliose und Frühsommer-Meningoenzephalitis nach Norden geht ebenfalls auf die Klimaerwärmung zurück.

Schleswig-Holstein hat sich bei diesen Szenarien auf die Fahnen geschrieben, Energiewendeland Nr. 1 zu werden, um die vielfältigen negativen Auswirkungen des Klimawandels möglichst abzufedern. Die geographische Lage an windreichen Meeresküsten bei vergleichsweise niedriger Bevölkerungsdichte wird als besonders gute Voraussetzung für den Bau und Einsatz großflächiger Wind- und Solarenergie- sowie Biogasanlagen zur alternativen Energieversorgung betrachtet. Zu den Anlagen an Land kommen groß dimensionierte Offshore-Windparks bei Helgoland und im Wattenmeer. In Schleswig-Holstein wurde schon 2016 erstmals mehr Strom aus erneuerbaren Energien erzeugt, als Strom im Land verbraucht wurde. Damit nahm der vermeintlich „echte Norden" im Länder-Ranking einen klaren Spitzenplatz ein.

Der Koalitionsvertrag von 2022 sieht bis 2030 eine Stromerzeugung aus erneuerbaren Energien an Land von 40 bis 45 Terawattstunden pro Jahr vor – das sind gewaltige Werte. Neu eingeführt wurde mit einem 2021 novellierten Klimaschutzgesetz auch eine Photovoltaik-Pflicht für Neubauten und eine Verpflichtung größerer Kommunen zur kommunalen Wärmeversorgung. 2022 wurden im bundesweiten Vergleich in Schleswig-Holstein mit 132 Windenergieanlagen an Land und einer Leistung von 545 Megawatt tatsächlich die meisten Anlagen in Betrieb genommen. Schleswig-Holstein ist zudem das bisher einzige Bundesland mit einer landesweit zentral vom Innenministerium aufgestellten Regionalplanung, bei der 2020 rund zwei Prozent der Landesfläche für die Windenergie ausgewiesen wurden. Weitere Flächen sollen perspektivisch für den Ausbau der Windenergie bereitgestellt werden. Auch der Netzausbau schreitet weiter fort, um den erzeugten Windstrom zu den Verbrauchern liefern zu können.

Allerdings stößt der massive Ausbau erneuerbarer Energien immer wieder auf Widerstand. Anwohner befürchten eine zu große Nähe der Anlagen zu den eigenen Häusern. Biogas-Mais verdrängt zudem großflächig den traditionellen Anbau von Getreide und Raps, was sich auf die Biodiversität oder den für den breit im Land verankerten Pferdesport wichtigen Strohpreis negativ auswirkt. Nicht zuletzt bleibt die zum Schutz des Klimas mit der Energiewende zusammenzudenkende Verkehrswende eine Herausforderung. Das Straßennetz für den Individualkraftverkehr wird weiter ausgebaut. Bis 2025 soll etwa der Abschnitt der A21 zwischen Nettelsee und Klein Barkau vor den Toren Kiels fertiggestellt sein. Die Probleme des Schienenverkehrs schreien geradezu zum Himmel. Immer wieder kommt es zu krassen Verspätungen oder gar Zugausfällen auf den stark frequentierten Bahnstrecken im Land. Die Beeinträchtigungen hängen mit der ganz allgemein stark verschlissenen Bahninfrastruktur zusammen, aber auch mit den mittlerweile verstärkten Bemühungen um die überfällige Modernisierung des Bahnnetzes.

99

ZEITENWENDE 2022

In den Jahren nach dem Ende des Kalten Krieges wurden die militärischen Einrichtungen in Schleswig-Holstein zu Lande, zu Wasser und für die Luft massiv abgebaut. Viele Kasernen und sonstige Stützpunkte wurden stillgelegt, und zahlreiche Arbeitsplätze gingen damit für die Region verloren. Im Jahr 2004 gab es so in Schleswig-Holstein rund 40 Prozent weniger Angestellte bei der Bundeswehr als im Jahr 1990. Darin spiegelt sich die zeitweilig stark schwindende Rolle der Militärstrategie in der Politik nach Ende des Kalten Krieges am besten wider.

Sinnbildlich für den allgemeinen Rückzug und den nur noch bedingt verteidigungsbereiten Zustand des Militärs steht das zeitweilig traurige Schicksal des Segelschulschiffs „Gorch Fock" in den 2010er Jahren. Die nach dem gleichnamigen Schriftsteller (1880–1916) benannte und 1958 in Dienst gestellte Dreimastbark mit ihrem Heimathafen Kiel musste nach rund 750.000 zum Schluss auf Verschleiß zurückgelegten Seemeilen einer Grundinstandsetzung unterzogen werden, die von 2015 bis 2021 dauerte und mit 135 Millionen Euro drastisch teurer wurde als die anfangs veranschlagten 10 Millionen Euro. Nicht von ungefähr kam es während der Instandsetzung des Segelschiffs im Dezember 2018 zu schweren Korruptions- und Untreuevorwürfen gegen die beauftragte Werft und einen Mitarbeiter der Marine. Der Bundesrechnungshof stellte im März 2019 zahlreiche Mängel im Zusammenhang mit der Instandsetzung fest. Die Marine blieb dabei, dass die Reparaturen günstiger seien als der Neubau eines Schulschiffs. Als die „Gorch Fock" dann im Herbst 2021 an die Marine zurückgegeben wurde, klagte ein Aktionsbündnis von Umweltschützern auch noch gegen das Verteidigungsministerium, weil das auf dem Schiff verbaute Teakholz angeblich aus illegalem Holzeinschlag in Myanmar stamme. Der aus Betrug, Veruntreuung und Bestechung herrührende Schaden im Zusammenhang mit der Instandsetzung soll sich auf insgesamt mindestens 28 Millionen Euro belaufen.

Allerdings boten sich durch den Rückzug der Bundeswehr aus der Fläche für die weitere Strukturentwicklung des Landes auch positive Chancen an. Am ehemaligen Marinestützpunkt Olpenitz nahe Kappeln etwa begann man mit ambitionierten Planungen zur Errichtung eines maritimen Resorts. Auch an die urbane Fortentwicklung des sog. MFG-5 Geländes in Kiel-Holtenau knüpften sich große Hoffnungen. Leer stehende Militäranlagen konnten zur Unterbringung der vermehrt ins Land strömenden Flüchtlinge genutzt werden. So wurde erst im Herbst 2023 eine Erstaufnahmeeinrichtung für 600 Geflüchtete in der ehemaligen Marinekaserne in Glückstadt eröffnet.

Indes haben sich die Grundvoraussetzungen durch den russischen Angriff auf die Ukraine erst jüngst erneut grundlegend geändert. Was lange und spätestens zum Ende des Kalten Kriegs für undenkbar gehalten wurde, war plötzlich bittere Realität: Es herrscht Krieg in Europa, in unmittelbarer Nachbarschaft zur Europäischen Union. Zwar war das Verhältnis zwischen Russland und dem Westen spätestens seit der russischen Annexion der Krim 2014 schon latent bis offen angespannt, was sich etwa in der seitherigen Ausladung der russischen Marine zur Kieler Woche niederschlug. Doch erst die ab Februar 2022 drastisch veränderte Situation wirkte laut Bundeskanzler Olaf Scholz (*1958) als „Zeitenwende".

Diese wiederum stellte und stellt die Gesellschaft auch in Schleswig-Holstein vor große Herausforderungen in der Klima- und Energiepolitik sowie der Wirtschafts-, Finanz-, Migrations- und Sicherheitspolitik. Um sich von der einseitigen Abhängigkeit von russischem Erdgas zu lösen, die das russische Regime offensichtlich als Druckmittel gegen Deutschland einzusetzen suchte, wurden in einer konzertierten Aktion Terminals zur Anlandung und Bunkerung von Flüssiggas eingerichtet. Einer von vier für Deutschland geplanten Standorten ist Brunsbüttel. Das dortige Terminal wurde im Januar 2023 in Betrieb genommen. Derzeit wird dessen Kapazität weiter ausgebaut.

Insbesondere aber kehrt die Bundeswehr nach Schleswig-Holstein zurück, da Deutschland nach den Worten des Bundesverteidigungsministers Boris Pistorius (*1960) insgesamt „kriegstüchtig“ gemacht werden soll. Diesem Plan soll ein im März 2022 beschlossenes „Sondervermögen Bundeswehr“ im Umfang von 100 Milliarden Euro zur Finanzierung von bedeutsamen und komplexen mehrjährigen Ausrüstungsvorhaben der Bundeswehr dienen. Dieser Beschluss und auch nachgehende politische Willensbekundungen, nunmehr das von den NATO-Mitgliedern erwartete „Zwei-Prozent-Ziel“, also die Investition von zwei Prozent des jeweiligen Bruttoinlandsprodukts ins Militär, zu erfüllen, weckte im Land natürlich Hoffnungen, dass sowohl die militärischen Einrichtungen als auch die hier vorhandene Rüstungsindustrie davon profitieren könnten. Allerdings gehen die Rüstungsaufträge nun doch nur schleppend in den betreffenden Firmen ein, und laut neuesten Pressenachrichten bildet die Deutsche Marine nach wie vor das Schlusslicht der „Zeitenwende“.

Die Lage bei den Seestreitkräften sieht jedenfalls bisher noch weitaus schlechter als bei den anderen Waffengattungen der Bundeswehr aus. Dies ist umso erstaunlicher, als die Ostsee wegen der großen Nähe zu Russland und seinem Marinestützpunkt in Kaliningrad als Operationsgebiet wieder mehr und mehr in den Fokus der Militärstrategen rückt. Alle russischen Schiffsbewegungen auf der Ostsee werden streng beobachtet. Der längerfristige Rückbau des Marinestützpunkts in Kiel ist jedenfalls gestoppt, und umgekehrt wird wieder Geld in den Ausbau der militärischen Infrastruktur des Stützpunkts gesteckt. Das Militär insgesamt leidet dabei unter großem Personalmangel. Die

Freiwilligenzahlen in Schleswig-Holstein sind rückläufig. So wird seitens des Bundesverteidigungsministeriums auch eine Wiederbelebung der seit 2011 ausgesetzten Wehrpflicht, etwa nach dem erfolgreichen schwedischen Modell, erörtert. Die Frage ist nach wie vor offen.

100

SCHLESWIG-HOLSTEIN UND SEIN KULTURELLES ERBE

Schleswig-Holstein, das sich seit dem Sommer 2013 vollmundig als „der echte Norden" verkauft, ist ein Land mit einer nicht nur spannenden und relevanten, sondern auch vielfältigen Geschichte, wie die vorangehenden Kapitel vor Augen führten. Entsprechend vielseitig ist auch sein kulturelles Erbe, das es für die Zukunft zu bewahren gilt.

Die jeweilige Gegenwart kann damit je nach ihren Bedürfnissen ihre Identität modellieren. Natürlich gibt es Rankings des Kulturerbes. An der Spitze rangieren die offiziell im Weltkulturerbe verzeichneten Highlights, von denen Schleswig-Holstein zurzeit zwei aufweisen kann: das ehemalige Haupt der Hanse Lübeck mit Altstadt, Holstentor, Marienkirche sowie Buddenbrookhaus und den „archäologischen Grenzkomplex Haithabu und Danewerk", bestehend aus dem Stand- und Fundort des vormaligen Fernhandelsorts Haithabu und der kilometerlangen Befestigungsmauer des Danewerks. Zu diesen geschichtsträchtigen Schauplätzen kommt die mittlerweile stattliche Liste der in das Verzeichnis des Immateriellen Kulturerbes der BRD aufgenommenen schleswig-holsteinischen „Erbschaften“, wie die Knickpflege in Schleswig-Holstein (seit 2023), wodurch die in der frühen Neuzeit angelegten landestypischen Wallhecken als wichtige Holzlieferanten, Wind- und Erosionsschutz sowie Refugien für viele Tier- und Pflanzenarten bewahrt werden; die Trakehner Zucht (seit 2022) zum Erhalt und zur Verbreitung der traditionellen Reitpferderasse, die nach dem Zweiten Weltkrieg fast auszusterben drohte; das aus der bäuerlichen Pferdewirtschaft kommende Ringreiten (seit 2021), bei dem Reiterinnen und Reiter im vollen Galopp mit einer Lanze einen Ring mit nur wenigen Zentimetern Durchmesser zu durchstechen versuchen; die Helgoländer Dampferbörte (seit 2019) als traditioneller Anlandungsdienst für die Ausflugschiffe; das auf den Nordfriesischen Inseln und Halligen sowie dem nordfriesischen Festland verbreitete Biikebrennen (seit 2014) als gemeinschaftliches Feuerfest zur Vertreibung der bösen Wintergeister und zum Schutz der neuen Saat; das Reetdachdecker-Handwerk, das großes fachliches Können erfordert und von einer Fülle mündlich überlieferter Traditionen und handwerklicher Gepflogenheiten lebt; oder das „Niederdeutsche Theater“ als eine der Hauptsäulen der niederdeutschen Kultur.

Seit 2019 gehört, wie schon gesagt, auch das vorbildliche Zusammenleben von Minderheiten und Mehrheiten im deutsch-dänischen Grenzland dazu, was im Übrigen auch die friesische Volksgruppe sowie die Sinti und Roma in der Region einschließt. Schleswig-Holstein gilt als Vorzeigekandidat bezüglich des Umgangs mit Minderheiten. Künftig soll zudem die Kieler Woche in die illustre Liste aufgenommen werden, wie man der Presse entnehmen kann. Alles in allem handelt es sich um jeweils wichtige Aspekte der schleswig-holsteinischen Landes- und Regionalgeschichte, weswegen die Mehrzahl davon in der vorangegangenen Darstellung auch Erwähnung fand. Die Knickpflege mit ihren nicht nur historischen, sondern mehr noch ökologischen Bezügen bietet im Übrigen den Brückenschlag zum Weltnaturerbe Schleswig-Holsteinisches Wattenmeer, was den Nationalpark Schleswig-Holsteinisches Wattenmeer mit den Nordfriesischen Inseln Sylt, Föhr und Amrum meint. Das hiesige Wattenmeer mit seiner ständig wechselnden Ebbe und Flut ist das größte Wattenmeer weltweit. Doch ist das Wattenmeer, wie in diesem Buch ebenfalls gezeigt wurde, nie bloß Natur, sondern bietet natürlich auch jede Menge Geschichte. Man denke nur an das „Atlantis des Nordens" Rungholt! Doch erschöpft sich das schleswig-holsteinische Kulturerbe längst nicht nur darin.

Schleswig-Holstein ist ein Land voller authentischer Geschichtsorte und mit einer ungemein differenzierten Museumslandschaft. Neben Einrichtungen von internationaler Strahlkraft und internationalem Profil wie das Europäische Hansemuseum in Lübeck treten größere und kleinere Museen mit einer längst nicht nur regionalen Ausrichtung wie die Museumsinsel Schloss Gottorf, der Steinzeitpark Dithmarschen, das Schifffahrtsmuseum Flensburg, das Freilichtmuseum Molfsee, das Museum Schloss Glücksburg, das Textilmuseum Neumünster, das Industriemuseum Kupfermühle, das NordfrieslandMuseum Nissenhaus, das Sylt Museum in Keitum, das neue Zentrum zur Geschichte Kiels im 20. Jahrhundert usw. Insgesamt handelt es sich um rund 250 solcher Einrichtungen. Viele von ihnen bieten wertvolle Spezialsammlungen, die die regionale Geschichte und das regionale kulturelle Erbe erhalten und anschaulich vermitteln.

Ihre große Vielfalt erschwert natürlich eine Zusammenführung unter einem Dach. Der innovative Versuch, diese wertvolle Bündelung durch ein Digitales Haus der Schleswig-Holsteinischen Geschichte zu erreichen, das an die Schleswig-Holsteinische Landesbibliothek angebunden sein sollte, ist fatalerweise aus Spargründen 2023 gescheitert. Eine besondere Funktion kommt in der bunten Museumslandschaft den Heimatsammlungen bzw. Heimatstuben zu, die das kulturelle Erbe ehemals ostdeutscher Gebiete dokumentieren, die durch die Neuordnung Europas nach Ende des Zweiten Weltkriegs in andere Staaten integriert wurden. Sie erhalten und präsentieren das einzigartige kulturelle Erbe der vielen nach Schleswig-Holstein Geflüchteten.

Last, but not least sind die Gedenkstätten zu nennen, die unter dem Dach der Bürgerstiftung eine unentbehrliche und dabei oftmals ehrenamtliche Erinnerungsarbeit leisten. Dazu zählen das Jüdische Museum in Rendsburg, die Ehemalige Synagoge in Friedrichstadt, das Museum Cap Arcona, die KZ-Gedenkstätten Ladelund, Kaltenkirchen, Husum-Schwesing, Wittmoor, der Gedenkort „Arbeitserziehungslager Nordmark", die Erinnerungs- und Bildungsstätte Flandernbunker, der Historische Lernort Neulandhalle und andere mehr. All diesen Einrichtungen obliegt die Bewahrung und Aufarbeitung des – teils auch schweren – historischen Erbes Schleswig-Holsteins. Doch letztlich handelt es sich um eine Aufgabe, die uns alle betrifft und die nicht bloß den Menschen im Hier und Jetzt gilt, sondern den künftigen Schleswig-Holsteinerinnen und Schleswig-Holsteinern: „Non mihi, sed posteris – Nicht für mich, sondern für die Nachwelt."

Anhang

GRUNDLAGENWERKE UND ÜBERBLICKSLITERATUR ZUR SCHLESWIG-HOLSTEINISCHEN GESCHICHTE

Oliver Auge: Schleswig-Holstein und die Welt. Globale Bezüge einer Regionalgeschichte, Kiel/Hamburg 2021 *(Versuch einer Zusammenführung von Regional- und Globalgeschichte)*.

Oliver Auge u. Katja Hillebrand (Hrsg.): Klosterbuch Schleswig-Holstein und Hamburg. Klöster, Stifte und Konvente von den Anfängen bis zur Reformation, 2 Bde., Regensburg 2019 *(Überblick zu zentralen Kultur- und Geschichtszeugen des Mittelalters)*.

Oliver Auge u. Anke Scharrenberg (Hrsg.): Besonderes aus Ostholstein. Beiträge zur Geschichte der Region anlässlich des 50-jährigen Jubiläums des Kreises Ostholstein (Eutiner Forschungen, Sonderband), Husum 2020 *(Spannende Themen zu einer Region in der Region von den Anfängen bis heute)*.

Albert Bantelmann, Albert Panten, Rolf Kuschert u. Thomas Steensen: Geschichte Nordfrieslands, hrsg. vom Nordfriisk Instituut in Zusammenarbeit mit der Stiftung Nordfriesland, 2. durchges. u. aktual. Aufl., Heide 1996 *(Unverzichtbar für alle an nordfriesischer Geschichte Interessierten)*.

Biographisches Lexikon für Schleswig-Holstein und Lübeck Bde. 6–13, hrsg. von Olaf Klose, Hans F. Rothert u. Dieter Lohmeier, Neumünster 1982–2012 *(Mehr bestens aufbereitete Personengeschichte geht kaum)*.

BioLex Digital. Biographisches Lexikon für Schleswig-Holstein und Lübeck, hrsg. von der Schleswig-Holsteinischen Landesbibliothek, Kiel 2020, abrufbar unter https://files.wachholtz-verlag.de/openaccess/9783529025624.pdf (letzter Zugriff am 12.4.2024) *(Digital – schnell – gut)*.

Robert Bohn: Geschichte Schleswig-Holsteins (C.H.Beck Wissen, 2615), München 2006 *(Kompakt und intelligent)*.

Otto Brandt: Geschichte Schleswig-Holsteins. Ein Grundriss, 6. Aufl. überarb. von Wilhelm Klüver mit Beiträgen von Herbert Jankuhn, Kiel 1966 *(Handbuch von bleibendem Wert)*.

Michael Bregnsbo u. Kurt Villads Jensen (Hrsg.): Schleswig Holstein – contested region(s) through history, Odense 2016 *(Aktuell)*.

Uwe Danker: Die Jahrhundert-Story, 3 Bde., Flensburg 1998/99 *(Alles Wissenswerte, jeweils mit schwarz-weißen Fotos illustriert, zum 20. Jahrhundert, jedoch unchronologisch zusammengewürfelt)*.

Uwe Danker (Hrsg.): Geteilte Verstrickung: Elitenkontinuitäten in Schleswig-Holstein. Folgestudie: Geschichtswissenschaftliche Aufarbeitung der personellen und strukturellen Kontinuität nach 1945 in der schleswig-holsteinischen Legislative und Exekutive, 2 Bde., Husum 2021 *(Vorbildliche Aufarbeitung eines schwierigen Themas)*.

Uwe Danker u. Utz Schliesky (Hrsg.): Schleswig-Holstein 1800 bis heute. Eine historische Landeskunde, Husum 2014 *(Eine andere Landesgeschichte mit neuen Themen und guten Texten)*.

Uwe Danker u. Astrid Schwabe: Die Volksgemeinschaft in der Region. Schleswig-Holstein und der Nationalsozialismus, Husum 2022 *(Wichtig)*.

Uwe Danker u. Astrid Schwabe: Schleswig-Holstein und der Nationalsozialismus, Neumünster 2005 *(Seinerzeit grundlegend)*.

Christian Degn: Schleswig-Holstein – eine Landesgeschichte. Historischer Atlas, Neumünster 1994 *(Das große, unerreichte Vorbild für dieses Buch hier).*

Demokratische Geschichte. Jahrbuch für Schleswig-Holstein (= DG), hrsg. von der Gesellschaft für Politik und Bildung Schleswig-Holstein (Veröffentlichungen des Beirats für Geschichte), Bde. 1–31 (1986–2021) *(Bietet weitaus mehr als die ohnehin wichtige Arbeiter- und Demokratiegeschichte).*

Dithmarschen. Landeskunde – Kultur – Natur (Zeitschrift), hrsg. von dem Verein für Dithmarscher Landeskunde e. V., 1925–2023 *(Bunt).*

Poul Duedahl: Grænseland, Kopenhagen 2020 *(Neues aus Dänemark).*

Eva Fiebig u. Jan Schlürmann (Hrsg.): Handbuch der nordelbischen Militärgeschichte. Heere und Kriege in Schleswig, Holstein, Lauenburg, Eutin und Lübeck, 1623–1863/67, Husum 2010 *(Kein Spezialthema, sondern mitten rein in die Landesgeschichte).*

Troels Fink: Geschichte des Schleswigschen Grenzlandes. Ins Deutsche übers. von Erik Bernstorff, Kopenhagen 1958 *(Selbst ein wichtiges Geschichtszeugnis).*

Norbert Fischer: Schleswig-Holstein – das kleine Lexikon, Kiel/Hamburg 2017 *(Handlich).*

Geschichte Schleswig-Holsteins, im Auftrag der Gesellschaft für Schleswig-Holsteinische Geschichte hrsg. von Volquart Pauls u. Otto Scheel, Neumünster 1933 *(Erstaunlich gut als Kind seiner Zeit).*

Gesellschaft für Schleswig-Holsteinische Geschichte (Hrsg.): https://geschichte-s-h.de/sh-von-a-bis-z (letzter Zugriff am 12.4.2024) *(Leuchtturm).*

Martin Gietzelt (Red.): Geschichte Dithmarschens. Von den Anfängen bis zum Ende der Bauernrepublik, Heide 2015 *(Unverzichtbar, wenn man Dithmarschen in den Blick nimmt).*

Martin Gietzelt (Red.): Geschichte Dithmarschens, hrsg. vom Verein für Dithmarscher Landeskunde e.V., Heide 2000 *(Das große Ältere zum kleineren Neuen).*

Antjekathrin Graßmann (Hrsg.): Lübeckische Geschichte, Lübeck [4]2008 *(Besseres gibt es derzeit nicht).*

Reimer Hansen: Kurze Schleswig-Holsteinische Landesgeschichte, Flensburg 1912 *(Schon damals handlich; der Vollständigkeit wegen zitiert).*

Oswald Hauser: Provinz im Königreich Preußen (Geschichte Schleswig-Holsteins, 8, 1. Lief.), Neumünster 1966 *(Die Unvollendete, leider).*

Paul von Hedemann-Heespen: Die Herzogtümer Schleswig-Holstein und die Neuzeit, Kiel 1926 *(Wertvolles Zeitdokument).*

Lars N. Henningsen (Hrsg.): Zwischen Grenzkonflikt und Grenzfrieden. Die dänische Minderheit in Schleswig-Holstein in Geschichte und Gegenwart (Studieafdelingen ved Dansk Centralbibliotk for Sydslesvig, 65), Flensburg 2011 *(Wichtig).*

Historischer Atlas Schleswig-Holstein vom Mittelalter bis 1867, im Auftrag der Gesellschaft für Schleswig-Holsteinische Geschichte hrsg. von Jürgen H. Ibs, Eckart Dege u. Ulrich Lange, Neumünster 2004 *(Vorbildlich 1).*

Historischer Atlas Schleswig-Holstein 1867 bis 1945, im Auftrag der Gesellschaft für Schleswig-Holsteinische Geschichte hrsg. von Ingwer E. Momsen, Eckart Dege u. Ulrich Lange, Neumünster 2001 *(Vorbildlich 2).*

Historischer Atlas Schleswig-Holstein seit 1945, im Auftrag der Gesellschaft für Schleswig-Holsteinische Geschichte hrsg.

von Ulrich Lange, Ingwer E. Momsen, Eckart Dege u. Hermann Achenbach, Neumünster 1999 *(Vorbildlich 3)*.

Historisk Samfund for Sønderjylland (Hrsg.): Sønderjyllands Historie Bd. 1: Indtil 1815, Apenrade 2008 *(Der unverzichtbar ergänzende Blick auf die Geschichte Schleswigs)*.

Erich Hoffmann: Das Nationalitätenproblem in Schleswig 1867–1914 (Geschichte Schleswig-Holsteins, 8.2, 2. Lief.), Neumünster 1995 *(Immer noch zentral)*.

Erich Hoffmann: Spätmittelalter und Reformationszeit (Geschichte Schleswig-Holsteins, 4.2), Neumünster 1990 *(Die Referenz zur Epoche)*.

Gottfried Ernst Hoffmann, Klauspeter Reumann u. Hermann Kellenbenz: Die Herzogtümer von der Landesteilung 1544 bis zur Wiedervereinigung Schleswigs 1721 (Geschichte Schleswig-Holsteins, 5), Neumünster 1986 *(Informativ)*.

Jürgen Hartwig Ibs: Politische Parteien und Selbstverwaltung in der Provinz Schleswig-Holstein bis zum Ersten Weltkrieg (Geschichte Schleswig-Holsteins, 8.1, 2. Lief.), Neumünster 2006 *(Mustergültig)*.

Institut für Regionale Zeitgeschichte (IZRG) u. a. (Hrsg.): vimu.info/general_01.jsp (letzter Zugriff am 12.4.2024) *(Seinerzeit wegweisend)*.

Herbert Jankuhn: Die Frühgeschichte. Vom Ausgang der Völkerwanderung bis zum Ende der Wikingerzeit (Geschichte Schleswig-Holsteins, 3), Neumünster 1957 *(In die Jahre gekommen)*.

Kurt Jürgensen: Die Gründung des Landes Schleswig-Holstein nach dem Zweiten Weltkrieg 1945–1947 (Geschichte Schleswig-Holsteins, 8. Beiheft), Neumünster 1969 *(Immer noch Goldstandard)*.

Kieler Schriften zur Regionalgeschichte, hrsg. von Oliver Auge, 10 Bde., Kiel/Hamburg 2018–2023 *(Noch relativ junge Reihe mit weiterführenden Forschungsergebnissen).*

Kieler Werkstücke, Reihe A: Beiträge zur schleswig-holsteinischen und skandinavischen Geschichte, begründet von Erich Hoffmann, hrsg. von Oliver Auge, Erich Hoffmann u. Thomas Riis, Bde. 1–62, Frankfurt a. M. u. a. 1990–2023 *(Neueste Forschungen zu den verschiedensten Themen, auch des sog. wissenschaftlichen Nachwuchses).*

Olaf Klose u. Christian Degn: Die Herzogtümer im Gesamtstaat 1721–1830 (Geschichte Schleswig-Holsteins, 6), Neumünster 1960 *(Gehört in die eigene Büchersammlung).*

Detlev Kraack: Begegnungen. Schleswig-holsteinische Geschichte in Lebensbildern, Kiel/Hamburg 2016 *(Eine alternative, inspirierende Annäherung an die Landesgeschichte).*

Walther Lammers: Das Hochmittelalter bis zur Schlacht von Bornhöved (Geschichte Schleswig-Holsteins, 4.1), Neumünster 1981 *(Gescholten, aber bisher nicht besser gemacht).*

Ulrich Lange (Hrsg.): Geschichte Schleswig-Holsteins. Von den Anfängen bis zur Gegenwart, Neumünster 2003[2] *(Alles, was man zum Wissen braucht).*

Lauenburgische Heimat, hrsg. von dem Heimatbund und Geschichtsverein Herzogtum Lauenburg e. V., Bde. 1–217 (1925–2024) *(Beachtlich vielseitig).*

Klaus-Joachim Lorenzen-Schmidt u. Ortwin Pelc (Hrsg.): Schleswig-Holstein Lexikon, 2. erw. u. verb. Aufl., Neumünster 2006 *(SH von A bis Z).*

Dirk Meier: Schleswig-Holstein im Hohen und Späten Mittelalter. Landesausbau – Dörfer – Städte, Heide 2012 *(Gute Karten).*

Dirk Meier: Schleswig-Holstein im Frühen Mittelalter. Landschaft – Archäologie – Geschichte, Heide 2011 *(Unbedingt besser als der Folgeband).*

Andreas Ludwig Jacob Michelsen: Nordfriesland im Mittelalter. Eine historische Skizze, Schleswig 1828, unveränd. ND, Würzburg 1969 *(Ein Zeuge seiner Zeit).*

Nordelbingen. Beiträge zur Geschichte der Kunst und Kultur, Literatur und Musik in Schleswig-Holstein, hrsg. von der Gesellschaft für Schleswig-Holsteinische Geschichte, Bde. 1–89 (1923–2023) *(Das kunst- und kulturhistorische Pendant zur ZSHG).*

Nordfriesisches Jahrbuch, hrsg. vom Nordfriisk Instituut, Bd. 1–59 (1965–2024) *(Macht Laune auf mehr Nordfriesland).*

Eckardt Opitz: Das Herzogtum Lauenburg. Seine Geschichte in Texten, Bildern und Dokumenten, Husum 2022 *(Keiner kann es für Lauenburg besser).*

Eckardt Opitz (Hrsg.): Biografisches Lexikon Herzogtum Lauenburg, Husum 2015 *(Fast das Werk eines Einzelnen – Chapeaux).*

Eckardt Opitz: Schleswig-Holstein. Das Land und seine Geschichte in Bildern, Texten und Dokumenten, 4. überarb. Aufl., Hamburg 2008 *(Manchmal sträflich vergessen, aber wertvoll).*

Eckardt Opitz (Hrsg.): Herzogtum Lauenburg. Das Land und seine Geschichte. Ein Handbuch, Neumünster 2003 *(Vergriffen – ein Jammer).*

Carsten Porskrog Rasmussen, Elke Imberger, Dieter Lohmeier u. Ingwer Momsen (Hrsg.): Die Fürsten des Landes. Herzöge und Grafen von Schleswig, Holstein und Lauenburg, Neumünster 2008 *(Meisterlich, auch wenn die Fürstinnen weitgehend fehlen).*

Quellen und Forschungen zur Geschichte Schleswig-Holsteins, hrsg. von der Gesellschaft für Schleswig-Holsteinische Geschichte, Bde. 1–132, Neumünster u. a. 1914–2021 *(Was wäre die Forschung ohne diese Reihe?).*

Thomas Riis: Wirtschafts- und Sozialgeschichte Schleswig-Holsteins. Leben und Arbeiten in Schleswig-Holstein vor 1800, Kiel 2009 *(Nicht unkritisiert, aber hilfreich).*

Alexander Scharff: Geschichte Schleswig-Holsteins. Ein Überblick. Neuausgabe von Manfred Jessen-Klingenberg (Geschichte der deutschen Länder; Territorien-Ploetz, Sonderausgaben), 5. aktual. u. überarb. Aufl., Würzburg 1991 *(Die Auflagenzahl spricht für sich)*.

Alexander Scharff: Schleswig-Holstein und die Auflösung des dänischen Gesamtstaates 1830–1864/67 (Geschichte Schleswig-Holsteins, 7, 2 Lieferungen), Neumünster 1975–80 *(Wurde leider nicht abgeschlossen)*.

Schleswig-holsteinisches biographisches Lexikon Bd. 1–5, hrsg. im Auftrag der Gesellschaft für Schleswig-Holsteinische Geschichte von Olaf Klose, Neumünster 1970–1979 *(Wie schon gesagt: Besser geht Personengeschichte kaum)*.

Gustav Schwantes: Die Urgeschichte (Geschichte Schleswig-Holsteins, 1), Neumünster 1958 *(Interessant)*.

Kai Detlev Sievers: Sozialgeschichte Schleswig-Holsteins in der Kaiserzeit 1867–1914 (Geschichte Schleswig-Holsteins, 8.2, Lief. 1), Neumünster 1991 *(So etwas bräuchte es auch für weitere Abschnitte der Zeitgeschichte)*.

Studien zur Wirtschafts- und Sozialgeschichte Schleswig-Holsteins, hrsg. von der Gesellschaft für Schleswig-Holsteinische Geschichte und dem Arbeitskreis für Wirtschafts- und Sozialgeschichte Schleswig-Holsteins, Bde. 1–58, Neumünster/ Stuttgart 1979–2021 *(Früher progressiv-revolutionär, heute etabliert und aus der Forschungslandschaft nicht wegzudenken)*.

Karl W. Struwe, Hans Hingst u. Herbert Jankuhn: Von der Bronzezeit bis zur Völkerwanderungszeit (Geschichte Schleswig-Holsteins, 2), Neumünster 1979 *(In Teilen gewiss überholungsbedürftig)*.

Georg Waitz: Kurze Schleswigholsteinische Landesgeschichte, Kiel 1864 *(Kind seiner Zeit)*.

Wikipedia: www.wikipedia.de *(Für einige Schleswig-Holstein-Themen hilfreich, für andere nicht).*

Jann Markus Witt: Seefahrtsgeschichte Schleswig-Holsteins in der Neuzeit, Heide 2012 *(Kein Land am Meer ohne diese verständliche Seefahrtsgeschichte).*

Jann Markus Witt u. Heiko Vosgerau (Hrsg.): Geschichte Schleswig-Holsteins. Anschaulich – spannend – verständlich, Heide 2010 *(Anschaulich, spannend, verständlich, wie angekündigt).*

Zeitschrift der Gesellschaft für Schleswig-Holsteinische Geschichte (= ZSHG), hrsg. von der Gesellschaft für Schleswig-Holsteinische Geschichte, Bde. 1–149 (1870–2024) *(Das bewährte Flagschiff der Landesgeschichtsforschung in Schleswig-Holstein).*

PERSONENREGISTER

ORTSREGISTER

4. Auflage 2025

Gesamtherstellung: Wachholtz Verlag
Druck: Steinmeier GmbH & Co. KG, Deiningen
Printed in Germany

ISBN 978-3-529-08705-9

Besuchen Sie uns im Internet:
www.wachholtz-verlag.de